insel taschenbuch 1683

Wege ins Eis

Die Anthologie eröffnet literarische Wege ans Ende der Welt. In der Literatur hat das Motiv der Polarfahrt eine lange, abenteuerliche Geschichte: Dantes ›Göttliche Komödie‹ beschreibt erstmals Schiffbruch und Höllenqualen als Folgen einer vermessenen Entdeckungsfahrt, die Odysseus zum Pol unternimmt. Seitdem verkörpern die imaginären und historischen Polarfahrer der Literatur sowohl die Faszination als auch die Vermessenheit und Sinnlosigkeit eines grenzenlosen Fortschritts. Die Gedichte, Erzählungen, Romanausschnitte und Essays von Dichtern wie Friedrich Hölderlin, Samuel Coleridge, Edgar Allan Poe, André Gide, Georg Heym, Karl Kraus und Stefan Zweig lassen diese spannende literarische Tradition hautnah verfolgen. Daß auch nahezu 100 Jahre nach der faktischen Eroberung der Pole die Faszination des Eismeers nicht nachgelassen hat, zeigen die Autoren der Gegenwart: Guntram Vesper, Sten Nadolny, Christoph Ransmayr und Margaret Atwood.

Wege ins Eis

Nord- und Südpolfahrten
Literarische Entdeckungen
von Friedhelm Marx
Unter Mitarbeit von Dirk Breer
und Ariane Mohr

Insel Verlag

Umschlagabbildung: Braldt Bralds

insel taschenbuch 1683
Erste Auflage 1995
Originalausgabe

Textnachweis am Schluß des Bandes
Vertrieb durch den Suhrkamp Taschenbuch Verlag
Umschlag nach Entwürfen von Willy Fleckhaus
Satz: Hümmer GmbH, Waldbüttelbrunn
Printed in Germany

1 2 3 4 5 6 – 00 99 98 97 96 95

Inhalt

Soweit es sich um Textauszüge handelt, sind diese im Textquellennachweis ausgewiesen.

Dante
Die Göttliche Komödie

Odysseus' letzte Fahrt

(...) »Eben
Schied ich von Circe, die mich Tag und Jahr
Nah bei Gaëta für sich hehlen wollte,
Das ungetauft noch von Äneas war:
Nicht Sohneshuld, nicht Ehrfurcht, die ich zollte
Dem alten Vater, nicht der Liebe Pflicht,
Dran sich Penelope getrösten sollte,
All das bezwang die Glut des Strebens nicht,
Das in mir war, die ganze Welt zu kennen
Und was, so Gut als Böse, da geschicht.
So ging aufs offne, hohe Meer das Rennen
Mit einem Kiel, mit jener kleinen Bande,
Die nichts im Leben von mir konnte trennen.
Die Ufer beide sah ich, Land um Lande,
Bis Spanien, bis Marokko, meerumwallt
Die Inseln alle nächst Sardiniens Strande.
Ich war und die Gefährten müd und alt,
Als uns zum engen Schlund der Kiel getragen,
Wo noch, von Herkules gesetzt, der Halt
Dem Schiffer dort gebot, die Male ragen.
Schon ließen wir Sevilla rechter Hand,
Und links dahinten Ceutas Küsten lagen:
›Ihr Brüder!‹ sprach ich, ›habt des Westens Strand
Erreicht mit vielen tausend Leibsgefahren:
Wollt ihr nicht nützen, was am Grabesrand

Den wachen Sinnen noch verbleibt an Jahren,
Der Sonne nach, auf Kundschaft nun bedacht,
Vom Land, das ohne Menschen, auszufahren?
Seht eure Abkunft an! Seid nicht gemacht,
Hienieden wie das blöde Vieh zu leben:
Auf Mannheit und auf Wissen habet acht!‹
Den Fahrtgenossen schärft' ich so das Streben
Mit solchem kurzen Spruch zu solchem Zuge,
Daß keiner, wollt' ichs selbst, mehr Ruh gegeben.
Und, mit dem Heck gen Ost, zum tollen Fluge
Beflügelte die Ruder unser Mut,
Nach Backbord immer steuernd mit dem Buge.
Vom andren Pol sah aller Sterne Glut
Das Auge schon der Nacht, sah unsren sinken.
Der nimmermehr enttaucht der Meeresflut.
Fünfmal erlosch, um fünfmal aufzublinken,
Der Mondesscheibe Licht, seit wir im Lauf
Zum Ziele, das so glorreich schien zu winken:
Da taucht' im fahlen Dunst der Ferne auf
Ein Bergeshaupt; noch keines sah ich ragen
In solcher Höh zum Himmel schier hinauf.
Wir jauchzten; rasch verkehrte sichs in Klagen!
Vom neuen Lande kam ein Wehn und Wallen
Und hat des Schiffes Schnabel hart geschlagen:
Dreimal im Wirbel mit den Wassern allen
Kreist's um sich selbst; dann stieg das Heck, der Bug
Taucht' in die Flut, wie's droben dem gefallen,
Bis über uns das Meer zusammenschlug.«

Luis de Camões
Die Lusiaden

Vasco da Gamas Umsegelung der Südspitze Afrikas

(...)
Wir hatten günstigen Wind bisher gefunden,
Wo keines Seemanns Kiel vor uns gefahren.
Auf einmal, als wir zu der Nachtzeit Stunden
Am Steuer wachend, heiter, sorglos waren,
Wälzt sich heran mit wildem Sturmesbrausen
Ein Wetter, dumpf und finster, voller Grausen.

»So wild brach's los, mit so gewaltiger Schwere,
Daß Aller Herzen bange Furcht erfüllte;
Betäubend dröhnt' es auf dem dunkeln Meere,
Weit schien die Küste, die von Nacht umhüllte.
Da rief ich: ›Ewiger über'm Sternenheere!
Der du dereinst uns schufst nach deinem Bilde, –
Ist dies dein Wille, daß der Hölle Mächte
Uns schleudern in die dunkelste der Nächte?!‹

»Kaum schwieg ich, als wir in der Luft gewahren
Ein Wesen, stark und mächtig anzuschauen,
Das mißgestalt und struppig mit den Haaren,
Mit schmutzigem Bart und einem Blick voll Grauen
Aus tiefen Augen, die sich schielend paaren,
Unheimlich blitzend unter dichten Brauen.

Schwarz wie die Nacht seh'n das Gespenst wir gähnen,
Mit grimmigem Rachen, langen gelben Zähnen.

»So riesengroß erschien das Luftgebilde,
Daß ich es deutlich nur dir kann vergleichen
Mit dem Koloß auf Rhodos' Sandgefilde,
Eins von der Vorwelt sieben Wunderzeichen;
Der Stimme Ton gleich Blitz und Donner schrillte
So wild, daß ihm kein irdischer Laut mag gleichen:
Wir Alle starrten, wie die Säulen stehen,
Als das Phantom wir vor uns mußten sehen.

»Und also sprach's: ›Verwegen kühne Recken,
Wie sie noch nie die Welt bisher gesehen,
Die nur nach wildem Kampf die Hände strecken,
Und nutzlos sicherm Tod entgegengehen,
Die selbst Verbotnes trachten zu entdecken,
Durch Meere schwimmen trotz der Stürme Wehen,
Die schon so lang' ich wußte zu bewahren,
Daß nie ein Schiff gewagt sie zu befahren:

»›Ihr wagt es hier den Wundern nachzuspüren,
Die einst Natur weit hinter's Meer geborgen, –
Ihr sucht, was keinem Sterblichen gebühren,
Und frommen soll den niedern Erdensorgen?! –
Hört meinen Fluch: er soll zurück euch führen,
Nie sollt ihr seh'n das Reich im fernen Morgen,
Im kühnen Wagstück sollt ihr unterliegen,
Ich will zu Land und Meer euch schwer bekriegen!

»›Vernehmt es: mögt ihr mit noch so viel Schiffen
Die Reise wagen – immer sollt ihr finden,
Daß hier sie scheitern an verborgnen Riffen,
Zerstreut, zertrümmert von den mächtigen Winden,
Von tiefen Abgrunds Wirbeln rasch ergriffen.
Die erste Flotte, die den Plan mag künden,
Hier durch mein nie erschautes Reich zu fahren,
Soll furchtbar Unheil, Noth und Fluch gewahren!

(...)

»Noch weiter wollte unserm Blick entfalten
Das Ungeheuer unsers Volks Geschicke: –
›Wer bist du?‹ rief ich, ›der mich umgestalten,
Verwandeln konnte mit der Hölle Tücke?‹
Ha! furchtbar brüllend seine Worte schallten,
Als wollten sie zerreißen mich in Stücke,
Und tief gereizt in seinem wilden Grimme
Schnaubt er mich an mit seiner Donnerstimme:

»›Ich bin der Geist des Kaps, des unbekannten,
Von euch das ›Kap der Stürme‹ sonst geheißen,
Das Ptolomäus, Pomponius nicht fanden,
Noch Strabo, Plinius auf ihren Reisen.
Ich bin der Schluß von all' den weiten Landen
Von Afrika, die hin zum Südpol weisen.
Nie hat mein Vorgebirg ein Aug' gesehen:
Doch ihr vermesset euch dorthin zu gehen!

Johann Gottfried Schnabel
Wunderliche Fata einiger Seefahrer

Hierauf vertheileten wir uns öffters in 2, öffters auch in 3. Partheyen, durchstreifften den Wald und die steilen Klippen am Ufer gegen Osten zu, fanden aber nichts besonderes als eine ungemeine hohe Felsen-Spitze, welche entsetzlich hoch in die Höhe lieff, und kaum auf die Helffte zu erklettern war. Mons. Litzberg, Lademann, Plager und ich waren dennoch so curieux so weit hinauf zu steigen, als ohne allergröste Gefahr möglich war, unsere Mühe aber war nicht gäntzlich vergebens, denn wir entdeckten durch ein mitgenommenes 8. Fuß langes Perspectiv, gegen den Süder-Pol zu, ein groß Stücke Land, welches nach Mons. Litzbergs Meynung ohngefehr 40. biß 50. Meilen von uns entfernet, und dem Augenmasse nach wenigstens etliche 30. oder mehr Meile in der Breite halten müsse, die Länge aber, von uns gegen Süden zu, war nicht anzumercken. Alle unsere Gefährten, die etwas von der Geographie verstunden, glaubten fest, daß dieses ein den Europäern noch gantz unbekandtes Land seyn müsse, weil man auf keiner eintzigen Land- oder See-Carte um diese Gegend etwas angemerckt befunden. Wäre es nach unsern Köpffen, und nicht wieder des Alt-Vaters expressen Befehl gegangen, so hätten wir gleich folgenden Tages unsere Seegel dahin gerichtet, so aber muste es unterbleiben. Immittelst kamen wir auf dem Platze P. alle 36. Mann ohnbeschädigt wieder zusammen, kochten ein Gerichte Fische, welche etliche der Unsen aus den Bächen gefangen hatten, hielten noch ein und anderes Gespräch über das neu-erblickte Land, und schlieffen mit einbrechender Nacht bey dem Feuer ohn alle Sorgen ein.

Am vierdten Tage unseres Daseyns wurde endlich der übrige Theil der Oestl. Gegend vollends ausgekundschafft, da aber weiter nichts sonderliches merckwürdiges zu betrachten vorkam, machten wir beyzeiten Feyerabend, schossen jedoch ein kleines Wild, um das auf dieser Insul erzeugte Wildprät theils gekocht, theils gebraten zu versuchen, befanden aber gegen unser Groß-Felsenburgisches nicht den geringsten Unterschied.

(...)

Nachdem aber alles seine Richtigkeit, auch Mons. Litzberg den ohngefähren Abriß von dieser kleinen Insul, welche er auf dem Gebürge völlig übersehen können, verfertiget hatte, kehreten wir Sonnabends den 3ten Maji wiederum zurück aufs Schiff und bald Nachmittags zu der Insul Groß-Felsenburg, allwo uns unsere Freunde, erstlich, nachdem wir sie mit 3. Salven gegrüsset, gleichfalls mit etlichen Stück-Schüssen, bey glücklicher Anländung aber dergestalt hertzlich bewillkommeten, also ob wir 10. Jahr aussen gewesen wären, und die halbe Welt umseegelt hätten. Ein jeder, der sich herbey nahete, wurde mit ausländ. sogenandten Früchten beschenckt, welches ein hertzliches Gelächter, sonderlich bey dem Alt-Vater erweckte, denn er bekam den besten Theil, über dieses statteten wir ihm einen richtigen Rapport von unserer Untersuchung der kleinen Insul ab. Da aber Mons. Litzberg auf das erblickte unbekandte Land kam, und zu vernehmen gab; wie er sehr grosse Lust hätte selbiges genauer zu betrachten, sprach der Alt-Vater:

Mein Sohn! dieses Land haben ich und der alte Amias schon vor vielen Jahren, nur aber zu gewissen Zeiten, wenn das Wetter nicht allzu klar und auch nicht ganz trübe gewesen, ohne Perspectiv gesehen. Ich glaube selbst, daß es eines von den gegen den Süder-Pol gelegenen unbekandten Ländern auch vielleicht unbewohnt und dennoch fruchtbar, aber auch wol nur ein blosser Schatten oder Blendwerck der Augen seyn kan. Allein, gesetzt auch, daß es ein würckliches gutes Land wäre, was nützet uns, sonderlich anitzo, dergleichen Untersuchung, genung wenn wir unsern Nachkommen hiervon einige Nachricht hinterlassen. Es wird, wie ich glaube, noch eine ziemliche Zeit hingehen, ehe sich meine Geschlechter dergestalt vermehren, daß sie auf Groß- und Klein-Felsenburg nicht mehr Platz und Nahrung haben können, alsdenn ist es erstlich Zeit, daß sie sich nach andern Insuln oder festen Ländern umsehen. Bey jetzigen Umständen aber und ferner in einem Seculo oder noch länger, wäre es mit unter die eiteln Lüste zu rechnen, wenn sich jemand grosse Mühe dieserhalb geben wolte. Denn was solte wohl an solchen Orten zu suchen seyn, welches wir nicht in grossen Überfluß besässen, oder wenigstens entrathen könten. Demnach schämeten wir uns wegen des neuentdeckten Landes sämtlich dermassen, daß hinführo in Gegenwart des Alt-Vaters, ferner kein eintziger ein Wort davon erwehnen wolte, zumahlen da uns itzo Herr Mag. Schmeltzer und Herr Wolffgang ziemlich damit aufzogen.

Friedrich Hölderlin
Der Wanderer

Einsam stand ich und sah in die Afrikanischen dürren
Ebnen hinaus; vom Olymp regnete Feuer herab.
Fernhin schlich das hagre Gebirg, wie ein wandelnd Gerippe,
Hohl und einsam und kahl blickt' aus der Höhe sein Haupt.
Ach! nicht sprang, mit erfrischendem Grün der schattende Wald hier
In die säuselnde Luft üppig und herrlich empor,
Bäche stürzten hier nicht in melodischem Fall vom Gebirge,
Durch das blühende Tal schlingend den silbernen Strom,
Keiner Herde verging am plätschernden Brunnen der Mittag,
Freundlich aus Bäumen hervor blickte kein wirtliches Dach.
Unter dem Strauche saß ein ernster Vogel gesanglos,
Ängstig und eilend flohn wandernde Störche vorbei.
Nicht um Wasser rief ich dich an, Natur! in der Wüste,
Wasser bewahrte mir treulich das fromme Kamel.
Um der Haine Gesang, um Gestalten und Farben des Lebens
Bat ich, vom lieblichen Glanz heimischer Fluren verwöhnt.

Aber ich bat umsonst; du erschienst mir feurig und herrlich,
Aber ich hatte dich einst göttlicher, schöner gesehn.

Auch den Eispol hab' ich besucht; wie ein starrendes Chaos
Türmte das Meer sich da schröcklich zum Himmel empor.
Tot in der Hülse von Schnee schlief hier das gefesselte Leben,
Und der eiserne Schlaf harrte des Tages umsonst.
Ach! nicht schlang um die Erde den wärmenden Arm der Olymp hier
Wie Pygmalions Arm um die Geliebte sich schlang.
Hier bewegt' er ihr nicht mit dem Sonnenblicke den Busen,
Und in Regen und Tau sprach er nicht freundlich zu ihr.
Mutter Erde! rief ich, du bist zur Witwe geworden,
Dürftig und kinderlos lebst du in langsamer Zeit.
Nichts zu erzeugen und nichts zu pflegen in sorgender Liebe,
Alternd im Kinde sich nicht wiederzusehn, ist der Tod.
Aber vielleicht erwarmst du dereinst am Strahle des Himmels,
Aus dem dürftigen Schlaf schmeichelt sein Othem dich auf;
Und, wie ein Samenkorn, durchbrichst du die eherne Hülse,

Und die knospende Welt windet sich schüchtern heraus.
Deine gesparte Kraft flammt auf in üppigem Frühling,
Rosen glühen und Wein sprudelt im kärglichen Nord.

Aber jetzt kehr' ich zurück an den Rhein, in die glückliche Heimat,
Und es wehen, wie einst, zärtliche Lüfte mich an.
Und das strebende Herz besänftigen mir die vertrauten
Friedlichen Bäume, die einst mich in den Armen gewiegt,
Und das heilige Grün, der Zeuge des ewigen, schönen
Lebens der Welt, es erfrischt, wandelt zum Jüngling mich um.
Alt bin ich geworden indes, mich bleichte der Eispol,
Und im Feuer des Süds fielen die Locken mir aus.
Doch, wie Aurora den Tithon, umfängst du in lächelnder Blüte
Warm und fröhlich, wie einst, Vaterlandserde, den Sohn.
Seliges Land! kein Hügel in dir wächst ohne den Weinstock,
Nieder ins schwellende Gras regnet im Herbste das Obst.
Fröhlich baden im Strome den Fuß die glühenden Berge,
Kränze von Zweigen und Moos kühlen ihr sonniges Haupt.
Und, wie die Kinder hinauf zur Schulter des herrlichen Ahnherrn

Steigen am dunkeln Gebirg Festen und Hütten hinauf.
Friedsam geht aus dem Walde der Hirsch ans freundliche Tagslicht;
Hoch in heiterer Luft siehet der Falke sich um.
Aber unten im Tal, wo die Blume sich nährt von der Quelle,
Streckt das Dörfchen vergnügt über die Wiese sich aus.
Still ists hier: kaum rauschet von fern die geschäftige Mühle,
Und vom Berge herab knarrt das gefesselte Rad.
Lieblich tönt die gehämmerte Sens' und die Stimme des Landmanns,
Der am Pfluge dem Stier lenkend die Schritte gebeut,
Lieblich der Mutter Gesang, die im Grase sitzt mit dem Söhnlein,
Das die Sonne des Mais schmeichelt in lächelnden Schlaf.
Aber drüben am See, wo die Ulme das alternde Hoftor
Übergrünt und den Zaun wilder Holunder umblüht,
Da empfängt mich das Haus und des Gartens heimliches Dunkel,
Wo mit den Pflanzen mich einst liebend mein Vater erzog,
Wo ich froh, wie das Eichhorn, spielt' auf den lispelnden Ästen,
Oder in's duftende Heu träumend die Stirne verbarg.
Heimatliche Natur! wie bist du treu mir geblieben!

Zärtlichpflegend, wie einst, nimmst du den Flüchtling noch auf.
Noch gedeihn die Pfirsiche mir, noch wachsen gefällig
Mir an's Fenster, wie sonst, köstliche Trauben herauf.
Lockend röten sich noch die süßen Früchte des Kirschbaums,
Und der pflückenden Hand reichen die Zweige sich selbst.
Schmeichelnd zieht mich, wie sonst, in des Walds unendliche Laube
Aus dem Garten der Pfad, oder hinab an den Bach,
Und die Pfade rötest du mir, es wärmt mich und spielt mir
Um das Auge, wie sonst, Vaterlandssonne! dein Licht;
Feuer trink ich und Geist aus deinem freudigen Kelche,
Schläfrig lässest du nicht werden mein alterndes Haupt.
Die du einst mir die Brust erwecktest vom Schlafe der Kindheit
Und mit sanfter Gewalt höher und weiter mich triebst,
Mildere Sonne! zu dir kehr' ich getreuer und weiser,
Friedlich zu werden und froh unter den Blumen zu ruhn.

Samuel T. Coleridge
Der alte Seemann

Teil I

Ein alter Seemann trifft drei Galans, die zu einem Hochzeitsfest eingeladen sind, und hält einen zurück.

Da kam ein alter Seemann einst –
Hielt einen von dreien an.
»Bei deinem Graubart und Glitzeraug,
Sag, warum hältst du mich, Mann?

Weit offen ist des Bräutigams Tür,
Sind nah verwandt wir zwei.
Die Gäste sind da, das Fest begann,
Hör nur ihr Frohgeschrei!«

Er hält ihn fest mit faltiger Hand.
Er sprach: »Da war ein Schiff –«
»Laß aus die Hand, graubärtiger Narr!«
Er ließ ihn aus dem Griff.

Der Hochzeitsgast wird von dem Auge des alten Seefahrers gebannt und ist gezwungen, seine Geschichte anzuhören.

Er hielt ihn fest mit glitzerndem Aug –
Der Hochzeitsgast stand still.
Er lauscht wie ein dreijährig Kind,
Ganz wie der Seemann will.

Der Gast saß hin und lauschte ihm,
Es blieb ihm keine Wahl.
Und so sprach dann der alte Mann,
Im Auge glühnde Qual:

»Das Schiff glitt fort, räumte den Port,
Wir glitten froh und frei
Unter dem Kreuz, unter dem Kap
Am Feuerturm vorbei.

Zur Linken kam die Sonne hoch.
Kam aus dem Meere her,
War eitel Pracht und ging zur Nacht
Rechts abwärts in das Meer.

Der Seemann erzählt, wie das Schiff mit gutem Wind und bei schönem Wetter nach Süden fuhr, bis es den Äquator erreichte.

Höher und höher jeden Tag,
Und mittags bis übern Top –«
Der Hochzeitsgast rauft sich das Haar,
Denn er hört den Tanzgalopp.

Der Hochzeitsgast hört die Brautmusik; doch der Seemann setzt seine Geschichte fort.

Die Braut trat in den Saal, schön wie
Die Rose anzusehn.
Nickenden Kopfs und froh, vor ihr
Die Musikanten gehn.

Der Hochzeitsgast rauft sich das Haar,
Und lauscht; 's blieb keine Wahl.
Und so sprach dann der alte Mann,
Im Auge glühnde Qual.

»Nun kam der Sturmwind und der war
Gebieterisch und zäh;
Sein Flügel überfiel uns, schlug –
Und trieb uns südwärts jäh;

Das Schiff, von einem Sturm zum Südpol hin abgetrieben.

Gesenkten Bugs, geknickter Rah,
Wie, wer verfolgt mit Heh! und Hah!
Stets ist dem Feindesschatten nah,
Den Kopf geneigt nach vorn;
So fuhren wir schnell durchs
Sturmgebell;
Nach Süd sind wir geflohn.

Nun kamen beide: Dunst und Schnee,
's ward grausig kalt mit eins.
Und masthoch trieb das Eis vorbei,
Smaragdengrünen Scheins.

Das Polarland, voll furchtbarer Töne, wo kein lebendig Wesen zu schauen war.

Von Klippen blinzt durch
Schneegespinst
Fernher ein Schein trübweiß:
Wir sahen hier nicht Mensch noch Tier,
Dazwischen war nur Eis.

Das Eis war hier, das Eis war dort
Und Eis rings um den Rumpf –
Es stöhnt und sirrt und dröhnt und
klirrt, –
Doch wie geknebelt dumpf.

Bis ein großer Seevogel, ein Albatros, durch den Schneenebel herankam und mit großer Freude und Gastlichkeit empfangen ward.

'letzt kreuzte uns ein Albatros,
Kam durch den Nebel her;
Wir grüßten ihn mit dem Namen Christs,
Als ob ein Christ er wär.

Er fraß, was er noch nie gekannt,
Flog rundum ohne Furcht.
Das Eis zerbrach mit Donnerkrach;
Der Steurer fuhr uns durch.

Ein guter Süd sprang achtern auf;
Der Vogel folgte flink,
Kam jeden Tag zu Spiel und Fraß
Auf der Matrosen Wink!

Und siehe da! Der Albatros erweist sich als ein Vogel von guter Vorbedeutung und folgt dem Schiff, wie es durch Nebel und Treibeis nach Norden zurückkehrt.

Im Wolkengrau, auf Mast und Tau
Hockt er neun Nächte lang,
Derweil durch fahlen Höhenrauch
Des Mondes Schimmer drang.«

»Vorm Teufel, der dich Alten zwackt,
Gott schütz dich, Schiffsgenoß!«
»Was stierst du so?« – »Mit der
Armbrust mein
Schoß ich den Albatros!«

Der alte Seemann tötet den frommen Vogel der guten Vorbedeutung.

Teil II

»Nun kam die Sonne rechts herauf,
Kam aus dem Meere her.
Stak tief im Dunst, und ging hinab
Zur Linken in das Meer.

Und achtern blies noch immer der Süd.
Doch kein Vogel folgte flink

Und kam zum Spiel an keinem Tag
Auf der Matrosen Wink!

Seine Genossen erheben sich gegen den alten Seemann, darum daß er den heilbringenden Vogel getötet hat.

Ich hatte getan ein höllisch Ding,
Das uns viel Leid verhieß:
Denn sicherlich schoß den Vogel ich,
Der die Brise wehen ließ.
Du Narr! schrien sie, zu töten das Vieh,
Das die Brise wehen ließ.

Doch wie der Nebel aufklart, halten sie es für gerechtfertigt und machen sich so zu Mitschuldigen an dem Verbrechen.

Nicht trüb nicht rot – die Sonne loht
Wie Gottes Haupt wohl blinkt:
Denn sicherlich schoß den Vogel ich,
Der Dunst und Nebel bringt.
Gut! sagten sie, zu töten das Vieh,
Das Dunst und Nebel bringt.

Die schöne Brise hält an; das Schiff fährt in den Pazifik, segelt nach Norden, allzeit, bis es den Äquator erreicht.

Die Brise schob, der Kielgischt stob,
Die Furche schäumte schwer.
Wir brachen als die ersten ein
In jenes stille Meer.

Das Schiff liegt plötzlich in einer Kalme still.

Die Brise fiel, die Segel dann.
's war traurig wie nur je.
Wir sprachen bloß, das Schweigen groß
Zu brechen dieser See.

Im kupferheißen Himmel stand
Die Sonne blutig drohnd
Rechts überm Mastbaum, mittags noch
Nicht größer als der Mond.

Und Tag um Tag, Tag um Tag –
Harrten wir ohne Dreh,
Sinnlos wie ein gemaltes Schiff
Auf nur gemalter See.

Wasser, Wasser, überall –
Doch alle Fässer leer.
Wasser, Wasser überall –
Und nichts zu trinken mehr.

Und es beginnt die Rache für den Albatros.

Die Tiefe faulte gar! O Christ,
Daß so etwas gescheh!
Ja, Schlammzeug kroch, langbeinig,
hin
Auf der verschlammten See.

Die Totenfeuer tanzten nachts
Und wirbelten im Kreis.
Das Wasser brannte wie Hexenöl
So grün als blau und weiß.

Und manchen suchte heim im Traum
Der Geist, der uns so hunzt,
Der uns neun Faden tief gefolgt
Vom Land aus Schnee und Dunst.

Ein Geist war ihnen gefolgt, einer der unsichtbaren Bewohner dieses Planeten, so weder abgeschiedene Seelen noch Engel sind; bezüglich welcher der gelehrte Jude Josephus und der konstaninopolitanische Platoniker Michael Psellus befragt werden können. Sie sind sehr zahlreich, und keine Zone oder Element ist ohne einen oder mehrere derselben.

Die Zunge – bis zur Wurzel hin –
War uns vom Durst verdorrt,
Als würden wir von Ruß erstickt,
Versagte uns das Wort.

Die Schiffsleute sind in ihrer Verzweiflung geneigt, alle Schuld auf den alten Seemann zu werfen, zum Zeichen dessen sie ihm den toten Seevogel um den Nacken hängen.

Wie ward ich, weh, mit zornigem Blick
Von alt und jung bedrängt:
Kein Kreuz – doch der Albatros ward
Mir um den Hals gehängt.

Teil III

Der alte Seemann sieht in weiter Entfernung ein Zeichen auf dem Wasser

»Die Zeit, wie lähmend! Jedes Aug
Verglast, rauh jeder Schlund.
Erstarrte Zeit! Erstarrte Zeit!
Wie lechzt erstarrter Mund!
Als ich ein Irgendwas erspäht
Westlich am Himmelsgrund.

Zuerst schien es ein kleiner Fleck,
Und dann ein Nebelstreif;
Es wuchs und wuchs und ward zuletzt
Umrißne Form, – begreif:

Ein Fleck, ein Nebel, eine Gestalt!
Und nah und näher kams.
Als wich es einem Wassergeist,
Versanks, und Wenden nahms.

Aus trocknem Schlund,
schwarzbacknem Mund
Kein Lust-, kein Klagelaut.
Stumm standen wir und wie gebannt.
Ich saugte Blut aus meiner Hand –
Und schrie: Ein Segel! Schaut!

und als es näher und näher kommt, scheint es ihm ein Schiff zu sein; und um eine teure Lösung befreit er seine Sprache aus den Banden des Durstes.

Mit trocknem Schlund,
schwarzbacknem Mund
Weitoffen, hörten die –
Vor Freude lachten sie wie toll
Und zogen all den Atem voll
In sich als tränken sie!

Ein Freudenblitz.

Seht! Seht! schrie ich: es halst nicht
mehr!
Auf uns – und uns zugut –
Fährts stetig zu mit hohem Bug,
Und ohne Wind und Flut!

Aber Grauen folgt: denn kann das ein Schiff sein, was ohne Wind oder Flut herankommt?

Westlich die Wogen warn ganz Glut,
Da grad der Tag verging;
Westlich die Sonne, groß und grell
Fast auf den Wellen hing: –
Und zwischen sie und uns trieb jäh
Das wunderliche Ding.

Es scheint ihm nur das Gerippe eines Schiffes.

Und stracks fleckt ein Gestäng die Sonne
(O Gott, verlaß uns nicht!)
Wie durch ein Kerkergitter schau'nd
Mit brennendem Gesicht.

Ah weh! dacht ich und mein Herz schlug laut,
Wie rast es unbeirrt!
Sind so die Segel, silbrig im Licht,
Wie Marienseide flirrt?

Und seine Rippen gleichen Gitterstäben vor dem Antlitz der untergehenden Sonne. Das Gespensterweib und ihr Totengenoß und niemand sonst an Bord des Skelettschiffs. Wie das Schiff, so die Mannschaft.

Die Spanten so, durch die die Sonne
Wie durch ein Gitter loht?
Kommt nur dies Weib auf ihm herbei?
Ist das der Tod? Und sind dort zwei?
Ist ihr Genoß der Tod?

Ihr Blick war frei, ihr Mund war rot,
Goldgelb die Lockenflut;
Aussätzig weiß war ihre Haut:
Sie war der Nachtmahr Leben-im-Tod,
Der frostets Menschenblut.

Der nackte Rumpf schwamm breitseit
an.
Das Paar warf Zahl um Zahl.
›Aus ist das Spiel! Ich bin am Ziel!‹
Schrie sie und pfiff dreimal.

Tod und Nachtmahr würfeln um die Mannschaft des Schiffes, und sie, die letztere, gewinnt den alten Seemann.
Kein Zwielicht in den Höfen der Sterne.

Die Sonne taucht; Sterne erblitzen:
Da Nacht rasch um sich griff.
Mit fernem Flüstern übersee
Schoß fort das Geisterschiff.

Beim Aufgang des Mondes,

Wir lauschten, starrten oberwärts!
Angst leerte wie ein Glas mein Herz
Von Lebensblut; und grau
Warn rings die Sterne, Nacht war dicht,
Lichtweiß des Steuermanns Gesicht:
Von Segeln troff der Tau –
Bis Sichelmond im Osten fern
Aufstieg, mit einem hellen Stern
Am spitzen End genau.

einer nach dem andern,

Und alle wandten sie sich um,
So stumm und seufzerlos
In Todesgraun und fluchten mir
Mit ihren Blicken bloß.

fallen seine Genossen tot nieder,

Viermal fünfzig, Mann für Mann
Und seufzerlos und stumm:
Ein Klumpen all mit schwerem Prall
Fielen sie leblos um.

aber der Nachtmahr beginnt sein (ihr) Werk an dem alten Seemann.

Die Seelen, von den Körpern frei –
Zu Glück und Qual entflohn –
Sie zischten alle mir vorbei
Wie meiner Armbrust Ton.«

Teil IV

Der Hochzeitsgast fürchtet, daß ein Geist zu ihm rede,

»Ich fürchte, alter Seemann, dich!
Fürcht deine faltige Hand.
Und du bist hager, lang und braun
Wie der See gerippter Sand.

aber der alte Seemann versichert ihn seines Leibeslebens, und fährt fort, seine schreckliche Buße zu erzählen.

Ich fürcht dein Aug und deine Hand,
So sehnig, braun und hart –«
»Nicht doch, fürcht nichts, mein Hochzeitsgast!
Der Leib fiel nicht erstarrt.

Allein, allein, ganz, ganz allein,
Auf weiter See allein
Und keiner der Heiligen erbarmete
Sich meiner Seelenpein.

Er verachtet die Kreaturen der Windstille

So viele Männer, wohlgestalt!
Nun tot, streckten sie sich.
Und aber Tausend schleimig Zeug,
das lebte; und auch ich.

Ich schaute auf die faulende See
Und wandte die Augen fort.
Ich schaute auf das faulende Deck,
Da lagen die Toten dort.

und ist neidisch, daß sie leben und so viele sind tot.

Ich sah zum Himmel, da ward in mir
Das Beten schon verworrn,
Ein irr Geflüster – und es ließ
Mein Herz zu Staub verdorrn.

Ich schloß die Lider und es schlug
Wie Puls der Augenball
Und See und Himmel, Himmel und See
Taten wie Last meinen Augen weh –
Und zu Füßen die Toten all!

Von ihrem Leib schmolz kalter Schweiß,
Sie faulten, stanken nicht.
Der Blick, mit dem sie mich verflucht,
Verließ nicht ihr Gesicht.

Aber der Fluch lebt für ihn in den Augen der toten Männer.

Der Fluch der Waise kann ein'n Geist
Vom Himmel niederziehn,
Doch grauser ist der Fluch, der aus
Des Toten Auge spricht:
Sieben Tag und Nächte sah ich ihn
Und konnte doch sterben nicht.

In seiner Einsamkeit und seinem Starren sehnt er sich nach dem wandernden Monde und den Sternen, die da weilen und dennoch sich bewegen; allerorten ist der Himmel ihr Eigentum und ihre bestimmte Ruhestatt, ihr Vaterland und ihre eigene natürliche Heimat, die sie ohne Meldung beziehen, wie Herren, die man sicher erwartet, und ist doch eine geheime Freude bei ihrer Ankunft.

Der Mond wuchs sich am Himmel groß
Und weilte nirgends gern:
Langsam stieg er hoch; bei sich
Den ein und andern Stern.

Sein Strahl verhöhnt die schwüle See
Wie Rauhreif den April;
Doch in des Schiffes Schatteneck
Schmolz das verhexte Wasser weg,
Erschrecklich rot und still.

Beim Licht des Mondes sieht er Gottes Kreaturen der großen Windstille.

Und hinterm Schatten kamen mir
Die Wasserschlangen in Sicht.
Sie zogen Spuren glänzend weiß,
Wo sie sich bäumten, fiel grau wie Eis
In Schuppen Elfenlicht.

Im Schatten des Schiffs erkannte ich
Ihr Äußres: glattes Grün,
Blau, samtnes Schwarz – und ringelnd fuhr
Das um und schwamm; und jede Spur
War blitzend goldnes Glühn.

Ihre Schönheit und ihr Glück.

Oh, glücklich ihr! Wie schön ihr seid,
Sagt eine Zunge nie!

Ein Quell der Liebe strömte in mir
Und glücklich pries ich sie: –
Mein Heiliger erbarmte sich!
Und glücklich pries ich sie.

Er preist sie glücklich in seinem Herzen.

Und plötzlich konnt ich beten auch
Und mir vom Nacken weh
Fiel nun der Albatros, und sank
Wie Blei tief in die See.

Der Zauber läßt allmählich nach.

Teil V

O Schlaf! Das ist ein zärtlich Ding,
Geliebt in jedem Land.
Die Heilige Jungfrau mußt ich loben,
Die sanften Schlaf vom Himmel oben
Mir in das Herz gesandt!

Die lecken Eimer auf dem Deck,
Die lang herumgelegen –
Ich sah im Traum sie voller Tau –
Als ich erwacht: war Regen.

Durch die Gnade der seligsten Jungfrau wird der alte Seemann mit Regen erfrischt.

Mein Mund war naß, mein Gaumen kühl
Und meine Kleider klamm;
Ich trank im Traume wohl! Es trank
Mein Leib noch wie ein Schwamm.

Ich fühlte meine Glieder kaum,
Leicht stand ich – beinah dreist

Dacht ich: ich starb vielleicht im Schlaf
Und bin ein seliger Geist.

Und er hört Töne und sieht seltsame Gesichte und Bewegungen am Himmel und auf den Wassern.

Und hörte bald ein Windgebraus,
Doch kams nicht hergefahrn:
Sein Klang nur schüttelte die Segel,
Die dünn und trocken warn.

Von Leben barst die obre Luft:
Glutflaggen ohne Zahl;
Die warf es stürmisch hin und her
Und her und hin und zwischendrin
Tanzten die Sterne fahl.

Noch lautrer Wind kam dann gerannt,
Die Segel seufzten wie Rohr;
Aus schwarzer Wolke, den Mond am Rand,
Stürzte der Regen vor.

Die schwarze Wolke riß, stet blieb
Der Mond an ihrer Seit:
Wie Wasser von den Bergen schießt
Fiel ungezackt der Blitz und fließt
Ein Strom, sehr tief und breit.

Die Leiber der Schiffsmannschaft werden beseelt, und das Schiff bewegt sich fort.

Der Wind erreichte nie das Schiff,
Doch nun kam es in Lauf!
Unterm Geblitz und unterm Mond
Stöhnten die Toten auf.

Sie stöhnten dumpf – die Augen starr –
Erbebten, hoben sich.
Daß Tote so sich heben, wär
Im Traum selbst wunderlich.

Der Steuermann lenkte, das Schiff trieb ab;
Doch keine Brise blies;
Die Matrosen schafften am Seilwerk all,
Wie sie Gewohnheit wies;
Lebloses Werkzeug schien ihr Leib –
Furchtbare Mannschaft dies!

Ein Leib stand nah mir, Knie an Knie,
Es war mein Brudersohn:
Der Leib und ich an einem Seil, –
Doch sprach er keinen Ton.«

»Ich fürchte, alter Seemann, dich!«
»Sei ruhig, Hochzeitsgast!
's warn nicht die Seelen, die entwichen,
Nun wieder in die Körper geschlichen, –
Nein, selige Geisterschaft.

Aber nicht durch die Seelen der Menschen, noch durch Dämonen der Erde oder mittleren Luft, sondern durch eine selige Schar engelischer Geister, herabgesandt durch die Anrufung des Schutzheiligen.

Doch als es tagte, saßen sie
All um den Mast gedrang;
Aus ihrem Mund, aus ihrem Leib
Floß langsam süßer Klang.

Und ringsum floß der süße Ton,
Bis in die Sonne hinein;

Und Klänge kamen langsam zurück,
Vermischte und allein.

Zuweilen wars, als ob sehr hoch
Die Lerche tröpfelnd sing,
Dann wars wie aller Vögel Schall
Als füllten See und Luft sie all
Mit ihrem süßen Gekling!

Einsames Flöten nun – dann wie
Ein ganz Orchester rauscht –
Und nun ist es ein Engelsang,
Dem selbst der Himmel lauscht.

Es schwand: die Segel tönten noch
Bis mittag süß und sacht,
Geräusch, wie's ein verborgner Bach
Im laubigen Juni macht,
Der Wäldern stilles Lied im Schlaf
Zusingt die ganze Nacht.

Bis mittag segelten wir zu,
Doch keine Brise schnob;
Glatthin und langsam fuhr das Schiff,
Da unten etwas schob.

Und unterm Kiel, neun Faden tief,
Aus dem Land von Dunst und Schnee,
Glitt her der Geist: derselbe, der
Das Schiff schon mal ließ gehn,
Am Mittag schwieg in den Segeln
das Lied,
Und auch das Schiff blieb stehn.

Gehorsam der Engelschar treibt der einsame Geist vom Südpol das Schiff bis an die Linie, fordert aber doch noch Rache.

Die Sonne, senkrecht überm Mast,
Hielt es gebannt; ein Zucken
Lief drüberhin; bald regte sichs
Mit kurzem, heftigem Rucken,
Halb seine Länge vor, zurück –
Mit kurzem heftigem Rucken.

Dann bäumte es sich wie ein Pferd,
Daß es dem Zaum entrinn:
Es trieb das Blut mir in den Kopf,
Ohnmächtig fiel ich hin.

Wie lang ich in dem Anfall lag,
Ich weiß nicht – einerlei:
Eh noch mein Leben wiederkam
Schied meine Seele und vernahm
In der Luft der Stimmen zwei.

Die Mitdämonen des Geistes vom Südpol, die unsichtbaren Bewohner der Elemente, nehmen teil an seiner Kränkung; und zwei erzählen sich, der eine dem andern, daß eine lange und schwere Buße für den alten Seemann dem Geiste vom Pol bewilligt ist,

Die eine frug: *Ist ers? – Bei IHM,*
Des Blut am Kreuze floß! –
Der mit der Armbrust hat erlegt
Den harmlosen Albatros?
Der Geist, der ihm so viel versprach

welcher südwärts heimkehrt.

Im Land von Dunst und Schnee,
Der liebte den Vogel und der den Mann,
Der tat ihm Todes Weh.

Sanfter die andre Stimme war,
So sanft wie Tau. Sprach nun:
Der Mann hat Buße schon getan
Und wird noch Buße tun.

Teil VI

Erste Stimme:
Doch sag mir, sag mir, sprich nochmal,
Die sanfte Antwort sage!
Was schaffet jetzt der Ozean,
Sag, wer das Schiff so jage?

Zweite Stimme:
Stumm wie ein Sklave vor dem Herrn,
Sturmlos der Ozean;

Schweigend sein großes helles Aug
Zum Monde aufgetan –

Als zeigte dieser ihm den Weg;
Er führt ihn sanft und strikt.
Sieh, Bruder, sieh! Wie gnädig er
Zu ihm herniederblickt.

Erste Stimme:
Doch warum fährt ohn Wind und Flut
Das Schiff so schnell und keck?

Der Seemann ist in eine Verzückung entrückt gewesen, denn die Engelsmacht läßt das Schiff schneller nordwärts treiben, als Menschen ertragen können.

Zweite Stimme:
Die Luft vor ihm ist aufgeschlitzt,
Und schließt sich hinterm Heck.
Flieg, Bruder, doch! Und höher noch!
Daß man uns spät nicht findet: –
Das Schiff wird weiter, weiterfahrn,
Wenn des Seemanns Schlafbann schwindet.

Der übernatürlichen Bewegung geschieht Einhalt; der Seemann erwacht, und seine Buße beginnt von neuem.

»Als ich erwacht war, segelten
Wir in der unverhängten
Und stillen Nacht; der Mond stand hoch;
Die Toten alle drängten

Zusammen auf dem Deck, Gestalten
Wie aus dem Beinhaus-Dunkel.
Sie starrten mit steinernen Augen mich an,
Die in dem Mond erfunkeln.

Die Qual, der Fluch, mit dem sie starben,
Der wollte nimmer enden.
Ich konnt den Blick von ihnen nicht,
Noch betend aufwärts wenden.

Der Fluch ist endlich gesühnt.

Nun war der Bann gebrochen: grün
Sah ich den Ozean.
Und sah nach Norden – wenig war
Da, was wir früher sahn –
Wie einer auf einsamem Weg
In Furcht und Ängsten geht,
Sich umsieht und dann weitereilt
Und nie den Kopf mehr dreht,
Weil ihn ein Teufelsgeist verfolgt.
Dicht auf den Fersen stet.

Doch hauchte bald ein Wind mich an,
Reglos und ohne Säuseln,
Sein Pfad, der lag nicht auf der See,
In Schatten oder Kräuseln.

Er hob mein Haar, umfächelte mich
Wie Frühlings-Wiesenhauch,
Fremd meiner Angst sich mischend, wars
Doch wie ein Willkomm auch.

Wie geschwinde lief das Schiff!
Doch konnt nichts ruhiger sein.
Lieblich, lieblich blies der Wind,
Umblies nur mich allein.

Und der alte Seemann sieht sein Heimatland.

O Freudentaumel! Hatte ich
Den Leuchtturmkranz erkannt?
Ist dies der Hang? die Kirche dies?
Ist dies mein eigen Land?

Wir trieben übers Hafenend.
Mein Seufzen war Gebet:
O laß mich wach sein, wach, mein Gott!
Sonst laß mich schlafen stet.

Die Hafenbucht war klar wie Glas,
So glatt zog sie sich hin.
Und auf der Bucht lang Mondenschein
Und des Mondes Schatten drin.

Der Fels schien hell, die Kirche auch,
Die auf dem Felsen thront,
Und schweigend tauchte in sein Licht
Den Wetterhahn der Mond.

Die englischen Geister verlassen die toten Leichname.

Die Bucht war weiß von stillem Licht,
Bis sich aus ihr vorm Boot
Viele Gestalten, Schatten all,
Erhoben scharlachrot.

Und erscheinen in ihren eigenen Lichtgestalten.

Und solche Purpurschatten warn
Dem Bug des Schiffes nah:
Ich wandt die Augen auf das Deck:
O Christ! was sah ich da!

Die Leichen lagen leblos-flach,
Beim Heiland, wie im Schlaf!
Doch stand auf jedem Leichnam dort
Ein Lichtmensch, ein Seraph.

Sie winkten alle mit der Hand –
Ein himmlisches Gesicht!
Sie standen wie Zeichen vor dem Land,
Jeder ein lieblich Licht;

Sie winkten alle mit der Hand,
Und alles, alles schwieg –
Schwieg, schwieg; doch oh! das
Schweigen sank
Ins Herz mir wie Musik.

Doch bald vernahm ich Ruderschlag
Und wie der Lotse rief.
Gewaltsam ward mein Kopf
geschwenkt:
Sah, wie ein Boot anlief.

Den Lotsen und den Lotsenknecht
Konnt ich hereilen hörn.
Gott! diese Freude konnten selbst
Die Toten nicht zerstörn.

Mit ihnen kam der Eremit,
Der laut und unverdroß
Die gottesfürchtigen Lieder singt,
Die ihm der Wald erschloß.
Ihm würd ich beichten, der wäscht
fort
Das Blut des Albatros!

Teil VII

Der Eremit wohnt in dem Wald,
Der bis zur See sich senkt.
Dort singt er laut Lob Gott, dem
Herrn! –
Und mit Matrosen spricht er gern,
Aus Fernen hergelenkt.

Der Eremit des Waldes.

Er kniet des Morgens, tags und nachts
Auf seiner plumpen Bank,
Dem alten morschen Eichenstrunk,
Der ganz im Moos versank.

Das Boot trieb her. Ich hörte dies:
›Wie ist das seltsam, sieh!
Wo gäbs solch wunderbares Licht, –
Solche Zeichen sah ich nie!‹

Der Eremit: ›Seltsam, bei Gott!
Und unserm Ruf so stumm.
Wie sind die Segel dürr und dünn,
Die Planken scheinen krumm.

Nähert sich dem Schiff mit Verwunderung.

Nein, solche Segel sah ich nie –
Sie gleichen irgendwie
Den braunen Blattgerippen, die
Mein Waldbach mit sich bringt,
Wenn die Eibenbüsche tief verschneit

Und das Käuzchen hinterm Wolf
herschreit,
Der der Wölfin Junges verschlingt.‹

›Gott, wie sein Anblick teuflisch ist!
Ich fürcht mich‹, widerstritt
Der Lotse. – ›Fahrt nur zu! fahrt zu!‹
Rief laut der Eremit.

Das Boot kam näher an das Schiff,
Ich stand ganz ruhig und schwieg.
Das Boot kam fast bis unters Schiff,
Als da ein Klang aufstieg.

Das Schiff geht plötzlich unter.

Unter dem Wasser rollte er an,
Laut, furchtbar laut herbei
Ans Schiff – er spaltete die Bucht –
Das Schiff ging unter wie Blei.

Der alte Seemann wird in das Lotsenboot gerettet.

Betäubt von diesem gräßlichen Ton,
Der in der See versank,
Lag ich im Wasser wie ein Mann,
Der schon vor Tagen ertrank.
Doch traumschnell fand ich mich im
Boot
Und auf der Lotsenbank.

Im Wirbel, wo das Schiff versank,
Riß es das Boot herum,
Und nur der Hang gab Widerklang,
Sonst war es still ringsum.

Ich regte die Lippen, der Lotse schrie,
Der halbtot niederglitt. –
Da sah er auf und betete
Der heilige Eremit.

Ich nahm die Ruder: Wahnsinn schlug
Darauf den Lotsenknecht:
Er rollte die Augen hin und her
Und lachte: Seh ich recht?
Und lachte, schrie: ›Ich seh's genau,
Der Teufel rudert nicht schlecht.‹

Und nun stand ich im eignen Land,
Festland, lang nicht gesehn.
Der Eremit stieg aus dem Boot
Und konnte kaum mehr stehn.

Der alte Seemann bittet den Eremiten ernstlich, ihn zu entsündigen, und es trifft ihn die Buße fürs Leben.

›Nehmt mir die Beichte, heiliger Mann!‹
Er kniff die Augen zu.
›Sag schnell‹, rief er, ›ich bitt dich, sag:
Was für ein Mensch bist du?‹

Da stürzte es mich auf die Knie
Mit einem wehen Schrei
Und in Ängsten erzählt ich alles ihm, –
Dann ließ es mich wieder frei.

Denn immer und immer durch sein ganzes künftiges Leben zwingt ihn eine innere Angst,

Seither, zu ungewisser Stund,
Kehrt dieser Seelenschmerz,
Und bis ich das Furchtbare erzählt,
Brennt mir im Innern das Herz.

von Land zu Land zu reisen

Ich fahr wie die Nacht von Land zu
Land,
Hab Rede von seltner Magie:
Find schnell den Mann aus der
Menschen Fluß,
Der meine Geschichte hören muß,
Und dem erzähl ich sie.

Die Hochzeitsgäste, – hör den Lärm,
Der aus der Türe dringt!
Die Braut mit ihrer Jungfernschar
Im Garten aber singt.
Und horch, es ruft mich zum Gebet:
Das Vesperglöcklein klingt.

O Hochzeitsgast! Auf weiter See
War diese Seele allein,
So einsam, als ob selber Gott
Dort nicht mehr würde sein.

Oh, Schönres als ein Hochzeitsfest,
Weit Schönres ich ersah:
Mit gottesfürchtiger Schar zur Kirch
Zu gehn und beten da.

Gemeinsam in die Kirch zu gehn,
Wo vom Gebet entflammt
Die alten Männer, Frau und Kind
Vor Gott dem Herrn auf Knien sind,
Jungfrau und Bursch gesamt.

Lebwohl, lebwohl, mein Hochzeitsgast!
Doch dieses lern von mir:
Der betet gut, der auch gut liebt,
Sei's Vogel, Mensch oder Tier.

und durch sein eigen Beispiel Liebe und Ehrfurcht gegen alle Dinge zu lehren, die Gott schuf und liebt.

Am besten betet, wer am besten liebt,
Was groß ist und gering,
Denn der liebe Vater, der uns liebt,
Schuf und liebt alle Ding.«

Der Seemann mit dem hellen Aug
Und altersweißen Bart,
Er ging – da wandte sich der Gast
Vom Hochzeitshaus und ward

Wie einer, der der Sinne beraubt
In langer Ohnmacht lag –
Und trauriger und weiser hob
Er sich am nächsten Tag.

Mary Shelley
Frankenstein oder Der moderne Prometheus

Erster Brief
An Mrs. Saville, England
St. Petersburg, 11. Dez. 17..

Du wirst Dich bestimmt freuen zu hören, daß der Beginn eines Unternehmens, von dem Du so böse Ahnungen hattest, durch kein Unglück belastet war. Ich bin gestern hier angekommen, und meine erste Handlung ist, meiner lieben Schwester mein Wohlbefinden und den wachsenden Glauben an den Erfolg meines Unternehmens mitzuteilen.

Ich befinde mich bereits weit nördlich von London, und in den Straßen Petersburgs spüre ich, wie mir eine kalte nördliche Brise um die Wangen weht. Sie stärkt meine Nerven und erfüllt mich mit Vorfreude. Kannst Du diese Empfindung verstehen? Diese Brise, die aus jenen Gebieten kommt, zu denen ich reisen will, vermittelt mir eine Vorahnung von jenen eisigen Regionen. Beflügelt von diesem vielversprechenden Wind werden meine Tagträume farbiger und lebhafter. Vergeblich versuche ich mir vorzuhalten, daß der Pol ein Platz der Kälte und der Einsamkeit ist; meiner Vorstellung aber präsentiert er sich immer als ein Ort der Schönheit und des Entzükkens. Die Sonne, Margaret, scheint dort ständig; ihre breite Scheibe berührt nur den Horizont und strahlt ewigen Glanz aus. Dort gibt es, den Berichten meiner Vorgänger zufolge, denen ich, wenn Du erlaubst, Glauben schenken werde, weder Kälte noch Schnee. Wir werden über eine ruhige See segeln und dann vielleicht an ein Land getragen werden, das an Schönheit und Wundern alle Gebiete übertrifft, die bis jetzt auf dem bewohnten Teil der Erde entdeckt wurden. Seine Beschaffenheit und sein Charakter mögen ohne Beispiel sein, da sich auch das Phänomen der himmlischen Körper unzweifelhaft in jenen noch unentdeckten Einsamkeiten findet. Was kann man nicht alles von einem Land des ewigen Lichtes erwarten? Vielleicht entdecke ich dort jene wunderbare Macht, die die Kompaßnadel anzieht; und vielleicht bringe ich auch Ordnung in tausend verschiedene Himmelsbeobachtungen, deren anscheinende Widersprüchlichkeiten vielleicht nichts weiter als dieser Reise bedürfen, um sie für immer in Übereinstimmung zu bringen. Ich werde meinen brennenden Entdeckerdrang mit dem Anblick eines Weltteiles sättigen, der nie zuvor besucht wurde, und betrete vielleicht ein Land, das nie zuvor eines Menschen Fuß getragen hatte. Dies sind die Verlokkungen, die ausreichen, um alle Furcht vor Gefahren oder Tod zu besiegen, und die mich dazu bringen, diese mühselige Reise mit der gleichen Freude zu beginnen, die ein Kind empfindet, wenn es mit seinen Spielgefährten in ein kleines Boot steigt und eine Entdeckungsreise auf dem heimatlichen Fluß antritt. Angenommen jedoch, alle jene Mutmaßungen wären falsch, so kannst Du immer noch nicht den Wert der für die Menschheit bis zur letzten Generation so ungeheuer wichtigen Tat bestreiten, die darin besteht, eine polnahe Passage zu jenen Ländern zu entdecken, die gegenwärtig nur nach monatelanger Fahrt zu erreichen sind. Das gleiche gilt für die Klärung des Magnetismus und seiner Geheimnisse, was, wenn überhaupt, nur durch ein Unternehmen wie das meine erreicht werden kann.

Diese Gedanken haben die Aufregung gedämpft, mit der ich diesen Brief zu schreiben begann. Mein Herz glüht jetzt von einem Eifer, der mich zum Himmel emporträgt. Nichts ist nämlich so sehr geeignet, den Geist zu beruhigen, wie ein festes Ziel – ein Punkt, auf den die Seele ihr Auge richten kann. Seit meiner Jugend gehörte diese Expedition zu meinen Lieblingsträumen. Voller Eifer hatte ich die Berichte über die verschiedenen Reisen gelesen, die unternommen worden waren, um auf dem Weg über die Seengebiete, die den Pol umgeben, den nördlichen Pazifik zu erreichen. Vielleicht erinnerst Du Dich noch, daß eine Geschichte aller Entdeckungsreisen den größten Teil der Bibliothek unseres guten Onkels Thomas ausmachte. Meine Erziehung war nicht besonders gut, und doch las ich leidenschaftlich gern. Jene Bände bildeten Tag und Nacht mein Studienmaterial, und meine Vertrautheit mit ihnen vertiefte noch die Trauer, die ich schon als Kind empfand, als ich erfuhr, daß mein Vater in seinem Letzten Willen meinem Onkel verboten hatte, mir die Seefahrt zu erlauben.

Jene Reisebilder verblaßten freilich, als ich zum erstenmal an Dichter geriet. Ihre Werke beeindruckten mich zutiefst und erhoben meine Seele zum Himmel. Ich wurde ebenfalls ein Dichter und lebte ein Jahr lang im Paradies meiner eigenen Schöpfung. Ich bildete mir ein, ich könnte in jenem Tempel, in dem Homer und Shakespeare verehrt werden, ebenfalls eine Nische erwerben.

Du weißt von meinem Scheitern und kennst auch die Tiefe meiner Enttäuschung. Aber gerade zu der Zeit erbte ich von meinem Vetter ein Vermögen, und meine Gedanken wurden wieder in ihre frühere Bahn gelenkt.

Sechs Jahre sind nun vergangen, seit ich mein gegenwärtiges Unternehmen beschloß. Noch jetzt erinnere ich mich genau der Stunde, in der ich mich diesem großen Vorhaben widmete. Ich begann damit, meinen Körper an alle Arten der Härte zu gewöhnen. Ich begleitete Walfischer auf verschiedenen Reisen in das Eismeer; freiwillig ertrug ich Kälte, Hunger, Durst und Mangel an Schlaf; tagsüber arbeitete ich oft schwerer als die gewöhnlichen Fischer, und meine Nächte widmete ich dem Studium der Mathematik, der theoretischen Medizin und jenen Zweigen der Physik, die für einen abenteuernden Seefahrer den größten praktischen Nutzen haben. Zweimal ließ ich mich schließlich als Leichtmatrose auf einem Grönlandfahrer anheuern und tat meinen Dienst zur vollsten Zufriedenheit meiner Vorgesetzten. Ich muß gestehen, daß ich sehr stolz war, als mir der Kapitän einen Offiziersposten auf seinem Schiff anbot und mich mit großer Hartnäckigkeit drängte, auf dem Schiff zu bleiben; für so wertvoll hielt er meine Dienste!

Und, liebste Margaret, habe ich es denn nicht verdient, ein großes Ziel zu erreichen? Mein Leben mag bis jetzt friedlich und im Überfluß verlaufen sein; und doch würde ich den Ruhm allen jenen Verlockungen vorziehen, die mir der Reichtum in den Weg legte. Oh, daß mir doch eine ermutigende Stimme darin beistünde! Mein Mut und meine Entschlossenheit wanken zwar nicht, aber meine Zuversicht ist weniger fest und meine Stimmung oft niedergeschlagen. Ich werde auf eine lange und mühevolle Reise gehen, deren Schwierigkeiten alle meine Seelenstärke erfordern; ich werde nicht nur den Mut meiner Mitreisenden aufrichten müssen, sondern bisweilen auch den meinen, wenn es mir bei ihnen nicht gelingt.

Es ist jetzt die günstigste Jahreszeit für Reisen durch Rußland. Man fliegt in den Schlitten schnell über den Schnee dahin; die Bewegung ist sanft und für meine Begriffe weit angenehmer als in einer englischen Postkutsche. Die Kälte bleibt erträglich, wenn man sich in Pelze hüllt – was ich bereits getan habe, denn es ist ein großer Unterschied, ob man auf dem Deck herumlaufen kann oder ob man stundenlang stillsitzen muß und keine Bewegung das Blut daran hindert, in den Adern zu gefrieren. Ich habe jedenfalls keine Lust, auf der Straße zwischen St. Petersburg und Archangelsk mein Leben einzubüßen. In vierzehn Tagen oder drei Wochen will ich nämlich nach jener Stadt aufbrechen.

Dort werde ich ein Schiff mieten, was nicht schwierig sein kann, wenn ich nur dem Eigentümer die Versicherung bezahle, und werde unter den Walfängern so viel Matrosen anheuern, wie ich für nötig halte. Vor Juni will ich nicht in See stechen; doch wann kehre ich zurück? Liebe Schwester, wer könnte diese Frage beantworten! Wenn ich erfolgreich bin, vergehen viele Monate, vielleicht sogar Jahre, ehe wir uns wiedersehen. Wenn ich aber scheitere, siehst Du mich entweder sehr bald oder niemals wieder.

Leb wohl, liebe, teure Margaret. Der Himmel segne

Dich und möge mich bewahren, damit ich immer wieder meine Dankbarkeit für all Deine Liebe beweisen kann.

Dein Dich zärtlich verehrender Bruder

R. Walton

Edgar Allan Poe
Die Flaschenpost

Qui n'a plus qu'un moment à vivre
N'a plus rien à dissimuler.
Quinault, ›Atys‹

Über mein Vaterland und meine Familie kann ich nur wenig sagen. Schlechte Behandlung und der Lauf der Zeit haben mich aus dem einen fortgetrieben und mich der anderen entfremdet. Geerbter Reichtum ermöglichte mir eine Bildung, die das gewöhnliche Maß überstieg, und tiefgründige Veranlagung befähigte mich, den durch frühe Studien aufgespeicherten Wissensschatz methodisch zu ordnen. Vor allem gewährten mir die Werke der deutschen Moralphilosophen großen Genuß; nicht etwa wegen meiner blinden Bewunderung ihres überspannten Geschwätzes, sondern weil meine unbestechlichen Gedanken mich ihre Fehler gewöhnlich mit Leichtigkeit aufdecken ließen. Ich bin oft wegen der Trockenheit meines Geistes kritisiert worden; Mangel an Phantasie hat man mir als Verbrechen angerechnet, und für den Skeptizismus meiner Ansichten war ich schon immer bekannt. Tatsächlich fürchte ich, daß ein großes Wohlgefallen an der Naturwissenschaft meinen Verstand mit einem für unsere Zeit typischen Irrtum getränkt hat – ich meine die Gewohnheit, alle Vorkommnisse, selbst dasjenige, welches den geringsten Bezug zuläßt, auf die Gesetze jener Wissenschaft zu beziehen. Aber alles in allem kann niemand weniger als ich geneigt sein, sich von den streng abgegrenzten Bereichen der Wahrheit durch die *ignes fatui* des Aberglaubens hinweglocken zu lassen. Ich habe es für geziemend erachtet, soviel vorauszuschicken, damit die unwahrscheinliche Geschichte, die ich berichten will, nicht für das Trugbild einer primitiven Einbildungskraft gehalten wird, sondern vielmehr für die tatsächliche Erfahrung eines Geistes, dem die Träumereien der Phantasie nicht das geringste bedeuten.

Nachdem ich viele Jahre in der Welt herumgereist war, segelte ich im Jahre 18.. vom Hafen Batavia auf der reichen und dichtbevölkerten Insel Java nach dem Archipel der Sundainseln. Ich fuhr als Passagier – ließ ich mich doch von keinem anderen Beweggrund leiten als einer nervösen Unruhe, die mich wie ein Dämon heimsuchte.

Unser Fahrzeug war ein stattliches Frachtschiff von etwa vierhundert Tonnen, kupferbeschlagen und in Bombay aus malabarischem Teakholz gebaut. Es war mit Baumwolle und Öl von den Lakkadiven beladen. Auch hatten wir Kokosfasern, indischen Rohzucker, Butter aus Büffelmilch, Kokosnüsse und ein paar Kisten Opium an Bord. Die Ladung war ungeschickt verstaut worden, und das Schiff neigte folglich leicht zum Kentern.

Wir gingen bei kaum wahrnehmbarem Wind unter Segel und hielten uns etliche Tage vor der Ostküste Javas, ohne daß ein anderes Ereignis die Eintönigkeit unserer Fahrt unterbrochen hätte als das gelegentliche Zusammentreffen mit einigen kleinen, zweimastigen Küstenfahrern von jenem Archipel, den wir ansteuern wollten.

Eines Abends, als ich mich gerade über die Heckreling

lehnte, beobachtete ich im Nordwesten eine sehr seltsame einzelne Wolke. Sie war nicht nur merkwürdig ob ihrer Färbung, sondern auch deshalb, weil sie die erste war, die wir zu sehen bekommen hatten, seit wir in Batavia aufgebrochen waren. Ich betrachtete sie aufmerksam bis Sonnenuntergang, als sie sich plötzlich nach Osten und Westen hin ausbreitete, den Horizont mit einem schmalen Dunststreifen umgab und einer langen Linie flachen Strandes ähnelte. Mein Augenmerk ward bald darauf auf den düsterrot aussehenden Mond und die sonderbare Beschaffenheit des Meeres gelenkt. Es veränderte sich überraschend schnell, und das Wasser schien ungewöhnlich durchsichtig. Obgleich ich deutlich den Boden zu erkennen vermochte, stellte ich doch mit Hilfe des Ortes fest, daß die Tiefe fünfzehn Faden betrug. Die Luft wurde auf einmal unerträglich heiß und war von spiralförmigen Dämpfen durchzogen, gleich jenen, die von glühendem Eisen ausstrahlen. Als die Nacht hereinbrach, erstarb jeglicher Hauch des Windes, und es war schier unmöglich, sich eine noch tiefere Stille vorzustellen. Die Flamme einer Kerze brannte auf dem Heck ohne die geringste sichtbare Bewegung, und ein langes, zwischen Finger und Daumen gehaltenes Haar hing ohne jede Spur einer Schwingung. Da der Kapitän jedoch behauptete, keinerlei Anzeichen für eine Gefahr zu bemerken, und da wir geradewegs auf die Küste zutrieben, befahl er, die Segel festzumachen und den Anker zu werfen. Eine Wache wurde nicht aufgestellt, und die Mannschaft, die hauptsächlich aus Malaien bestand, streckte sich bedächtig auf dem Deck aus. Ich ging nach unten – von banger, unheildrohender Ahnung erfüllt. Ja, alle Anzeichen bestärkten mich in der Annahme, daß ein Orkan zu befürchten sei. Ich sprach zu dem Kapitän von meinen Ängsten, allein er schenkte meinen Worten keinerlei Aufmerksamkeit und verließ mich, ohne sich zu einer Antwort herabzulassen. Meine Unruhe hielt mir jedoch den Schlaf fern, und um Mitternacht ging ich aufs Deck hinauf. Als ich den Fuß auf die oberste Stufe der Kajütentreppe setzte, erschreckte mich ein lautes Rauschen, wie durch die schnelle Umdrehung eines Mühlrades verursacht, und bevor ich mir noch über seine Bedeutung klarwerden konnte, spürte ich, wie das Schiff bis ins Innerste erbebte. Im nächsten Augenblick wirbelte uns eine wild schäumende Sturzwelle beiseite, rollte über uns hinweg und überspülte das Deck in seiner ganzen Länge.

Das starke Toben des Sturmes erwies sich in hohem Maße als Rettung des Schiffes. Obwohl gänzlich mit Wasser vollgesogen, erhob es sich doch, als seine Masten über Bord waren, wenig später schwerfällig aus den Meeresfluten, und eine Zeitlang unter dem gewaltigen Druck des Sturmes schwankend, richtete es sich schließlich auf.

Durch welches Wunder ich dem Untergang entging, kann ich unmöglich sagen. Zunächst betäubt vom Anprall des Wassers, fand ich mich bei wiedererlangtem Bewußtsein eingeklemmt zwischen Hintersteven und Ruder. Nur mit großer Mühe kam ich auf die Beine, und während ich mich benommen umblickte, vermeinte ich zunächst, wir befänden uns inmitten einer Brandung: so schrecklich, jede noch so phantastische Vorstellung übertreffend, schäumte der Strudel des berghohen Ozeans, in den hinein es uns gestürzt hatte. Nach einer Weile vernahm ich die Stimme eines alten Schweden, der kurz vor unserer Abfahrt an Bord gekommen war. Ich schrie aus vollem Halse nach ihm, und bald darauf kam er taumelnd nach achtern. Wir entdeckten schnell, daß wir die einzigen Überlebenden des Unglücks waren. Alle an Deck außer uns hatte es über Bord gespült; der Kapitän und die Besatzung mußten im Schlaf ums Leben gekommen sein, denn die Kajüten waren von Wasser überflutet. Ohne jede Hilfe konnten wir wohl nur wenig für die Sicherheit des Schiffes tun, und unsere Bemühungen waren anfangs dadurch gelähmt, daß wir jeden Augenblick den Untergang erwarteten. Unser Ankertau war selbstverständlich wie Bindfaden beim ersten Hauch des Hurrikans zerrissen, anderenfalls wären wir auf der Stelle gesunken.

Die Fluten trieben uns mit grausamer Schnelligkeit vor sich hin, und das Wasser stürzte in Wellenbrechern über uns hinweg. Das Sparrenwerk des Hecks war in beträchtlichem Maße zerschlagen, und wir hatten fast in jeder Hinsicht erheblichen Schaden erlitten; doch zu unserer großen Freude stellten wir fest, daß die Pumpen nicht verstopft waren und der Ballast sich kaum verschoben hatte. Die größte Wut des Sturmes hatte sich bereits gelegt, und wir fürchteten kaum Gefahr von der Gewalt des Windes, aber wir erwarteten seine totale Stille voller Bangen; waren wir doch davon überzeugt, daß wir in unserem verwüsteten Zustand unvermeidlich in der starken Dünung untergingen, die folgen würde. Aber diese nur zu berechtigte Befürchtung schien offenbar nicht so bald wahr zu werden. Fünf volle Tage und Nächte – während derer unsere einzige Nahrung aus einer kleinen Menge groben Zuckers bestand, den wir unter großen Mühen aus dem Vorderdeck beschafft hatten – flog das Wrack mit einer jeder Bemessung trotzenden Geschwindigkeit vor rasch aufeinanderfolgenden Windböen her, die zwar nicht jenem ersten Toben des Orkans glichen und dennoch fürchterlicher waren als irgendein Sturm, den ich je zuvor erlebt. Wir hielten während der ersten vier Tage mit geringen Abweichungen Kurs auf Südost und Süd und müssen die Küste von Neuholland passiert haben. Am fünften Tag wurde es erheblich kalt, obgleich der Wind sich einen Strich mehr nach Nord gedreht hatte. Die Sonne ging auf mit einem siech-gelben Schein und klomm nur wenige Grade über den Horizont – kraftvoller Stärke ermangelnd. Wolken waren nicht zu sehen, aber der Wind nahm erneut zu und tobte mit launischer und ungestümer Heftigkeit. Gegen Mittag, soweit wir dies einschätzen konnten, wurde unsere Aufmerksamkeit wieder vom Anblick der Sonne gefesselt. Sie sandte kein Licht aus, das man als solches hätte bezeichnen können, sondern ein trübes und düsteres Glühen ohne Widerschein, als seien alle ihre Strahlen polarisiert. Grad wollte sie in der aufgewühlten See versinken, als plötzlich die Feuer in ihrem Innern erloschen, wie hastig erstickt von einer unerklärlichen Macht. Nur mehr ein matter, farbloser Kranz, so tauchte sie ein in den unergründlichen Ozean.

Wir erwarteten vergebens den Anbruch des sechsten Tages – für mich ist dieser Tag noch immer nicht gekommen – für den Schweden kam er nie. Von da an blieben wir in pechschwarzes Dunkel gehüllt, so daß wir zwanzig Schritt vom Schiff keinen Gegenstand hätten erkennen können. Ewige Nacht umgab uns fernerhin, nicht einmal gemildert durch den phosphoreszierenden Glanz des Meeres, an den wir in den Tropen gewöhnt waren. Wir bemerkten auch, daß der Sturm wohl mit unverminderter Heftigkeit weitertobte, doch waren weder Brandung noch Gischt zu sehen, die uns bisher begleitet hatten. Ringsumher herrschten Grausen und tiefe Finsternis und eine schwarze sengende Leere von Ebenholz. Abergläubische Furcht kroch nach und nach ins Herz des alten Schweden, und meine Seele hüllte sich in schweigendes Staunen. Wir setzten jegliche Sorge um das Schiff hintan, sie war mehr als nutzlos, klammerten uns so fest wie möglich an den Stumpf des Besanmastes und blickten voller Bitternis hinaus auf die Welt des Ozeans. Wir hatten nichts, um die Zeit zu bestimmen, und konnten uns auch kein Bild von unserer Lage machen. Wir waren uns jedoch sehr wohl darüber im klaren, daß wir weiter gen Süden gekommen waren als alle anderen Seefahrer vor uns, und wir verwunderten uns nicht wenig, daß wir nicht auf die üblichen Hindernisse von Eis gestoßen waren. Inzwischen drohte jeder Augenblick unser letzter zu werden – jede berghohe Woge eilte, uns zu verschlingen. Der Seegang übertraf alles, was ich für möglich gehalten hatte, und daß wir nicht sogleich begraben wurden, gleicht einem Wunder. Mein Gefährte sprach vom leichten Gewicht unserer Ladung und erinnerte mich an die ausgezeichneten Eigenschaften unseres Schiffes; aber ich konnte nur die äußerste Hoffnungslosigkeit unserer Hoffnung empfinden und bereitete mich schwermütig auf jenen Tod vor, von dem ich annahm, daß er nicht einmal mehr als eine Stunde auf sich warten ließ, da mit jedem Knoten Fahrt, den das Schiff zurücklegte, die ungeheuren schwarzen Wassermassen immer entsetzlicher und wilder anschwollen. Zuweilen rangen wir in einer größeren Höhe als der Albatros nach Atem – zuweilen erfaßte uns Schwindel, so schnell schleuderte es uns in eine Wasserhölle hinab, in der die Luft drückend wurde und kein Laut den Schlummer des Kraken störte.

Wir befanden uns am Boden eines dieser Schlünde, als ein plötzlicher Schrei meines Gefährten furchtbar die Nacht zerriß. »Seht! Seht!« rief er mir gellend zu. »Allmächtiger Gott! Seht doch nur!« Während er sprach, gewahrte ich einen trüb-düstern Schein roten Lichts, der an den Seiten des ungeheuren Abgrundes herniederflutete, wo wir lagen, und einen wechselnden Glanz auf unser Deck warf. Ich schaute nach oben und erblickte ein Schauspiel, das mir das Blut in den Adern erstarren ließ. In einer schrecklichen Höhe, genau über uns und direkt am Rande des steilen Abgrunds, schwebte ein gigantisches Schiff von vielleicht viertausend Tonnen. Obgleich es auf dem Kamm einer Welle stand, die über hundertmal höher war als es selbst, übertraf seine tatsächliche Größe doch noch die eines jeden Linienschiffes oder Ostindienfahrers, den es gibt. Sein riesiger Rumpf war von einem dunklen, schmutzigen Schwarz, das auch nicht durch die üblichen Schiffsschnitzereien gemildert wurde. Eine einzige Reihe eherner Kanonen ragte aus den offenen Luken und ließ von den glänzenden Oberflächen die Feuer unzähliger Kampflaternen aufblitzen, die um die Takelage hin- und herschwangen. Doch am meisten erfüllte uns mit Entsetzen und Staunen, daß es sich unter einem Segelpreß mitten in dieser Meereshölle und bei solch einem tobenden Orkan aufrecht hielt. Als wir das Schiff zuerst entdeckten, war allein sein Bug sichtbar, während es sich langsam aus dem dunklen fürchterlichen Abgrund dahinter erhob. Einen entsetzlich schaudernden Augenblick lang verhielt es auf dem schwindelerregenden Kamm, wie in nachdenklicher Betrachtung der eigenen Größe, dann torkelte und taumelte es und – stürzte herab.

Ich weiß nicht, welch plötzliche Geistesgegenwart in diesem Augenblick meine Sinne überkam. So weit nach achtern zurückweichend, wie ich nur konnte, erwartete ich furchtlos den Untergang, dem es zu begegnen galt. Unser eigenes Schiff gab gerade den Kampf auf und sank mit dem Vorderteil ins Meer. Der heftige Aufprall der herabfallenden Masse traf es folglich auf jenen Teil des Rumpfes, der sich schon unter Wasser befand, und so wurde ich zwangsläufig mit unwiderstehlicher Gewalt zwischen die Takelage des fremden Schiffes geschleudert.

Als ich zu Boden fiel, lavierte das Schiff und ging über Stag, und dem folgenden Durcheinander schrieb ich es zu, daß ich der Aufmerksamkeit der Mannschaft entging. Mit wenig Mühe bahnte ich mir unbemerkt einen Weg zur Hauptluke, die zum Teil offenstand, und fand bald eine Gelegenheit, mich im Laderaum zu verbergen. Warum ich dies tat, kann ich kaum sagen. Ein unbestimmtes Gefühl der Furcht, das mich beim ersten Anblick der Schiffsbesatzung ergriffen hatte, war vielleicht der Grund dafür, daß ich mich versteckte. Ich war nicht willens, mich einer Schar Menschen anzuvertrauen, die meinem ersten flüchtigen Blick soviel Anlaß gegeben hatten zu unerklärlicher Fremdheit, zu Zweifel und Angst. Ich hielt es daher für angebracht, mir ein Versteck im Schiffsraum einzurichten. Das geschah, indem ich einen kleinen Teil der beweglichen Bretter so verschob, daß sich mir ein bequemer Zufluchtsort zwischen den riesengroßen Planken des Schiffes bot.

Ich hatte kaum mein Werk vollendet, als Schritte im Laderaum mich zwangen, von ihm Gebrauch zu machen. Ein Mann ging an meinem Versteck vorbei mit mattem und schwankendem Gang. Ich konnte sein Gesicht nicht sehen, aber es war mir möglich, sein Äußeres ganz allgemein zu beobachten. Allem Anschein nach war er schon hochbetagt und altersschwach. Seine Knie zitterten unter der Bürde der Jahre, und seine Gestalt wankte unter dieser Last. Er murmelte etwas mit leiser, gebrochener Stimme vor sich hin, wenige Worte einer Sprache, die ich nicht verstehen konnte, und suchte tastend in einer Ecke unter einem Berg eigenartig aussehender Geräte und vergilbter Seekarten. Sein Gebaren bestand aus einer wirren Mischung von mürrischer Verdrießlichkeit der zweiten Kindheit und von feierlicher Würde eines Gottes. Schließlich begab er sich wieder an Deck, und ich sah ihn nicht mehr...

Ein Gefühl, für das ich keinen Namen finde, hat sich meiner Seele bemächtigt – eine Empfindung, die sich nicht analysieren läßt, auf die Erfahrungen der Vergangenheit nicht zutreffen und für die, wie ich fürchte, mir selbst die Zukunft keinen Schlüssel darreichen wird. Für einen Geist, der so beschaffen wie der meine, ist letztere Erwägung ein Übel. Ich werde nie – ich weiß, ich werde nie – mit der Art meiner Empfindungen zufrieden sein. Doch ist es kein Wunder, daß diese Empfindungen unerklärlich sind, gibt es doch so völlig neuartige Gründe dafür. Ein neuer Sinn – eine neue Wesenheit ist meiner Seele beigegeben worden...

Es ist schon lange her, daß ich das Deck dieses entsetzlichen Schiffes zum ersten Mal betrat, und die Fäden meines Schicksals, so meine ich, laufen in einem Punkt zusammen. Unbegreifliche Menschen! In tiefe Betrachtungen versunken, die ich nicht erraten kann, gehen sie, ohne mich zu bemerken, an mir vorüber. Verstecken ist geradezu töricht von mir, denn diese Menschen *wollen nicht* sehen. Eben bin ich direkt vor den Augen des Maats umhergegangen; kürzlich wagte ich mich sogar in die Privatkajüte des Kapitäns und nahm von dort die Materialien, mit denen ich jetzt schreibe und bereits geschrieben habe. Ich werde dieses Tagebuch von Zeit zu Zeit fortführen. Zwar bietet sich mir vielleicht keine Möglichkeit, es der Welt zu übermitteln, aber ich möchte nicht versäumen, den Versuch zu unternehmen. Im letzten Augenblick werde ich das Manuskript in einer Flasche verschließen und diese ins Meer werfen...

Ein Vorfall hat sich ereignet, der mir neuen Stoff zu Überlegungen liefert. Sind solche Geschehnisse das Werk reinen Zufalls? Ich hatte mich auf Deck gewagt und mich, ohne Aufmerksamkeit zu erwecken, zwischen Haufen Webeleinen und alter Segel auf dem Boden des Beibootes ausgestreckt. Während ich über mein sonderbares Schicksal nachsann, befleckte ich unbewußt mit einem Teerpinsel den Rand eines ordentlich zusammengefalteten Beisegels, das neben mir auf einem Faß lag.

Das Beisegel ist nun auf dem Schiff festgemacht, und die unbedachten Pinselstriche entfalteten sich zu dem Wort ENTDECKUNG...

Vor kurzem stellte ich eine Vielzahl von Beobachtungen über den Aufbau des Schiffes an. Obgleich gut bewaffnet, halte ich es doch für kein Kriegsschiff. Seine Takelage, Bauart und allgemeine Ausrüstung lassen eine solche Vermutung nicht zu. Was es *nicht ist*, kann ich ohne Mühe feststellen, aber was es wirklich *ist*, fürchte ich, läßt sich unmöglich sagen. Ich weiß nicht, wie es kommt, aber wenn ich mir seine seltsame Konstruktion und die einzigartige Anlage der Spieren anschaue, seine überdimensionale Größe und die im Überfluß vorhandenen Segel, den streng einfachen Bug und das veraltete Heck, so blitzt gelegentlich ein Gefühl von etwas Vertrautem durch meinen Sinn, und stets taucht dann, verbunden mit schemenhaften Schatten der Erinnerung, ein unerklärliches Gedenken an alte, fremdländische Chroniken und längstvergangene Zeiten auf...

Ich habe mir das Spantenwerk des Schiffes angesehen. Es ist aus einem mir unbekannten Material gebaut. Eine besondere Eigenheit umgibt das Holz, das mir als ungeeignet für den Zweck erscheint, für den es benutzt worden ist. Ich meine seine außerordentliche *Porosität*, abgesehen von seinem wurmstichigen Zustand, der eine Folge der Schiffahrt in diesen Meeren ist, und ungeachtet seiner Altersmorschheit. Es mag vielleicht als eine etwas übertriebene Beobachtung erscheinen, aber das alles könnten typische Eigenschaften Spanischer Eiche sein, wenn Spanische Eiche durch ein unnatürliches Mittel aufgequollen worden wäre.

Beim Lesen des letzten Satzes fällt mir der seltsame Sinnspruch eines alten, wetterharten holländischen Seefahrers ein. »Das stimmt so gewiß«, pflegte er immer zu sagen, sobald ein Zweifel an seiner Glaubwürdigkeit laut wurde, »so gewiß, wie es ein Meer gibt, so das Schiff selbst an Umfang zunehmen wird wie der lebendige Körper eines Seemanns...«

Vor einer Stunde war ich so kühn, mich unter eine Schar Matrosen zu wagen. Sie schenkten mir keinerlei Aufmerksamkeit, und obgleich ich mitten unter ihnen stand, schienen sie überhaupt nichts von meiner Anwesenheit zu bemerken. Wie der eine, den ich zuerst im Laderaum gesehen hatte, wiesen sie alle Merkmale höchsten Alters auf. Ihre Knie zitterten vor Schwäche, ihre Schultern waren tief gebeugt vor Gebrechlichkeit, ihre runzlige Haut knarrte im Wind; sie sprachen leise, zittrig und gebrochen, in ihren Augen glänzte die wäßrige Flüssigkeit des Alters, und ihre grauen Haare flatterten wild im Sturm. Um sie herum lagen auf jedem Teil des Decks verstreut mathematische Instrumente von höchst seltsamer und altmodischer Konstruktion...

Ich erwähnte unlängst, daß ein Beisegel festgemacht wurde. Seit dieser Zeit hat das vom Sturm gejagte Schiff seinen schrecklichen Kurs nach Süden weiter verfolgt, jeder Fetzen Segel vom Flaggenknopf bis zu den niedrigeren Beisegelspieren gesetzt und jeden Augenblick mit dem Bramnock in die entsetzlichste Wasserhöhle gleitend, die sich ein Mensch nur vorstellen kann. Ich habe gerade das Deck verlassen, wo ich mich nicht auf den Füßen halten kann, obgleich dies der Mannschaft nichts auszumachen scheint. Es kommt mir wie das Wunder aller Wunder vor, daß unser riesiger Schiffsrumpf nicht auf der Stelle und für immer verschlungen wird.

Wir sind sicherlich dazu verdammt, fortwährend am Rand der Ewigkeit zu schweben, ohne endgültig in den Abgrund zu stürzen. Auf tausendmal höheren Wogen, als ich sie je gesehen habe, gleiten wir mit der Leichtigkeit der pfeilschnellen Seemöwe dahin, und die riesigen Wassermengen bäumen sich über uns wie die bösen Geister der Tiefe, aber wie Geister beschränkt auf bloße Drohungen und gehindert an der Vernichtung. Ich neige dazu, unser wiederholtes Entkommen der einzig natürlichen Ursache zuzuschreiben, die für eine solche Wirkung verantwortlich ist. Ich muß annehmen, daß sich das Schiff innerhalb des Einflußbereiches einer starken Strömung oder eines reißenden Sogs befindet...

Ich habe den Kapitän von Angesicht zu Angesicht gesehen, und zwar in seiner Kajüte – aber wie ich erwartete, bemerkte er mich nicht. Obgleich für einen unbefangenen Beobachter an seinem Äußeren nichts festzustellen ist, was ihn mehr oder weniger als einen Menschen kennzeichnen würde, empfand ich bei seinem Anblick doch ein Gefühl nicht zu unterdrückender Achtung, Scheu und Verwunderung. Seine Gestalt ist beinahe so groß wie die meine, das heißt, etwa fünf Fuß und acht Zoll. Er hat einen wohlgebauten, kräftigen Körper, weder robust noch sonst irgendwie bemerkenswert. Aber es ist der seltsame Ausdruck, der sein Gesicht beherrscht – der starke, wunderbare, erregende Beweis seines ungemein hohen Alters, das in mir ein Gefühl erweckt – eine unbeschreibliche Empfindung. Seine Stirn, obgleich ein wenig gerunzelt, scheint den Stempel von Myriaden Jahren zu tragen.

Seine grauen Haare berichten von der Vergangenheit, und seine tiefgrauen Augen sind Sibyllen der Zukunft. Der Kajütenboden war dicht mit seltsamen, eisenbeschlagenen Foliobänden, modrigen wissenschaftlichen Instrumenten und alten, längst überholten Seekarten bedeckt. Er hielt den Kopf in die Hände gestützt und war eifrig mit brennenden, unruhigen Augen in ein Schriftstück vertieft, das ich für ein Offizierspatent hielt und das von einem Monarchen signiert war. Er murmelte etwas vor sich hin – wie schon der erste Seemann, den ich im Schiffsraum gesehen hatte –, einige leise, mißmutig klingende Silben in einer fremden Sprache; und obgleich der Sprechende sich dicht neben mir befand, schien seine Stimme aus meilenweiter Ferne an mein Ohr zu dringen...

Das Schiff und alles, was sich auf ihm befindet, ist vom Geist des Alters erfüllt. Die Bootsleute irren hin und her wie die Geister versunkener Jahrhunderte; ihre Augen haben einen ungeduldigen und beunruhigten Ausdruck; und wenn ihre Gestalten im wilden Schein der Kampflaternen meinen Weg kreuzen, wird in mir ein nie zuvor empfundenes Gefühl wach, obwohl ich mein Leben lang mit Antiquitäten zu tun hatte und mich an den Überresten gefallener Säulen in Baalbek, Tadmor und Persepolis so berauschte, bis meine Seele selbst zu einer Ruine wurde...

Blicke ich um mich, so schäme ich mich meiner früheren Befürchtung. Wenn ich wegen des Sturmes zitterte, der uns bis jetzt begleitet hat, werde ich dann nicht entsetzt sein über einen Kampf zwischen Wind und Ozean, bei dem die Worte Tornado und Orkan nichtssagend und unwirksam sind, um auch nur eine vage Vorstellung zu vermitteln? In nächster Nähe des Schiffes herrschen allein das Dunkel der ewigen Nacht und das wilde Toben gischtlosen Wassers; aber etwa eine Meile beiderseits kann man hier und da undeutlich riesige Eiswände sehen, die in den trüben Himmel ragen und den Mauern des Universums gleichen...

Wie ich mir dachte, treibt das Schiff in einer Strömung – wenn diese Bezeichnung auf eine Flut paßt, die heulend und zischend neben dem weißen Eis wie ein wild herabstürzender Wasserfall nach Süden hin donnert...

Mein Entsetzen zu begreifen, ist wohl völlig unmöglich; doch die Neugierde, die Geheimnisse dieser schrecklichen Regionen zu lüften, überwiegt sogar meine Verzweiflung und wird mich mit dem schrecklichsten Ausblick auf den Tod versöhnen. Es ist offensichtlich, daß wir einer aufregenden neuen Erkenntnis entgegeneilen – einem nie zu enthüllenden Geheimnis, dessen Aufdeckung die Vernichtung bedeutet. Vielleicht führt uns diese Strömung zum Südpol selbst. Es muß zugegeben werden, daß alles für eine augenscheinlich so unsinnige Vermutung spricht...

Die Besatzung gleitet mit unruhigen und zitternden Schritten über das Deck, aber auf ihren Gesichtern und in ihren Mienen drückt sich eher hoffnungsvoller Eifer denn teilnahmslose Verzweiflung aus.

In der Zwischenzeit steht der Wind noch immer im Heck, und bei vollem Segelwerk wird das Schiff zuweilen mit dem ganzen Rumpf aus dem Wasser gehoben! O Schrecken über Schrecken! – Plötzlich birst das Eis zur Rechten und zur Linken, und wir wirbeln blitzschnell in mächtigen konzentrischen Kreisen am Rande eines riesigen Amphitheaters, dessen höchste Wände sich in Düsterkeit und Ferne verlieren. Aber mir bleibt nur wenig Zeit, über mein Schicksal nachzugrübeln! Die Kreise werden rasch enger – wir stürzen rasend in den Sog des Strudels – und inmitteln des Tosens und Brüllens und Brausens von Ozean und Sturm erbebt das Schiff – o Gott! – und versinkt!

Hermann Lingg
Nordpol und Südsee

Im höchsten Nordmeer liegt ein Schiff, an Schollen Eises festgeschraubt,
Die Mannschaft auf dem Decke schläft, der Schnee liegt über ihrem Haupt;
Wie gellend auch der Nordwind pfeift, die Segel hängen eisumstarrt;
Kein Mast und keine Planke stöhnt, kein Tau und auch kein Ruder knarrt.

Doch jede Nacht das Nordlicht scheint und leuchtet in den weißen Tod,
Die hohlen Augen glühen hell, die bleichen Wangen werden roth;
Es malen sich in's Segeltuch Eisblumen, riesig, tropengroß,
Krystall'ne Blüthen, geisterhaft, kalt, unbewegt und düftelos.

Vom dunklen Eisgebirge sehn gewalt'ge Schatten schwarz herab,
Wie von der Urwelt Thieren, die versteint hier ruhn im Felsengrab,
Und gleich als gährte jetzt noch tief, tief unter'm Schnee die Feuerkraft,
So rollt ein tiefer Donner oft, daß weit das Eis in Schluchten klafft.

Und in der Südsee liegt ein Schiff, das liegt so still und unbewegt,
In's windstill blaue Meer hinein wie in ein offnes Grab gelegt;
Von Leichen ist der Bord bemannt, die sehn so hohl und ausgebrannt,
Als hätten ihre Mumien die Katakomben ausgesandt.

Die Sandbank ward zum faulen Sumpf und aus dem Sumpfe wächst hervor
Ein üppig wuchernd Pflanzenreich von Seetang, Schimmel, Moos und Rohr,
Verfaulend liegt das Fahrzeug da, aus jeder lecken Spalte faßt
Ein Grünes Wurzel und erhebt sich rankend bis empor zum Mast.

Von grünem Laubdach ist bedeckt das Haupt der Todten fort und fort,
Und Blumen blühn aus ihrem Mund, als sprächen sie das Lebenswort;
Statt Wimpeln weht das lange Schilf, und wo die Schiffslatern' gebrannt,
Fliegt Nachts ein grüner Glühwurm auf und leuchtet wie ein Diamant.

Jules Verne
Die Abenteuer des Kapitän Hatteras

Annäherung an den Pol

In dieser spannenden Ungewißheit verfloß die Zeit. An dem so klar gezeichneten Umkreis ließ sich nichts wahrnehmen: nichts als Himmel und Meer; nicht einmal auf der Oberfläche des Wassers ein Hälmchen von Landgewächsen, wie es einst Columbus das Herz erfreute.

Hatteras schaute unablässig.

Endlich, gegen sechs Uhr abends, zeigte sich über dem Meeresspiegel ein Dampf von unbestimmter Gestalt, aber merklich hoch aufsteigend, fast wie eine Rauchsäule. Bei völlig reinem Himmel konnte man's nicht für eine Wolke halten; mitunter verschwand er, dann kam er wieder zum Vorschein, wie in heftiger Bewegung.

Hatteras beobachtete die Erscheinung zuerst, richtete sein Fernrohr auf den unerklärlichen Dampf und beobachtete ihn eine volle Stunde unausgesetzt.

Plötzlich kam ihm vermutlich ein sicheres Kennzeichen zum Anschauen; er streckte den Arm nach dem Horizont aus und rief mit lauthallender Stimme:

»Land! Land!«

Bei diesem Wort sprang jeder auf, wie von einem elektrischen Schlag getroffen.

Eine Art Rauch stieg merklich hoch über der Meeresfläche auf.

»Ich sehe es! Ich seh's!« rief der Doktor aus.

»Ja! Gewiß! … Ja«, fiel Johnson ein.

»Eine Wolke«, sagte Altamont.

»Land! Land!« erwiderte Hatteras mit unerschütterlicher Überzeugung.

Die fünf Seemänner fuhren fort, mit gespanntester Aufmerksamkeit zu beobachten.

Aber wie es oft geschieht, wenn man der Entfernung wegen Gegenstände unbestimmt sieht, der beobachtete Punkt schien wieder verschwunden. Endlich konnten die Blicke ihn von neuem wahrnehmen, und der Doktor glaubte sogar zwanzig bis fünfundzwanzig Meilen weit nordwärts einen flüchtigen Schimmer zu erkennen.

»'s ist ein Vulkan!« rief er aus.

»Ein Vulkan?« fragte Altamont.

»Ganz gewiß.«

»Unter so hohem Breitengrad!«

»Und warum nicht?« fuhr der Doktor fort. »Ist nicht Island ein vulkanisches Land und sozusagen durch Vulkane entstanden?«

»Ja! Island«, versetzte der Amerikaner, »aber so in der Nähe des Pols!«

»Nun, hat nicht unser berühmter Landsmann, der Kommandeur James Roß, festgestellt, daß es auf dem Südpol-Land unter 170° Länge und 78° Breite zwei Vulkane, Erebus und Terror, in voller Tätigkeit gibt? Warum sollten nicht ebenso am Nordpol Vulkane existieren?«

»Wohl möglich«, erwiderte Altamont.

»Ei! Nun sehe ich's deutlich«, rief der Doktor, »'s ist ein Vulkan!«

»Nun denn«, sagte Hatteras, »steuern wir grad drauf los.«

»Der Wind fängt an widrig zu werden.«

»Ziehen Sie das Focksegel bei, so nahe wie möglich.« Aber diese Manöver führte die Schaluppe nur von dem beobachteten Punkte ab, und man konnte ihn mit den achtsamsten Blicken nicht wieder zu sehen bekommen.

Doch war an der Nähe der Küste nicht mehr zu zweifeln. Hier lag also das Reiseziel vor Augen, wenn es auch noch nicht erreicht war, und es sollte wohl keine vierundzwanzig Stunden mehr dauern, bis dieser neue Boden von eines Menschen Fuß betreten ward. Nachdem die Vorsehung den kühnen Seeleuten so nahe zu kommen gestattet, würde sie ihnen doch wohl das Landen nicht versagen.

Dennoch gab unter den gegenwärtigen Umständen niemand eine solche Freude kund, wie sie solch' eine Entdeckung hervorrufen mußte; jeder verschloß sich in seinem Innern und fragte sich, was es wohl mit diesem Pol-Land für eine Bewandtnis habe. Die Tiere schienen es zu meiden; am Abend sah man die Vögel, anstatt daselbst eine Zuflucht zu suchen, raschen Flugs nach dem Süden eilen! War's denn ein so ungastliches Land, daß eine Möwe oder ein Ptarmigan nicht eine Zuflucht da fanden? Selbst die großen Walfische sah man in den durchsichtigen Gewässern eilig von dieser Küste flüchten. Woher kam das Gefühl des Widrigen, wo nicht des Schreckens, wovon alle lebenden Wesen in dieser Weltgegend beseelt waren?

Unsere Seefahrer teilten die allgemeine Empfindung; sie gaben sich den Gefühlen ihrer Lage hin, und allmählich fand sich der Schlaf ein, ihre müden Augenlider zu schließen.

Hatteras hatte Wache gehalten! Er faßte das Steuer; der Doktor, Altamont, Johnson und Bell schliefen, auf die Bänke gelagert, einer nach dem anderen ein, und waren bald ins Reich der Träume versenkt.

Hatteras bemühte sich, dem Schlaf zu widerstehen; er wollte nichts von dieser kostbaren Zeit verlieren; aber die langsame Bewegung der Schaluppe wiegte ihn allmählich ein, und er sank trotz aller Anstrengung in unwiderstehlich bewältigenden Schlummer.

Inzwischen kam das Fahrzeug kaum vorwärts; der Wind vermochte nicht das ausgespannte Segel zu schwellen. In der Ferne warfen einige unbewegliche Eisblöcke im Westen die Lichtstrahlen zurück und bildeten auf dem Ozean glühende Streifen.

Hatteras versank in Träume. In raschem Flug schweifte sein Gedanke über sein ganzes Dasein; er durchlief seine Lebensbahn mit der den Träumen eigentümlichen Schnelligkeit, welche sich jeder Berechnung entzieht; dann warf er einen Rückblick über die letztverflossene Zeit, sein Winterlager, die Bai Victoria, das Fort Providence, das Doktors-House, das Auffinden des Amerikaners unterm Eis.

Darauf kehrte er weiter in die Vergangenheit zurück; träumte von seinem Schiff, dem verbrannten Forward, seinen Genossen, den Verrätern, welche ihn im Stiche gelassen. Was war aus ihnen geworden? Er dachte an Shandon, an Wall, den brutalen Pen. Wo mochten sie jetzt sein? War es ihnen gelungen, über die Eisflächen bis zum Baffins-Meer zu dringen?

Sodann schweifte seine träumende Phantasie noch weiter hinauf zu seiner Abfahrt aus England, seine früheren Fahrten, seine mißlungenen Versuche, seine unglücklichen Erlebnisse. Da vergaß er seine gegenwärtige Lage, sein nahes Gelingen, seine schon halbverwirklichten Hoffnungen. Aus der Freude verfiel er in Besorgnisse.

In solchen Träumen lag er zwei Stunden lang, dann führte ihn der Schwung seiner Gedanken wieder dem Pol zu, wie er endlich dieses englische Land betreten und die Flagge des Vereinigten Königreichs aufpflanzen sollte.

Während er so in träumendem Schlummer lag, stieg am Horizont ungeheures, olivengraues Gewölk auf und verdüsterte den Ozean.

Man kann sich kaum eine Vorstellung machen, wie blitzschnell in den arktischen Meeren die Orkane entstehen. Wenn die in den Gegenden des Äquators entstandenen Dünste über den unermeßlichen Eisflächen sich verdichten, strömen die zu ihrem Ersatz dienenden Luftmassen mit unwiderstehlicher Gewalt heran. Daraus erklärt sich das energische Auftreten der Polarstürme.

Beim ersten Windstoß raffte sich der Kapitän mit seinen Genossen aus dem Schlaf auf, zum Manövrieren bereit.

Die Wellen türmten sich hoch auf schwach entwickelter Basis; die Schaluppe, von heftigem Wogendrang hin- und hergeworfen, sank bald in tiefe Wasserschlünde hinab, bald schwebte sie oben auf spitzen Wellen in Winkeln von mehr als fünfundvierzig Grad geneigt.

Hatteras ergriff mit fester Hand das Steuer, das aber mitunter infolge heftigen Gierschlags ihn zurückwarf und wider Willen krümmte. Johnson und Bell waren unablässig bemüht, das in die Schaluppe gedrungene Wasser wieder hinauszuschaffen.

»Eines solchen Sturmes hatten wir uns doch nicht versehen«, sagte Altamont, an seine Bank sich klammernd.

»Hier muß man auf alles gefaßt sein«, erwiderte der Doktor.

So sprachen sie mitten unterm Zischen der Luft und dem Getöse der Wellen, welche vom Sturm gepeitscht in Staub zerstoben; es wurde fast unmöglich, sich zu verstehen.

Es war schwer, die nördliche Richtung zu halten; die dichten Staubregen gestatteten kaum einige Klafter weit den Blick über das Meer; jedes Merkzeichen verschwand.

Dieser plötzliche Sturm im Moment, wo man sich am Ziele sehen konnte, schien ernste Mahnungen zu enthalten; er erschien den aufgeregten Gemütern wie ein Verbot, weiter vorzudringen. Wollte die Natur den Zugang zum Pol verwehren?

Doch sah man das energische Antlitz dieser Männer, so begriff man, daß sie Sturm und Wogen zu trotzen verstanden, um bis ans Ende auszuhalten.

So kämpften sie den ganzen Tag lang, jeden Augenblick dem Tode trotzend, ohne weiter nördlich zu kommen, aber auch nicht zurückgeworfen, vom Regen durchnäßt und von entgegenspritzenden Wellen triefend; durch die pfeifenden Lüfte vernahm man unheimliches Vogelgeschrei.

Endlich, gegen sechs Uhr abends, legte sich plötzlich der Sturm, und das Meer zeigte sich so ruhig und eben, als wäre es seit zwölf Stunden nicht aufgeregt worden.

Der Grund dieses plötzlichen Wechsels lag in einem

außerordentlichen Phänomen, wie es einst der Kapitän Sabine in den Meeren Grönlands erlebte.

Der Nebel ward, ohne aufzusteigen, in seltsamer Weise vom Licht durchdrungen.

Die Schaluppe fuhr in einem Streifen elektrischen Lichtes; einem ungeheuren Sankt Elmsfeuer voll Glanz, aber ohne Wärme. Der Mast, das Segel, das Takelwerk hob sich schwarz auf dem phosphoreszierenden Hintergrund des Himmels mit unvergleichlicher Klarheit ab. Die Schiffenden waren rings von durchsichtigen Strahlen umspielt, und ihre Gesichter färbten sich in feurigem Reflex.

Die plötzlich eintretende Windstille an dieser Stelle des Ozeans rührte ohne Zweifel von der aufsteigenden Bewegung der Luftsäulen her, während der Sturm als eine Art Wirbelwind mit reißender Schnelligkeit rings um dieses stille Zentrum fortwütete.

Aber diese feurige Atmosphäre regte bei Hatteras einen anderen Gedanken an.

»Der Vulkan!« rief er aus.

»Ist's möglich?« sagte Bell.

»Nein! Nein!« entgegnete der Doktor; »solche Flammen würden, wenn sie bis zu uns drängen, uns erstikken.«

»Vielleicht ist's sein Widerschein im Nebel«, äußerte Altamont.

»Ebensowenig. Man müßte denn annehmen, wir seien nahe dem Lande, und in diesem Falle würden wir das Getöse des Ausbruchs vernehmen.«

»Aber dann?...« fragte der Kapitän.

»Es ist ein kosmisches Phänomen«, erwiderte der

Doktor, »welches bis jetzt noch wenig beobachtet worden ist!... Fahren wir weiter, so werden wir bald aus dieser erleuchteten Sphäre herauskommen und wieder in das Dunkel und das Sturmwetter hinein.«

»Wie dem auch sein mag, vorwärts!« versetzte Hatteras.

»Vorwärts!« stimmten seine Gefährten ein und dachten nicht einmal daran, an dieser ruhigen Stelle sich zu erholen.

Das Segel mit feurigen Falten hing am funkensprühenden Mast herab; die Ruder tauchten in glühende Wogen und schienen Wellen von Funken aufzurühren, die aus helleuchtenden Wassertropfen bestanden.

Hatteras schlug nach Maßgabe des Kompasses wieder die nördliche Richtung ein; allmählich verlor der Nebel seinen Lichtgehalt, dann seine Durchsichtigkeit; man hörte in der Nähe Windessausen, und bald kam die Schaluppe wieder in die Zone der Stürme.

Aber der Wind schlug glücklicherweise südwärts um, und das Fahrzeug konnte mit dem Wind gerade auf den Pol zufahren, zwar mit Gefahr zu scheitern, aber mit unsinniger Schnelligkeit; jeden Augenblick konnte es auf eine Klippe, Felsen oder eine Eismasse stoßen, wodurch es unfehlbar in Stücke zertrümmert würde.

Inzwischen wurde die Nähe der Küste merkbar; es ergaben sich dafür auffallende Anzeichen. Plötzlich spaltete sich der Nebel wie ein Vorhang, den der Wind zerriß, und man konnte einen Moment am Horizont eine ungeheure Flammensäule himmelwärts aufsteigen sehen.

»Der Vulkan! Der Vulkan!...«

So rief's aus allen Kehlen, aber die phantastische Erscheinung verschwand wieder; der Wind schlug in Südost um, faßte das Fahrzeug quer und trieb sie nochmals von diesem unnahbaren Lande zurück.

»Verdammt!« rief Hatteras und zog sein Segel ein; »wir waren nur noch drei Meilen von der Küste!«

Hatteras vermochte der Gewalt des Sturmes nicht zu widerstehen; aber, ohne zu weichen, lavierte er im Wind, der mit unbeschreiblichem Ungestüm tobte. Mitunter ward die Schaluppe auf die Seite gelegt, daß zu befürchten war, ihr Kiel möge völlig emportauchen; doch gelang es mit Hilfe des Steuerruders, sie wieder aufzurichten.

Hatteras, mit flatternden Haaren, die Hand wie ans Steuerruder geschmiedet, schien die Seele der Barke zu sein.

Mit einem Mal bot sich ein schrecklicher Anblick seinen Augen dar.

Keine sechzig Fuß weit entfernt schaukelte ein Eisblock auf der Spitze hochgetürmter Wellen; gleich der Schaluppe wogte er auf und nieder; er drohte herabzustürzen, wobei er sie dann schon bei einer Berührung zertrümmern würde.

Aber neben dieser Gefahr, in den Grund fortgerissen zu werden, zeigte sich noch eine andere, nicht minder schreckliche; denn dieser aufs Geratewohl treibende Block war mit weißen Bären besetzt, die widereinander gedrängt vor Schrecken betäubt waren.

»Bären! Bären!« rief Bell mit stockender Stimme.

Und jeder sah mit Entsetzen dasselbe.

Der Eisblock schwankte schrecklich; mitunter neigte er sich in so spitzen Winkeln, daß die Tiere in wildem

Durcheinander widereinander rollten. Dann stießen sie ein Gebrumm aus im Wettstreit mit dem Toben des Sturmes, und es ließ sich ein furchtbares Konzert von dieser schwimmenden Menagerie aus vernehmen.

Wenn dieses Eisfloß umstürzte, so würden die dem Fahrzeug zugeworfenen Bären auf dasselbe zu klimmen versuchen.

Eine volle Viertelstunde lang wogten dergestalt die Schaluppe und der Eisblock nebeneinander, bald zwanzig Klafter weit auseinander weggeschleudert, bald nahe zum Zusammenstoßen; bald ragte der eine, bald der andere in die Höhe, und die Ungetüme brauchten nur sich fallen zu lassen. Die Grönländer Hunde zitterten; Duk blieb unbeweglich.

Hatteras und seine Gefährten verhielten sich stumm; es kam ihnen gar nicht in den Sinn, mit Hilfe des Steuers aus dieser gefährlichen Nachbarschaft wegzukommen, und sie hielten unabänderlich strenge ihre Richtung ein. Ein unbestimmtes Gefühl, mehr Staunen wie Schrecken, hielt ihren Geist befangen.

Endlich kam der Block allmählich weiter ab, da der Wind ihn schneller trieb, als die Schaluppe.

Jetzt erhob sich der Sturm mit doppelter Wut zu einer unbeschreiblichen Entfesselung der Atmosphäre; das Fahrzeug, aus den Wogen gehoben, fing an mit schwindelhafter Schnelligkeit sich im Kreise zu drehen; sein Focksegel wurde losgerissen und entflatterte, wie ein Vogel; im Wirbel der Wellen bildete sich ein rundes Loch gleich einem Maelstrom; die Schiffenden wurden in diesen Wirbel hineingezogen und fuhren mit solcher Schnelligkeit, daß trotz dieser ihre Wasserlinien unbeweglich schienen. Allmählich wurden sie hineingezogen. Im Mittelpunkt des Schlundes bildete sich eine mächtige Anziehung, die sie lebendig hinabzuziehen drohte.

Alle fünf sprangen sie auf mit verstörtem Blick. Schwindel erfaßte sie mit unbeschreiblicher Gewalt. Plötzlich stellte sich die Schaluppe senkrecht auf. Ihr Vorderteil ward der Wirbelbewegung Meister; die eigene Geschwindigkeit warf sie aus dem Kreis der Anziehung heraus, und sie ward mit der Schnelle einer Kanonenkugel weggeschleudert.

Altamont, der Doktor, Johnson und Bell wurden auf ihre Bänke niedergeworfen.

Als sie wieder aufstanden, war Hatteras verschwunden. Es war zwei Uhr früh.

Die englische Flagge

Ein vierfacher Schrei des Entsetzens entfuhr im ersten Moment der Brust der Männer.

»Hatteras!« schrie der Doktor.

»Verschwunden!« riefen Johnson und Bell.

»Verloren!«

Sie blickten ringsumher. Nichts zu sehen auf den tobenden Wogen.

Duk bellte mit verzweifeltem Ton; er wollte mitten in die Fluten springen, und Bell konnte ihn kaum zurückhalten.

»Treten Sie ans Steuerruder, Altamont«, sagte der Doktor, »daß wir alles tun, unseren verunglückten Kapitän aufzufinden!«

Johnson und Bell setzten sich wieder auf ihre Plätze, Altamont faßte das Ruder, und die unstete Schaluppe kam wieder in die Richtung des Windes.

Johnson und Bell ruderten aus Leibeskräften; eine volle Stunde lang hielt man sich an der Stelle der Katastrophe und suchte, aber vergeblich! Hatteras war vom Sturme fortgerissen leider nicht aufzufinden.

Verloren! So nahe dem Pol! Das Ziel schon vor Augen!

Der Doktor rief, schrie, feuerte sein Gewehr ab; Duk heulte jammervoll; aber die Antwort blieb aus. Da ward Clawbonny von tiefem Schmerz ergriffen; sein Kopf sank ihm auf die Hände, und seine Genossen hörten ihn weinen.

In der Tat, so weit vom Lande entfernt, ohne Ruder, ohne ein Stück Holz, um sich daran zu halten, war es unmöglich, daß Hatteras die Küste erreichte, und wenn etwas von ihm ans Land gelangte, war's sein Leichnam.

Nachdem man eine Stunde lang gesucht, mußte man wieder nordwärts fahren im Kampf mit der Wut des Sturmes.

Um fünf Uhr früh, am 11. Juli, legte sich der Wind; die Wellen wurden allmählich ruhig; der Himmel ward wieder klar, und kaum drei Meilen weit sah man das Land in vollem Glanze vor Augen.

Dieses neue Land war nur eine Insel, oder vielmehr ein Vulkan, der einem Leuchtturme gleich auf dem Nordpol emporragte.

Der Berg, in vollem Ausbruch, warf eine Masse brennenden Gesteins und glühender Felsstücke aus; es war, als keuche ein Riese unter krampfhafter Erschütterung wiederholter Stöße; die ausgeschleuderten Massen flogen himmelhoch in die Lüfte, inmitten mächtiger Flammenstrudel und Lavaergießungen, die in reißenden Strömen seitwärts sich hinabwälzten: hier glühende Schlangen zwischen rauchenden Felsen; dort sprühende Kaskaden inmitten purpurnen Dampfes, und weiter abwärts ein Feuerstrom mit tausend funkelnden Zuflüssen durch die aufsprudelnde Mündung ins Meer stürzend.

Der Vulkan schien nur einen einzigen Krater zu haben, woraus die Feuersäule aufstieg, quer von leuchtenden Blitzen durchzuckt; ein deutlicher Beweis des Anteils elektrischer Wirkung bei dem prachtvollen Phänomen.

Über den keuchenden Flammen wogte eine ungeheure Rauchsäule empor, unten rot, oben schwarz. Sie stieg auf mit unvergleichlicher Majestät und wirbelte weithin in dichten Windungen.

Die Luft war himmelhoch aschfarbig; die während des Sturms verspürte Dunkelheit, welche der Doktor nicht zu erklären wußte, kam offenbar von Aschensäulen her, von welchen die Sonne wie mit einem undurchdringlichen Vorhang verhüllt war.

Dieser enorme feuerspeiende Felsen, der weit ins Meer vorsprang, maß tausend Klafter, eine Höhe, die ungefähr der des Hekla gleichkommt.

Die von seinem Gipfel zur Basis gezogene Linie bildete mit dem Horizont einen Winkel von etwa elf Grad.

Er schien, im Verhältnis wie die Schaluppe nahe kam, allmählich aus den Wellen aufzusteigen.

Man sah keine Spur von Vegetation; selbst ein Uferrand ging ihm ab, und seine Seiten fielen senkrecht ins Meer ab.

»Werden wir landen können?« fragte der Doktor.

»Der Wind treibt uns hin«, erwiderte Altamont.

»Aber ich sehe kein Stückchen eines Uferrandes, worauf wir Fuß fassen könnten!«

»Das scheint nur so von weitem«, erwiderte Johnson; »aber es wird nicht daran fehlen, um mit unserem Fahrzeug anzulegen: Und mehr bedarf es nicht.«

»Also voran!« versetzte Clawbonny traurig.

Der Doktor hatte kein Auge mehr für das merkwürdige Festland, welches vor seinen Blicken heraustrat. Wohl war nun hier das Pol-Land, aber nicht der Mann, welcher es entdeckt hatte!

Fünfhundert Schritte weit von dem Felsen war das Meer siedend durch Einwirkung unterirdischer Feuer. Die Insel, welche es umfloß, mochte acht bis zehn Meilen Umfang haben, mehr nicht, und, wie man schätzen konnte, lag sie dem Pol sehr nahe, sofern nicht die Erdachse genau hinein ablief.

Als die Schiffenden nahe waren, bemerkten sie eine kleine Bucht, die zum Einlaufen und Schutz des Fahrzeugs hinreichte; sie fuhren augenblicklich hinein, voll Besorgnis, den Leichnam des Kapitäns hier ans Land gespült zu finden.

Doch schien schwerlich ein Leichnam hier ruhig liegen zu können; flaches Ufer war nicht vorhanden, und das Meer brach sich an steilen Felsen; dichte, von keines Menschen Fuß betretene Asche bedeckte die Oberfläche des Landes, wo die Wellen aufhörten.

Endlich glitt die Schaluppe zwischen zwei Klippen, die

an den Meeresspiegel reichten, durch ein schmales Fahrwasser, und fand sich da vollkommen geschützt gegen den Wellenschlag der Brandung.

Jetzt fing Duk an noch kläglicher, wie zuvor zu heulen; das arme Tier sehnte sich rührend nach dem Kapitän, verlangte ihn von diesem erbarmungslosen Meer, von seinen Felsen ohne Echo. Er bellte vergebens, und des Doktors liebkosende Hand vermochte ihn nicht zu beruhigen; das treue Tier, als wolle es seines Herrn Stelle vertreten, setzte mit einem mächtigen Sprung zuerst ans Land, und lief die Felsen hinan mitten durch die Asche, welche wie ein Gewölk es umgab.

»Duk! *Ici!* Duk!« rief der Doktor.

Aber Duk hörte nicht darauf und verschwand. Darauf schritt man zur Landung: Clawbonny mit seinen drei Gefährten stiegen aus, und die Schaluppe wurde festgeankert.

Altamont war im Begriff, einen ungeheuren Steinhaufen zu erklettern, als man Duk weithin ungewöhnlich laut bellen hörte; und dies Bellen hatte den Ausdruck des Schmerzes, nicht des Zorns.

»Hört! Hört!« sagte der Doktor.

»Ein Tier, das nichts aufgespürt hat?« fiel der Rüstmeister ein.

»Nein! Nein!« entgegnete der Doktor zitternd. »Dieser Klageton bedeutet Jammer! Der hat die Leiche des Kapitäns gefunden!«

Auf diese Äußerung stürzten die vier Männer seiner Spur nach mitten durch die Asche, die ihren Blick verdüsterte.

Sie gelangten in die Tiefe eines Fjords an eine zehn Fuß

große Stelle, wo die Wellen unmerklich ihre Kraft verloren.

Hier bellte Duk neben einem von der Flagge Englands umhüllten Leichnam.

»Hatteras! Hatteras!« schrie der Doktor und stürzte sich über den Körper seines Freundes.

Aber sogleich stieß er einen Schrei aus, der sich nicht schildern läßt.

Der blutige, dem Anschein nach entseelte Körper zuckte, als seine Hand ihn anrührte.

»Noch bei Leben! Bei Leben!« rief er aus.

»Ja!« sagte eine schwache Stimme. »Noch lebend auf dem Land des Pols, wohin mich der Sturm geworfen hat! Lebend auf der *Insel der Königin*!«

»Hurra für England!« riefen die fünf Männer einstimmig.

»Und für Amerika!« fuhr der Doktor fort und reichte Hatteras die eine Hand, die andere dem Amerikaner.

Duk rief ebenfalls sein Hurra in seiner eigenen Weise, die ebensoviel galt wie eine andere.

In den ersten Augenblicken gaben sich diese wackeren Leute ganz dem Gefühl des Glücks hin, ihren Kapitän lebend wiederzuhaben; ihre Augen füllten sich mit Tränen.

Der Doktor vergewisserte sich über Hatteras' Zustand. Dieser war nicht schwer verwundet. Der Wind hatte ihn bis zur Küste getrieben, wo die Landung sehr gefährlich war; dem kühnen Seemann gelang es, nachdem er mehrmals war zurückgeworfen worden, endlich durch seine Energie, sich an ein Felsstück anzuklammern und über die Wogen emporzuschwingen.

Hier verlor er, nachdem er sich in seine Flagge gehüllt, das Bewußtsein, und es kam ihm erst bei Duks Liebkosungen, und als er dessen Bellen vernahm, wieder.

Die erste Pflege wirkte so gut, daß Hatteras wieder aufstehen und am Arm des Doktors nach der Schaluppe zurückgehen konnte.

»Der Pol! Der Nordpol!« sprach er unterwegs.

»Nun sind Sie glücklich!« sagte der Doktor zu ihm.

»Ja! Glücklich! Und Sie, mein Freund, haben Sie keine Empfindung für dieses Glück, diese Freude, daß wir uns hier befinden? Dieses Land, auf welchem wir jetzt wandeln, ist das Land des Pols! Dieses Meer, welches wir durchschifft haben, ist das Meer des Pols! Diese Luft, welche wir einatmen, ist die Luft des Pols! Oh! Der Nordpol! Der Nordpol!«

Indem Hatteras dieses sprach, war er von heftiger Aufregung fortgerissen. Es war eine Art Fieber, und der Doktor versuchte vergeblich, ihn zu beruhigen. Seine Augen strahlten von einem außergewöhnlichen Glanz, und seine Gedanken sprudelten im Gehirn. Clawbonny schrieb diesen Zustand der Überreizung dem Umstande zu, daß der Kapitän eben die fürchterlichen Gefahren bestanden hatte.

Hatteras bedurfte offenbar der Erholung, und man war bemüht, ihm eine Lagerstelle zu suchen.

Altamont fand bald eine natürliche Felsengrotte; Johnson und Bell brachten die Lebensmittel dahin und ließen die Grönländer Hunde frei.

Gegen elf Uhr war alles für eine Mahlzeit fertig; das Segel diente als Tischtuch; das Frühstück, bestehend aus Pemmikan, gesalzenem Fleisch, Tee und Kaffee, wurde auf dem Boden aufgetischt, man brauchte nur zuzulangen und zu verzehren.

Zuvor aber begehrte Hatteras, daß die Lage der Insel aufgenommen werde; er wollte genau wissen, wie er damit daran war. Der Doktor und Altamont nahmen darauf ihre Instrumente, und nach angestellter Beobachtung erhielten sie für die Lage der Grotte 89° 59′ 15″ Breite. Die Länge war bei dieser Höhe der Breite nicht mehr von Belang, denn einige hundert Fuß weiter oben liefen alle Meridiane zusammen.

Demnach lag die Insel wirklich unter'm Nordpol, und der neunzigste Breitengrad war nur noch fünfundvierzig Sekunden von da entfernt, gerade dreiviertel Meile, d. h. beim Gipfel des Vulkans.

Als Hatteras das Ergebnis erfuhr, begehrte er, daß darüber ein Protokoll in zwei Exemplaren gefertigt und an der Küste in einem Cairn niedergelegt werde.

Der Doktor ergriff also augenblicklich die Feder und redigierte das folgende Dokument, wovon gegenwärtig ein Exemplar sich im Archiv der königlichen Geographischen Gesellschaft zu London befindet:

»Am 11. Juli 1861 ward unter 89° 59′ 15″ nördlicher Breite die ›*Insel der Königin*‹ beim Nordpol entdeckt vom Kapitän Hatteras, Kommandanten der Brigg Forward aus Liverpool, welcher samt seinen Genossen hier unterzeichnet hat.

Wer dieses Dokument auffinden wird, ist gebeten, es der Admiralität zu Händen zu stellen.

Unterzeichnet: John Hatteras, Kommandant des Forward; Doktor Clawbonny, Arzt; Altamont, Kommandant des Porpoise; Johnson, Rüstmeister; Bell, Zimmermann.«

»Und jetzt, Freunde, zu Tische!« sagte fröhlich der Doktor.

(...)

Schluß

Warum sollte ich bei den Leiden, welche unablässig die Überlebenden der Expedition trafen, lange verweilen? Sie selbst vermochten niemals, sich an alles einzelne wieder zu erinnern, was sie in den acht Tagen nach der gräßlichen Entdeckung der Reste der Mannschaft zu erleben hatten. Indessen gelangten sie am 9. September durch wunderhafte Energie zum Kap Horsburg, am Ende von Nord-Devon.

Sie waren ausgehungert bis zur Erschöpfung: Seit achtundvierzig Stunden hatten sie nicht gegessen, und ihre letzte Mahlzeit hatte aus dem letzten Stück Fleisch ihrer Eskimohunde bestanden. Bell konnte nicht weiter, und der alte Johnson fühlte sich dem Tode nahe.

Sie befanden sich am Ufer des Baffins-Meeres, das zum Teil fest gefroren war, also auf dem Wege nach Europa. Drei Meilen von der Küste ab brandeten die eisfreien Wogen mit Getöse an den Spitzen des Eisfeldes.

Man mußte auf das zufällige Vorüberkommen eines Walfischfahrers warten, und wie lange konnte dies dauern?...

Aber der Himmel erbarmte sich der Unglücklichen, denn am folgenden Tage gewahrte Altamont deutlich ein Segel am Horizont.

Man weiß, welche angstvolle Spannung herrscht, wenn ein Schiff sich zeigt, welche Furcht vor einer Täuschung seiner Hoffnung! Das Fahrzeug scheint bald näher zu kommen, bald sich wieder zu entfernen, in schrecklichem Wechsel von Hoffnung und Verzweiflung, und es geschieht nicht selten, daß ein am Horizont erblicktes Schiff wieder in der Ferne verschwindet.

Der Doktor und seine Gefährten hatten alle diese Prüfungen zu bestehen; sie waren, indem sie sich einander trugen und schoben, am westlichen Ende des Eisfeldes angelangt, und sahen allmählich das Schiff wieder verschwinden, ohne daß es ihre Anwesenheit gewahrt hatte. Sie riefen es an, doch vergebens!

Da kam dem Doktor zum letzten Mal ein sinnreicher Gedanke, wie sie diesem erfinderischen Kopf bisher so oft zustatten kamen.

Ein Eisblock, der in der Strömung trieb, stieß wider das Eisfeld.

»Dieser Eisblock!« rief er und wies mit der Hand darauf hin.

Man verstand ihn nicht.

»Fahren wir auf ihm! Fahren wir mit!« rief der Doktor.

Es war ein Hoffnungsstrahl für alle.

»Ach, Herr Clawbonny, Herr Clawbonny!« rief Johnson und drückte dem Doktor die Hände.

Bell eilte mit Hilfe Altamonts zum Schlitten, holte daraus einen Pfosten, steckte ihn wie einen Mast auf den Eisblock und band ihn mit Stricken fest; aus dem abgerissenen Zeltdach machte man wohl oder übel ein Segel. Der Wind war günstig; die armen Verlassenen stürzten sich auf das zerbrechliche Fahrzeug und fuhren ins weite Meer hinaus.

Schon nach zwei Stunden unerhörter Anstrengungen wurden die letzten der Mannschaft des Forward an Bord des dänischen Walfischfahrers *Hans Christian*, welcher nach der Davis-Straße zurückkehrte, aufgenommen.

Der Kapitän empfing diese Gespenster, welche kaum noch wie Menschen aussahen, als ein Mensch von Gemüt; beim Anblick ihrer Leiden begriff er ihre Geschichte; durch die sorgfältige Pflege gelang es ihm, sie am Leben zu erhalten.

Zehn Tage darauf stiegen Clawbonny, Johnson, Bell, Altamont und der Kapitän Hatteras zu Korsör, auf Seeland in Dänemark, ans Land; ein Dampfboot brachte sie weiter nach Kiel; von hier begaben sie sich über Altona und Hamburg nach London, wo sie am 13. desselben Monats ankamen, nachdem sie kaum von ihren langen Prüfungen sich erholt hatten.

Vor allen Dingen erbat sich der Doktor von der königlichen Geographischen Gesellschaft zu London die Erlaubnis, ihr eine Mitteilung zu machen; in der Sitzung des 15. Juli wurde ihm diese zuteil.

Man denke sich das Erstaunen dieser gelehrten Gesellschaft, welche nach Verlesung der Urkunde Hatteras' enthusiastischen Beifall spendete.

Diese Reise, einzig in ihrer Art, die in den Annalen der Geschichte ihresgleichen nicht hatte, begriff alle früheren, in den Polarregionen gemachten Entdeckungen in sich; sie verband miteinander die Expeditionen von Parry, Roß, Franklin, Mac Clure; sie vervollständigte zwischen dem hundertsten und hundertfünfzehnten Meridian die Karte der hohen Nordlande, und endlich, sie führte bis zu dem bisher unzugänglichen Punkt des Erdballs, dem Pol selbst.

Niemals, noch niemals hat eine so unerwartete Neuigkeit das staunende England überrascht.

Die Engländer haben eine leidenschaftliche Empfänglichkeit für so große geographische Tatsachen; man begrüßte sie mit Teilnahme und Stolz, vom Lord bis zum Cockney, vom größten Kaufmann bis zum Arbeiter der Docks.

Blitzschnell verbreitete sich die große Entdeckung mittels der Telegrafendrähte durch das Vereinigte Königreich; die Journale verehrten an der Spitze ihrer Spalten den Namen Hatteras' als eines Märtyrers, und England erhob ihn mit gerechtem Stolz.

Der Doktor und seine Gefährten wurden mit öffentlichen Festen geehrt, und sie wurden vom Groß-Kanzler in feierlicher Audienz Ihrer Königlichen Majestät vorgestellt.

Die Regierung bestätigte die Benennungen: Königin-Insel für den Felsen des Nordpols, Hatteras-Berg für den Vulkan und Altamont-Harbour für den Hafen Neu-Amerikas.

Altamont trennte sich nicht mehr von den Genossen seines Elends und Ruhmes, welche seine Freunde geworden; er begleitete den Doktor, Bell und Johnson nach Liverpool, wo sie bei ihrer Rückkehr mit jubelndem Beifall begrüßt wurden, nachdem man sie längst für tot und im ewigen Eisgrabe bestattet gehalten.

Aber der Doktor Clawbonny wies diesen Ruhm beständig dem zu, welcher ihn überall verdiente. In seinem

Reisebericht: »Die Engländer und der Nordpol«, welcher im folgenden Jahre von der königlichen Geographischen Gesellschaft herausgegeben wurde, führte er John Hatteras unter den größten Reisenden auf, als Nacheiferer der kühnen Männer, welche sich ganz dem Fortschritt der Wissenschaft als Opfer hingaben.

Indessen lebte dieses traurige Opfer einer erhabenen Leidenschaft friedlich im Krankenhause zu Sten-Cottage, nächst Liverpool, wohin sein Freund, der Doktor, ihn selbst gebracht hatte. Sein Irrsinn war von milder Art, aber er sprach nicht, es mangelten die Begriffe, und mit der Vernunft schien ihm auch die Fähigkeit zu reden geschwunden zu sein. Ein einziges Gefühl knüpfte ihn noch an die Außenwelt, seine Freundschaft für Duk, der ihm treuer Gesellschafter war.

Diese Krankheit hatte dann ruhig ihren Verlauf, ohne irgendein besonderes Symptom, als dem Doktor Clawbonny, der seinen armen Kranken oft besuchte, sein Benehmen auffiel.

Seit einiger Zeit machte der Kapitän Hatteras in Begleitung seines treuen Hundes, der ihn mit sanftem und traurigem Blick ansah, täglich stundenlang Spaziergänge, aber diese Gänge hatten unveränderlich dieselbe Richtung in einer gewissen Allee zu Sten-Cottage. War er am Ende der Allee angekommen, so kehrte er rücklings zurück. Wollte ihn jemand anhalten, so wies er mit dem Finger auf einen bestimmten Punkt am Himmel. Wollte man ihn nötigen umzukehren, so wurde er zornig, und Duk, der seine Gefühle teilte, bellte wütend.

Der Doktor beobachtete achtsam diese bizarre Manie, und der Grund dieser sonderbaren Hartnäckigkeit ward ihm klar; er erriet, weshalb dieser Spaziergang sich standhaft in derselben Richtung bewegte, sozusagen, unter Einwirkung einer magnetischen Kraft.

Der Kapitän Hatteras bewegte sich unabänderlich in nördlicher Richtung.

André Gide
Die Reise Urians

Fahrt auf einem Eismeer

Am Himmel ein etwas verspätetes Morgenrot; purpurner Schein auf dem Meer, wo blaßblaue Eismassen schillern. Ein leicht fröstelndes Erwachen wegen der sehr klaren Luft, die keine lauen Winde mehr erwärmten. Das nördliche Gestade, an dem wir am Vorabend die blasse Ellis und unsere vier kranken Gefährten zurückgelassen hatten, war in der Ferne kaum noch sichtbar und verschwand dann vollends; ein zarter Dunst, der ganz am Horizont den Himmel mit den letzten Wellen verband, schien es in die Höhe zu heben und einzuhüllen. Wir waren alle acht auf Deck zu einem Morgengebet versammelt; ernst, doch nicht traurig stieg eine friedliche Hymne vom Schiff empor; eine seraphische Fröhlichkeit erfüllte uns wie an dem Tag, als wir das kristallklare Wasser der Quelle getrunken hatten. Da ich unseren frohen Willen spürte und nicht wollte, daß er sich verzettelte, sondern daß wir uns seiner bemächtigten und es fühlten, sagte ich:

»Die schweren Prüfungen sind vorbei. Fern sind jetzt die tristen Ufer, wo wir vor Überdruß zu sterben glaubten, ferner noch die Strände der verbotenen Freuden; schätzen wir uns glücklich, sie kennengelernt zu haben. Nur über sie kann man hierher gelangen; zu den stolzesten Städten führen die beschwerlichsten Straßen; wir nähern uns der göttlichen Stadt. Die Sonne ist ein wenig rosig, weil sie gestern so trübe war. Im Widerstand haben wir zuerst unseren Willen gespürt; und auch die Untätigkeit auf dem grauen Rasen war nicht unnütz für uns, denn indem sie entfloh, ließ die Landschaft unserem Willen alle Freiheit; dank dem Überdruß konnten sich unsere auf dem Land noch unschlüssigen Seelen zu großer Ehrlichkeit entwickeln. Und wenn wir jetzt handeln, dann wird es gewiß im Sinne unseres Weges sein.«

Die Sonne ging auf, als wir mit unseren Gebeten begannen; das Meer glänzte im Widerschein; Strahlen glitten über die Wellen, und die bewegten, zitternden Eisschollen erschauerten im Licht.

Um die Tagesmitte erschienen ein paar Wale; sie schwammen in einem Rudel, vor dem Packeis tauchten sie unter; weiter weg sah man sie wieder auftauchen; doch vom Schiff hielten sie sich fern.

Man mußte sich jetzt vor den Eisbergen in acht nehmen; im noch nicht sehr kalten Wasser schmolz langsam ihre Basis; plötzlich sah man sie kentern, die prismenförmige Spitze brach ab, verschwand im bewegten Meer, wühlte das Wasser auf wie ein Sturm, kam mit Kaskaden an den Flanken wieder an die Oberfläche und schwankte, ihrer Lage ungewiß, noch lange im Tumult der Wogen. Das majestätische Getöse ihres Sturzes hallte auf den Fluten wider. Manchmal fielen Eiswände in aufspritzende Gischt, und all diese schwimmenden Berge veränderten unaufhörlich ihre Form.

Gegen Abend kam ein ganz großer, der nicht mehr durchsichtig war; wir hielten ihn zunächst für ein von riesigen Gletschern bedecktes neues Land. Bäche stürzten von seinen Gipfeln; Eisbären liefen am Rand entlang.

Das Schiff fuhr so nahe daran vorbei, daß seine großen Rahen, wenn sie eine überstehende Kante streiften, dünne Eiszapfen abbrachen.

Es kamen Eisberge, die ungeheure, vom Heimatgletscher gelöste Steine bargen und so Stücke von unbekanntem Fels über die Wasser trugen.

Andere kamen, die sich in plötzlicher Affinität einander angenähert und Wale eingeschlossen hatten; diese schienen über dem Wasserspiegel in der Luft zu schwimmen. Über die Reling gebeugt, sahen wir dem Treiben des Packeises zu.

Der Abend brach herein. In der untergehenden Sonne schienen die Eisberge wie aus Opal. Neue kamen; sie führten gepreßte Algen mit, dünn und lang wie Haare; man hätte sie für gefangene Sirenen halten können; dann wurde ein Geflecht daraus; der Mond hing darin wie eine Qualle im Netz, wie eine perlmutterne Seegurke; als er dann wieder frei in der Luft schwebte, färbte er sich azurn. Gedankenverlorene Sterne irrten umher, kreisten, tauchten ins Meer.

Um Mitternacht erschien ein riesenhaftes Schiff; der Mond beleuchtete es geheimnisvoll. Seine Takelung bewegte sich nicht; kein Licht auf Deck. Es fuhr nahe an uns vorbei; man hörte kein Fahrtgeräusch und keinen Laut einer Schiffsmannschaft. Schließlich begriffen wir, daß es im Packeis gefangen war, zwischen zwei Wänden, die sich über ihm geschlossen hatten. So zog es ruhig vorüber und verschwand.

Gegen Morgen, kurz vor der Dämmerung, in der Stunde, da der Wind auffrischt, schwamm neben uns eine Insel aus sehr reinem Eis; in der Mitte schimmerte wie eine eingefaßte Frucht, wie ein Wunderei, ein unvergänglicher Edelstein. Wir wurden nicht müde, ihn anzusehen, den Morgenstern auf den Wogen. Er war rein wie ein Strahl der Lyra; in der Morgenröte vibrierte er wie ein Gesang; doch sobald die Sonne kam, schmolz das ihn umhüllende Eis und ließ ihn ins Meer fallen. – An jenem Tag haben wir Wale gefangen.

Hier endet die zeitliche Einordnung meiner Erinnerungen, und es beginnt mein undatiertes Tagebuch.

Eric hat sich an einem elastischen Seil in den blinden Abgrund von Gischt und Stürmen hinuntergelassen, wo kein Mensch je die wilden Feste der Albatrosse und Eiderenten störte; mit dem nackten Arm schwenkt er das breite Messer des Schwanentöters. Ein feuchter Atem steigt von drunten auf, wo die grünen Wogen brausen und der Wind die Gischt peitscht. Die großen, aufgescheuchten Vögel kreisen und betäuben ihn mit Flügelschlägen. Vornübergebeugt, an den Fels geklammert, wo das gespannte Seil befestigt ist, sehen wir zu: Eric hängt über den Nestern; er läßt sich mitten in das Geflatter hinab; in den schneefarbenen Federn und den wertvollen Daunen schlummern die kleinen Eiderenten; Eric der Vogeltöter legt die Hand auf die Brut; aufgewacht, regen sich die Jungen und wollen voller Angst entfliehen; aber Eric stößt das Messer in die Federn und lacht, als er auf seinen Händen das warme Blut der Küken fühlt. Das Blut tropft auf die Federn, und die schlagenden Flügel bespritzen damit den Felsen. Das Blut rieselt auf die Wogen, und die aufgewirbelten Daunen fliegen umher, scharlachrot gefleckt. Die großen, aufgeschreckten Vögel wollen die Brut schützen! Eric, den sie mit ihren Krallen angreifen, tötet sie mit einem Messerhieb. Und da steigt vom Wasser, durch den Seewind emporgetragen, ein närrischer Schaumwirbel zwischen den Felswänden auf, weiß wie der Flaum der Schwäne, und steigt und steigt und verschwindet, hoffnungslos davongetrieben mit den vielen Federn, im Himmel, diesem blauen Schlund, den man sieht, wenn man den Kopf hebt.

Auf diesen Schieferklippen nisten die Lummen. Die Weibchen bleiben sitzen; die Männchen fliegen umher; sie stoßen schrille Schreie aus, und die Schreie und das Rauschen der Flügel betäuben einen, sobald man sich ihnen nähert. Sie fliegen in so großer Schar, daß es Nacht wird, wenn sie vorbeiziehen; sie kreisen unaufhörlich. Die braven Weibchen erwarten sie, ernst, reglos und ohne Schreie, aufgereiht auf einem langen Grat, wo der Fels etwas vorspringt. Sie brüten über ihrem einzigen Ei. Sie haben es dort schnell gelegt, nicht einmal in ein Nest, sondern auf den schräg abfallenden Felsen; sie haben es ausgeschieden wie Kot. Steif und gewissenhaft sitzen sie auf ihrem Ei, das sie zwischen Beinen und Schwanz halten, damit es nicht davonrollt.

Das Schiff wagte sich zwischen zwei Felswänden in einen engen, finsteren Fjord; im durchsichtigen Wasser sah man die Felsen senkrecht in unbekannte Tiefen ragen; so daß es manchmal schien, als wäre es die Spiegelung der Klippen; doch die Tiefe war dunkel und die Klippe weiß von Vögeln. Die Männchen über unseren Köpfen stießen solche Schreie aus, daß wir einander nicht verstehen konnten. Wir fuhren sehr langsam; sie schienen uns nicht zu sehen. Doch als Eric, ein geschickter Wurfschütze, ein paar Steine nach ihnen geschleudert und in diesem dichten Schwarm mit jedem Stein mehrere Vögel getötet hatte, die neben dem Schiff herabfielen, da verschreckten die immer lauteren Schreie die Weibchen auf den Klippen; sie verließen den Brutfelsen, die Hoffnung auf Nachkommenschaft, und flogen mit gräßlichem Kreischen davon. Es war eine grauenerregende Schar; wir schämten uns des Lärms, vor allem, als wir die im Stich gelassenen Eier, die nicht mehr gegen den Stein gedrückt wurden, über die Klippen purzeln sahen. Die Schalen zerbrachen, und über den ganzen Felsen hin zogen sich gelbe und weiße Spuren. Manche opferbereiten Brüterinnen versuchten, beim Davonfliegen ihr Ei zwischen den Krallen mitzunehmen, doch es entglitt ihnen bald und zerschellte auf dem blauen Meer. Das Wasser war schmutzig geworden. Das Durcheinander verwirrte uns, und wir flohen eiligst, denn von überallher stieg der scheußliche Gestank der angebrüteten Eier auf.

...Abends, zur Stunde des Gebets, war Paride noch nicht zurückgekehrt; wir suchten und riefen ihn bis in die Nacht, konnten aber nicht in Erfahrung bringen, was aus ihm geworden war.

Die Eskimos leben in Schneehütten, die man, wenn man sie in der Ebene sieht, für Gräber halten könnte; doch mit dem Leib ist auch die Seele darin eingeschlossen; ein wenig Rauch steigt aus der Hütte zum Himmel auf. Die Eskimos sind häßlich; sie sind klein; ihre Liebe ist ohne Zärtlichkeit; sie sind nicht wollüstig, und ihre Freude ist theologisch; sie sind weder böse noch gut; ihre Grausamkeit ist emotionslos. In ihren Hütten ist es schwarz; man kann darin kaum atmen. Sie arbeiten nicht, noch lesen sie; dennoch schlafen sie nicht; eine kleine Lampe brennt und erhellt ein wenig die Dunkelheit der Abende; da die Dunkelheit bewegungslos ist, haben sie nie erfahren, was Zeit ist; da sie sich nicht zu beeilen brauchen, denken sie langsam; Induktion ist ihnen unbekannt, doch aus drei dürftigen Punkten leiten sie eine Metaphysik ab; und die bis zuletzt stockende Folge ihrer Gedanken reicht von Gott bis hinab zum Menschen, ihr Leben wird zu dieser Folge; sie messen ihr Alter an dem Punkt, zu dem sie gelangt sind; manche haben nie bis zu ihrer Existenz gelangen können; manche haben es bemerkt. Sie haben keine gemeinsame Sprache; sie rechnen endlos. Ach, ich könnte noch viel von ihnen erzählen, denn ich habe sie sehr gut verstanden. Sie sind verwachsen, ihr Gesicht ist platt, weil sie nicht darauf achten. Ihre Frauen haben keine Krankheiten; sie lieben sich in der Finsternis.

Ich spreche von den vernünftigen Eskimos; manche unterbrechen im Morgengrauen des feierlichen Tages ihre Syllogismen und gehen hinaus auf das zugefrorene Meer und in den etwas geschmolzenen Schnee, um Rentiere und Walrösser zu jagen. Sie fangen auch Wale und kehren, sobald es Nacht wird, beladen mit frischem Fett zurück.

Jedes Klima hat seine Nöte; jedes Land seine Krankheiten. Wir hatten auf den warmen Inseln die Pest gesehen; in der Nähe der Sümpfe das krankhafte Schmachten. Jetzt entstand eine Krankheit sogar aus der Abwesenheit von Sinnenlust. Das Salzfleisch, der Mangel an frischem Grün und der beharrliche Widerstand, in dem sich unser Stolz ausdrückte; die Lust, in feindlichen Gegenden schlecht zu leben, und diese Unbeugsamkeit der Außenwelt, woran sich die entzückte Seele ergötzte, verschlissen auf die Dauer unsere Kräfte, und während die Seelen sich heiter in letzte Eroberungen hätten stürzen wollen, bannte uns der Skorbut, an dem wir alle zu leiden begannen, aufs Schiffsdeck, und wir zitterten vor Angst, sterben zu müssen, bevor wir unsere Aufgabe zu Ende gebracht hätten. O selbstgewählte, o teuerste Aufgaben! Vier Tage blieben wir so, nicht weit von dem erwarteten Land, dessen Eisspitzen man ins aufgetaute Meer tauchen sah; und ich glaube, daß ohne den köstlichen Likör, den Eric aus der Hütte der Eskimos geholt hatte, unsere Reise hier zu Ende gewesen wäre.

Unser Blut war zu flüssig geworden; es trat überall aus; es sickerte aus dem Zahnfleisch, den Nasenlöchern, den Lidern, unter den Nägeln hervor; manchmal schien es nur noch eine stagnierende Feuchtigkeit zu sein und fast nicht mehr zu fließen; bei der geringsten Bewegung ergoß es sich in Strömen wie aus einer geneigten Schale; an den zartesten Stellen bildete es unter der Haut fahle Flecken. Im Kopf spürten wir die Leere, den Schwindel der Übelkeit; unser Nacken schmerzte; wegen unserer zu schwachen Zähne, die in ihren Höhlen wackelten, war der trockene Schiffszwieback für uns eine unmögliche Nahrung; in Wasser gekocht, ergab er einen dicken Brei, an dem unsere Zähne hängenblieben. Die Reiskörner verletzten unser Zahnfleisch; wir konnten fast nur noch trinken. Und kraftlos auf dem Deck liegend, träumten wir den ganzen Tag über von reifen Früchten, von frischem, saftigem Fruchtfleisch, von den Früchten der

Inseln von einst, der unheilvollen Inseln. Doch selbst damals, glaube ich, hätten wir uns geweigert, von ihnen zu kosten. Wir freuten uns, daß Paride nicht mehr da war und unser Leid nicht miterlebte. Der blutstillende Likör aber wurde schließlich mit der Krankheit fertig.

Es war der Abend des letzten Tages; die Sonne einer ganzen Jahreszeit war in der Erde verschwunden; lange danach blieb noch ein Dämmerschein zurück. Ohne Todeskampf war die Sonne untergegangen, ohne diesen Purpur auf den Wolken; sie war langsam verschwunden; gebrochene Strahlen erreichten uns noch. Doch schon begann die große Kälte; das Meer war um uns wieder zugefroren und hatte das Schiff eingeschlossen. Das Eis, von Stunde zu Stunde dichter, drohte beständig, das Schiff zu zertrümmern; es war für uns nur der allerunsicherste Zufluchtsort; wir beschlossen, es zu verlassen. Doch möchte ich betonen, daß wir dies weder aus Verzweiflung noch aus ängstlicher Vorsicht taten, sondern aus tollkühnem Willen, denn wir konnten ja immer noch das Eis durchstoßen, den Winter fliehen und dorthin aufbrechen, wohin die Sonne geflohen war; aber das wäre der Weg in die Vergangenheit gewesen. Wir zogen also die rauhesten Ufer vor, wenn sie nur der Zukunft gehörten, und gingen der Nacht entgegen, da unser Tag vollendet war. Wir wußten, daß das Glück nicht aus dem Verzicht auf Traurigkeit besteht; stolz und stark gingen wir durch die schlimmste Not dorthin, wo die reinste Freude zu finden sein würde.

Nachdem wir das große Rentier vor den aus Schiffsteilen gebauten Schlitten gespannt hatten, begannen wir, diesen mit Holz, Äxten und Seilen zu beladen. Die letzten

Strahlen erloschen, wir wollten zum Pol aufbrechen. Auf Deck gab es eine Stelle, die hinter den Tauhaufen versteckt war; wir kamen nie dorthin. Ach, trauriger Abschied des Tages, als ich vor dem Verlassen des Schiffes über das ganze Deck lief! Als ich die Seile auseinanderzog, um sie mitzunehmen, ach, was erblickte ich dahinter? – Paride! – Wir hatten ihn vergeblich gesucht; ich dachte, er habe, zu schwach, um sich zu rühren, und zu krank, um zu antworten, sich dort versteckt wie ein Hund, der einen Winkel zum Sterben sucht. Aber war es noch Paride? Er war ohne Haare, ohne Bart; weiß lagen auf dem Boden um ihn her seine ausgespuckten Zähne: Seine Haut war verschlissen wie alter Stoff; sie schimmerte violett, perlmutterartig; nichts war schmerzlicher anzusehen. Seine Augen hatten keine Lider mehr, und ich begriff zunächst nicht, ob er uns ansah, denn er konnte nicht mehr lächeln. Sein unförmig angeschwollenes, schwammiges Zahnfleisch wuchs wie eine Frucht aus seinem Mund und schob, zerrte die Lippen auseinander; in der Mitte sah man einen weißen Zahn aufragen, seinen letzten. Er wollte mir die Hand reichen; seine spröde gewordenen Knochen zerbrachen. Ich wollte ihm die Hand drücken, sie löste sich in der meinen auf und ließ Blut und Fäulnis zwischen meinen Fingern zurück. Ich glaube, er sah Tränen in meinen Augen, denn er schien dann zu verstehen, daß er es war, den ich beweinte, und ich glaube, er hatte noch einige Hoffnung in bezug auf seinen Zustand gehabt, die meine mitleidigen Tränen ihm nun raubten, denn plötzlich stieß er einen heiseren Schrei aus, der ein Schluchzen sein sollte, ergriff mit der Hand, die ich ihm nicht zerquetscht hatte, in einer Gebärde der Verzweiflung, tragisch und wahrhaft verloren, den Zahn und seine Lippen, und ironisch, fast lachend, riß er sich plötzlich ein großes Stück aus dem Gesicht, dann sank er, bereits leblos, zurück.

An diesem Abend haben wir mit großer Trauer zum Abschied das Schiff verbrannt. Majestätisch zog die Nacht herauf und breitete sich langsam aus. Die Flammen schlugen triumphierend empor; das Meer leuchtete im Feuer; die Großmasten, die Balken brannten, und als die purpurnen Flammen das Schiff verzehrt hatten und wieder in sich zusammenfielen, ließen wir die unwiederbringliche Vergangenheit hinter uns und brachen zum Polarmeer auf.

Stille der Nacht über dem Schnee. – Der Nacht. – Einsamkeit, und du, Besänftigung des Todes. Weite, zeitlose Ebene; die Lichtstrahlen haben sich zurückgezogen. Alle Formen sind gefroren; Kälte liegt auf der stillen Ebene und Reglosigkeit – und Reglosigkeit. Und Heiterkeit. O reines Entzücken unserer Seele! Nichts rührt sich, doch schwebt in der Luft – so hell ist das Packeis – ein erstarrtes Strahlen. Alles ist von nächtlichem Blaßblau – soll ich sagen, der Mond? – Der Mond. – Fern von allem habe ich das Gebet gesucht; die ekstatische Landschaft ist es. Ellis! Die du nicht diejenige bist, die ich gefunden; frische Ellis, ist es hier, wo du mich erwartet hast? Ich würde noch weiter gehen, doch ich warte auf dein Wort – und bald wird alles zu Ende sein. – Ich habe ihre verlorene Gestalt gesucht – und meine Seele hat ihr Gebet gesprochen. Dann hat die Nacht ihre Stille zurückgewonnen und all ihre Heiterkeit.

Wozu also auf eine Morgenröte warten? Man weiß nicht mehr, wann sie kommen wird. Die Stunde ist es nicht wert, daß man sie erwartet. Nach ein wenig Schlaf in der Nacht haben wir uns auf den Weg zum Pol gemacht.

Reiner Gips! Salzbrüche! Weißer Marmor der Gräber! Glimmer! Das ist das Weiß in der Finsternis. Leichter Rauhreif, der du in der Sonne ein Lächeln wärst; Kristallschmuck der Nacht; Schneehauben! Erstarrte Lawinen! – Dünen aus Mondstaub – Daunen auf der Gischt der Wogen – Eisspitzen der verschwiegenen Hoffnungen! – Wir sind durch den Schnee gewandert, ohne Hast, denn die Zeit ist abgelaufen; unsere langsamen, ernsten Bewegungen verliehen ihr Feierlichkeit. So gingen wir alle sieben – Alain, Axel, Morgain, Nathanael, Ydier, Eric und ich – unserer Aufgabe entgegen.

Sie schliefen; die Hütte war ruhig; draußen auf der weiten, reifbedeckten Ebene eine sternlose Nacht; über der Ebene war die Nacht ob all der Weiße etwas fahl; ein Schimmer lag auf der Erde; ich suchte einen Ort zum Beten. Als ich niederknien wollte und mein Gebet begann, sah ich Ellis. Sie saß nachdenklich auf einem Felsen neben mir; ihr Kleid war schneeweiß; ihr Haar schwärzer als die Nacht.

»Ellis! Du bist es doch«, schluchzte ich; »ach, ich habe dich wohl erkannt.«

Doch sie schwieg, und ich sagte: »Weißt du nicht, welch traurige Geschichte ich erlebt habe, seit ich dich verlor? Welch trostlose Landstriche ich durchquert habe, seit deine Hand mich nicht mehr führt? An einem Gestade glaubte ich eines Tages, dich wiedergefunden zu haben; doch es war nur eine Frau: ach, verzeih! Ich habe dich so lange herbeigewünscht. Wohin wirst du mich nun führen in dieser Nacht nahe am Pol, Ellis, meine Schwester?«

»Komm«, sagte sie. Und sie nahm mich an der Hand und führte mich auf einen hohen Felsen, von dem man das Meer sah. Ich schaute, und plötzlich riß die Nacht auf, teilte sich, und über dem Wasser breitete sich das Nordlicht aus. Es spiegelte sich im Meer, ein stilles Geriesel von Phosphor, ein ruhiges Herniederstürzen von Strahlen; und die Lautlosigkeit dieser Pracht war betäubend wie die Stimme Gottes. Es schien, als wären die unablässig bewegten purpurnen und rosafarbenen Flammen eine Zuckung des göttlichen Willens. Alles schwieg; meine geblendeten Augen schlossen sich; doch Ellis hatte einen Finger auf mein Lid gelegt, ich öffnete die Augen und sah nur noch sie.

»Urian! Urian, trauriger Bruder! Warum hast du mich nicht immer erträumt? Erinnere dich unserer einstigen Spiele. Warum wolltest du im Überdruß mein zufälliges Bild einfangen? Du wußtest doch, daß die Stunde nicht gekommen war und daß Besitzen hienieden nicht möglich ist. Ich erwarte dich jenseits der Zeit, wo der Schnee ewig ist; Schneekronen werden wir tragen, nicht Blumenkränze. Deine Reise wird zu Ende gehen, mein Bruder. Schau nicht mehr zurück. Es gibt noch andere Länder, die du nicht gekannt haben wirst; die du nie kennen wirst. Was hätte es dir genützt, sie zu kennen? Für jeden gibt es nur einen einzigen Weg, und jeder dieser Wege führt zu Gott. Doch in diesem Leben werden deine

Augen seine Herrlichkeit nicht schon sehen können. Dem armen Kind, in dem du mich zu erkennen glaubtest – wie konntest du dich täuschen? –, hast du grausame Worte gesagt; und dann hast du es im Stich gelassen. Es lebte nicht; du hast es geschaffen; jetzt wirst du auf es warten müssen; denn diese Seele kann nicht allein in Gottes Reich aufsteigen. Ach, ich hätte mir gewünscht, wir beide wären allein den Sternenweg zum reinen Licht gegangen. Du wirst jene andere führen müssen. Ihr werdet eure Reise beenden; doch das ist nicht das wahre Ende. Nichts endet, es sei denn in Gott, mein Bruder; verliere also nicht den Mut, wenn du dich über den Tod zu beugen glaubst. Hinter jedem Himmel ist ein anderer: Das Ende ist erst bei Gott. Mein geliebter Bruder, halte fest an der Hoffnung.«

Dann beugte sie sich über den Schnee und schrieb in glühenden Lettern, was ich auf Knien lesen konnte:

*Sie haben noch nicht erlangt, was Gott ihnen verheißen hatte – damit sie nicht ohne uns vollendet würden.**

Ich wollte weiter mit ihr sprechen, sie bitten, noch mehr zu mir zu sagen, und ich streckte die Hände nach ihr aus; sie aber wies mir mitten in der Nacht mit ihrer Hand die Morgenröte und nahm, nachdem sie sich langsam erhoben hatte, wie ein mit Gebeten beladener Engel ihren seraphischen Weg wieder auf. Während sie höher stieg, wurde ihr Kleid zum Hochzeitsgewand; ich sah, daß es mit Karfunkelnadeln zusammengehalten wurde; es strahlte in allen Farben der sieben mystischen Edel-

* *Hebräer* 11, 39.40.

steine; und obwohl ihr Glanz derart war, daß er die Lider versengt hätte, rieselte eine so himmlische Milde von ihren ausgestreckten Händen, daß ich das Brennen nicht spürte. Sie schaute nicht mehr zu mir hin; ich sah sie immer höher steigen; sie erreichte die flammenden Tore; sie verschwand hinter einer Wolke ... Da blendete mich ein noch viel weißeres Licht, die Wolke öffnete sich, und ich sah Engel. Ellis war in ihrer Mitte, doch ich konnte sie nicht erkennen; jeder Engel bewegte mit erhobenen Armen, was ich für die Morgenröte gehalten hatte, was aber nur ein Vorhang war vor der unsterblichen Helligkeit, und jede Flamme war ein Schleier, durch den das Licht schien. Große Strahlen glitten unter den himmlischen Fransen hindurch – doch als die Engel den Vorhang öffneten, brach ein solcher Schrei aus den Wolken, daß ich, die Hand vor den Augen, entsetzt zu Boden stürzte.

Als ich mich wieder erhob, war von neuem finstere Nacht; in der Ferne hörte man das Meer. Zu den Hütten zurückgekehrt, fand ich meine Gefährten noch schlafend: ich legte mich neben sie, von Müdigkeit überwältigt.

Auf dem Weg zum Pol. Aus dem maßlosen Weiß der Dinge entsteht eine gewisse Helle; ein Strahlen umgibt sie. Ein Schneesturm bläst, und der aufgewirbelte, fortgetriebene Schnee breitet sich aus, tanzt, rollt, wellt sich, bildet Stoffalten oder Locken. Unser Weg war ständig versperrt und ließ uns nur sehr langsam vorankommen; wir mußten Schneisen und Stufen ins Eis hauen. Ich möchte nicht von unserer Arbeit sprechen; sie war so mühsam, so hart, daß es schien, als wolle man sich beklagen, wenn man von ihr erzählte. Ich möchte auch nicht von der Kälte und nicht von unseren Leiden sprechen; es wäre lächerlich zu sagen, wir hätten schrecklich gelitten – so viel harmloser würde sein, was man sich bei diesen Worten vorstellt. Es gelänge mir nicht, mit Worten diese höchste Bitternis des Leidens zu beschreiben; es gelänge mir nicht, dieses Leiden als so bitter zu beschreiben, daß aus ihm so etwas wie Freude, wie Stolz entsteht; noch den wütenden Biß der Kälte.

Gegen den äußersten Norden erhob sich eine merkwürdige Eiswand; ein riesiger, prismenförmiger Block stand da wie eine Mauer. Eine Art Weg führte dorthin, eine tiefe, schneegefüllte Schlucht, und über die Mauer fiel, wohl von einem gleichmäßigen Wind getrieben, ein Schneegestöber in dieses Tal. Ohne die Seile, die uns aneinanderbanden, wären wir im Schnee versunken. Wir waren des Wanderns in diesem Sturm bald so müde, daß wir uns trotz der Gefahr, die es bedeutet, sich in den Schnee zu legen, ausstreckten, um zu schlafen. Wir hatten hinter einem Eisblock Schutz gefunden; der Wind blies den Schnee darüber hin; die Wand bildete eine Höhle. Wir lagen auf den Planken des Schlittens und auf der Haut des getöteten Rentiers.

Während die sechs anderen schliefen, verließ ich allein die Höhle, um zu sehen, ob es zu schneien aufhörte. Über die Schneedecke hinweg glaubte ich, bei einem weißen Felsen die gedankenverlorene Ellis zu erblicken. Sie schien mich nicht zu sehen; sie schaute zum Pol; ihre Haare waren gelöst; sie flatterten im Wind. Ich hatte nicht den Mut, sie anzusprechen, weil sie zu traurig schien, und ich zweifelte, ob sie es war. Und da ich nicht zugleich traurig sein und diese Reise beenden konnte, kehrte ich zurück, um zu schlafen.

Der Wind ist jetzt so heftig, daß der Schnee über unsere Köpfe hinwegweht. Wir stehen am Fuß der großen Mauer. Ein seltsamer Gang führt dorthin. An seinem Ende beginnt die Mauer, glatt wie ein Spiegel und durchsichtig wie Kristall. Eine Stelle ist da, wohin der allzu leichte Schnee nicht gefallen ist. Auch der Boden ist durchsichtig. Im Vorgefühl der Verzweiflung beugten wir uns vor und lasen auf dieser Mauer wie mit einem Diamanten auf Glas geschrieben und wie die Stimme aus einem Grab die beiden Wörter: HIC DESPERATUS und ein verwischtes Datum.

Und unter diesen Wörtern sahen wir, als wir uns in gemeinsamer Bewegung niederknieten, einen Leichnam im durchsichtigen Eis liegen. Das Eis hatte sich über ihm geschlossen und umfing ihn wie ein Grab, die große Kälte, die ihn umhüllte, hatte verhindert, daß er verweste. Auf seinen Zügen glaubte man eine furchtbare Müdigkeit zu gewahren. Er hielt ein Blatt Papier in der Hand.

Wir spürten, daß wir fast am Ende unserer Reise angelangt waren; doch wir fühlten uns noch kräftig genug, um die Eismauer zu erklimmen, denn wir ahnten, daß dahinter das Ziel lag, aber wir wußten nicht, was es war. Und nun, da wir alles getan hatten, um es zu erreichen, wurde es fast unnötig für uns, es zu kennen. Wir knieten immer noch vor diesem unbekannten Grab, ohne Gefühlsregung, ohne zu denken, denn wir waren an dem Punkt, wo man nicht mehr mitfühlen kann, ohne auch über sich selbst zu weinen, wo man die Augen vom Traurigen abwendet, weil man seine Kraft braucht. Das Herz gelangt zur Tapferkeit nur durch Verhärtung. Und mehr noch deshalb, als weil wir das Grab nicht schänden wollten, öffneten wir das Eis nicht, trotz unseres Verlangens, die Zeilen auf dem Blatt zu lesen, das der Leichnam in der Hand hielt. Nach einem kurzen Gebet erhoben wir uns und begannen mühsam die Eiswand zu besteigen.

Ich weiß nicht, woher der Wind kam, der das Schneetreiben erzeugte, denn sobald die Mauer erklommen war, hörte der Wind auf, und die Luft war fast mild. Die andere Seite der Mauer fiel hügelartig ab, ein sanfter Hang mit weichem Schnee. Dann kam ein Streifen Grün; dann ein kleines, nicht zugefrorenes Meer. Ich glaube, die Mauer darum war vollkommen kreisförmig, denn die Hänge stiegen gleichmäßig an, und da in diesem geschlossenen Rund keinerlei Wind mehr wehte, blieb das Wasser des Sees reglos.

Wir dachten wohl, daß dies das Ende sei; weiter ging es nicht mehr; doch wir wußten, wenn wir zum Ufer hinuntergingen, wüßten wir nicht mehr, was tun, und um irgendeinen Schluß zu erfinden oder eine Geste, die ihn motivierte, kamen wir auf den frommen Gedanken, den unbekannten Leichnam zu holen, um ihn am ersehnten Ufer zu begraben. Denn wir dachten, er sei auch, um dieses zu sehen, bis hierher gekommen, und es tat uns leid, daß er, so nah am Ziel, es dennoch nicht hatte erreichen können.

Zum Grab zurückgekehrt, öffneten wir also das Eis, um den Leichnam herauszunehmen, doch als wir das

Papier lesen wollten, das er hielt, merkten wir, daß das Blatt vollkommen weiß war; diese Enttäuschung war sehr schmerzlich, denn nun schwand unsere Neugier. Nachdem wir den Leichnam dann auf das kleine Polarufer getragen hatten, fühlten wir, ohne es auszusprechen, daß es vielleicht besser war, daß er dieses ersehnte Ufer nicht gesehen hatte und daß ihn, als er noch lebte, eine Mauer von seinem Ziel trennte, denn sonst hätte er vielleicht dieselben Wörter auf sein Grab geschrieben.

Ein farbloser Morgen dämmerte; und in einer letzten Anstrengung, mit der wir unsere Gedanken vertreiben wollten, hoben wir im Gras zwischen dem Schnee und dem Wasser des Sees eine Grube aus.

Wir verspürten keinen Wunsch mehr, zurückzukehren und blühendere Gegenden wiederzusehen; das wäre die Vergangenheit ohne Überraschung gewesen; man steigt nicht wieder ins Leben hinab. Hätten wir am Anfang gewußt, daß es das war, was wir sehen würden, hätten wir uns vielleicht nicht auf den Weg gemacht; so haben wir Gott gedankt, daß er das Ziel vor uns verborgen hat und daß er es so fern gerückt hat, daß die Anstrengungen, die wir machten, um es zu erreichen, uns schon einige Freude brachten, die einzig sichere; und wir haben Gott gedankt, daß die so großen Leiden uns ein so herrliches Ende erhoffen ließen.

Wir hätten gern erneut irgendeine schwache und frömmere Hoffnung erfunden; da wir unseren Stolz befriedigt hatten und fühlten, daß die Vollendung der Schicksale nicht mehr von uns abhing, warteten wir jetzt darauf, daß die Dinge ringsumher uns ein wenig treuer würden.

Und wir sind noch einmal niedergekniet und haben auf dem schwarzen Wasser den Widerschein des Himmels gesucht, den ICH erträume.

Kurd Laßwitz
Auf zwei Planeten

Am Nordpol

Eine Schlange jagt über das Eis. In riesiger Länge ausgestreckt schleppt sie ihren dünnen Leib wie rasend dahin. Mit Schnellzugsgeschwindigkeit springt sie von Scholle zu Scholle, die gähnende Spalte hält sie nicht auf, jetzt schwimmt sie über das offene Wasser eines Meeresarms und schlüpft gewandt über die hier und da sich schaukelnden Eisberge. Sie gleitet auf das Ufer, unaufhaltsam in gerader Richtung, direkt nach Norden, dem Gebirge entgegen, das am Horizonte sich hebt. Es geht über die Gletscher hin nach dem dunklen Felsgestein, das mit weiten Flecken bräunlicher Flechten bedeckt mitten unter den Eismassen sich emporbäumt. Wieder schießt die Schlange in ein Tal hinab. Zwischen den Felsbrocken sproßt es grün und gelblich, Sauerampfer und Saxifragen schmücken den Boden, die spärlichen Blätter eines Weidenbuschs zerstieben unter dem Schlage des mit rasender Geschwindigkeit hindurchfahrenden Schlangenleibes. Eilend entflieht eine einsame Schneeammer, erschrocken und brummend erhebt sich aus seinem Schlummer der Eisbär, dem soeben die Schlange das zottige Fell gestreift hat. Die Schlange kümmert sich nicht darum; während ihr Schweif über die nordische Sommerlandschaft hinjagt, hebt sie ihr Haupt hoch empor in die Luft, der Sonne entgegen. Es ist kurz nach Mitternacht, eben hat der neunzehnte August begonnen.

Schräg fallen die Strahlen des Sonnenballs auf die Abhänge des Gebirges, das unter der Einwirkung des schon Monate lang dauernden Tages sich mit reichlichem Pflanzenwuchs bedeckt hat. Hinter jenen Höhen liegt der Nordpol des Erdballs. Ihm entgegen stürmt die Schlange. Wo aber ist der Kopf des eilenden Ungetüms? Man sieht ihn nicht. Ihr dünner Leib verfließt in der Luft, die klar und durchsichtig über der Polarlandschaft liegt. Doch welch seltsame Erscheinung? Der Schlange stets voran schwebt, von der Sonne vergoldet, ein rundlicher Körper. Es ist ein großer Ballon. Straff schwillt die feine Seide unter dem Druck des Wasserstoffgases, das sie erfüllt. In der Höhe von dreihundert Meter über dem Boden treibt ein starker, gleichmäßig wehender Südwind den Ballon dem Norden zu. Die Schlange aber ist das Schlepptau dieses Luftballons, der in günstiger Fahrt dem lang' ersehnten Ziele menschlicher Wißbegier sich nähert, dem Nordpol der Erde. Auf dem Boden nachschleppend reguliert es den Flug des Ballons. Wenn er höher steigt, hemmt es ihn durch sein Gewicht, das er mit aufheben muß; wenn er sinkt, erleichtert es ihn, indem es in größerer Länge auf der Erde sich ausstreckt. Seine Reibung auf dem Boden bietet einen Widerstand und ermöglicht es damit den Luftschiffern, durch Stellung eines Segels bis zu einem gewissen Grade von der Windrichtung abzuweichen.

Aber das Segel ist jetzt eingezogen. Der Wind weht so günstig unmittelbar von Süden her, wie es die kühnen Nordpolfahrer nur wünschen können. Lange hatten sie an der Nordküste von Spitzbergen auf das Eintreten des Südwinds gewartet. Schon neigte sich der Polarsommer seinem Ende zu, und sie fürchteten unverrichteter Sache umkehren zu müssen, wie der kühne Schwede Andrée bei seinem ersten Versuche. Da endlich, am 17. August, setzte der Südwind ein. Der gefüllte Ballon erhob sich in die Lüfte; binnen zwei Tagen hatten sie tausend Kilometer in direkt nördlicher Richtung zurückgelegt. Der von Nansen entdeckte nordische Ozean war überflogen und neues Land erreicht, das sich ganz gegen Erwartung der Geographen hier vorfand. Schon entschwand das Supan-Cap auf Andrée-Land im Süden ihren Blicken. Bald mußte es sich entscheiden, ob die beiden Expeditionen, die eine im Ballon, die andere mit Schlitten unternommen, wirklich, wie ihre Führer meinten, den Pol selbst erreicht hätten. Bei der Unsicherheit der Ortsbestimmung in diesen Breiten waren Zweifel darüber entstanden, die Aussicht vom Ballon war durch Nebel getrübt gewesen, der Schlittenexpedition fehlte ein weiterer Überblick. Jetzt war durch die Mittel eines reichen Privatmanns, des Astronomen Friedrich Ell, eine deutsche Expedition ausgerüstet worden, die noch einmal mittels des Ballons den Pol untersuchen sollte.

Natürlich hatte man sich die Erfahrungen der früheren Expeditionen zunutze gemacht. Durch die internationale Vereinigung für Polarforschung war eine eigene Abteilung für wissenschaftliche Luftschiffahrt ins Leben gerufen worden. Namentlich hatte man die Benutzung des Schleppseils ausgebildet und damit für die Leitung des Ballons wenigstens annähernd ein Mittel zur Lenkung gefunden, wie es das Segelschiff im Widerstande des Wassers besitzt. Man hatte Metallzylinder konstruiert, in denen man bis auf 250 Atmosphären Druck zusammengepreßten Wasserstoff mit sich führte, um bei Dauerfahrten einen eingetretenen Gasverlust zu ersetzen. Man hatte dem Korbe eine Form gegeben, die es gestattete, ihn nach Bedarf gegen die äußere Luft abzuschließen. Der neue Ballon »Pol« war mit allen diesen fortgeschrittenen Einrichtungen ausgerüstet. Außerdem hing unterhalb des Korbes zur Rettung im äußersten Notfall ein großer Fallschirm. Unter einer Art Sattel, der einen sicheren Sitz gewährte, war an demselben für alle Fälle ein Proviantkorb befestigt.

Der Direktor der Abteilung für wissenschaftliche Luftschiffahrt, Hugo Torm, hatte selbst die Leitung der Expedition unternommen. Ihn begleiteten der Astronom Grunthe und der Naturforscher Josef Saltner. Saltner warf einen Blick auf Uhr und Barometer, drückte auf den Momentverschluß des photographischen Apparats und notierte die Zeit und den Luftdruck.

»Diese Gegend hätten wir glücklich in der Tasche«, murmelte er. Dann streckte er die in hohen Filzstiefeln steckenden Füße soweit aus, als es der beschränkte Raum des Korbes zuließ, zwinkerte mit den lustigen Augen und sagte: »Meine Herren, ich bin schauderhaft müde. Könnte man nicht jetzt ein kleines Schläfchen machen? Was meinen Sie, Kapitän?«

»Tun Sie das«, antwortete Torm, »Sie sind an der Reihe. Aber beeilen Sie sich. Wenn wir diesen Wind noch drei Stunden behalten –«

Er unterbrach sich, um die nötigen Ablesungen zu machen.

»Wecken Sie mich gefälligst, sobald wir – am Pol – sind – –«

Saltner sprach mit geschlossenen Augen, und beim letzten Worte schon war er sanft entschlummert.

»Es ist ein unheimliches Glück, das wir haben«, begann Torm. »Wir fliegen im wahren Sinn des Worts auf das Ziel zu. Ich habe für die letzten fünf Minuten wieder 3,9 Kilometer notiert. Könnten Sie eine genauere Bestimmung versuchen, wo wir sind?«

»Es wird sich machen lassen«, antwortete Grunthe, indem er nach dem Sextanten griff. »Der Ballon geht sehr ruhig, und wir haben die Ortszeit ziemlich sicher. Wir hatten den tiefsten Sonnenstand vor einer Stunde und 26 Minuten.« Er nahm die Sonnenhöhe mit größter Sorgfalt. Dann rechnete er einige Zeit lang.

In vollkommener Stille lag die Landschaft, über welche die Luftschiffer eilten. Ein weites Hochplateau, mit Moos und Flechten bedeckt, hier und da von Wasserlachen durchsetzt, bildete den Fuß des Gebirges, dem sich der Ballon schnell näherte. Man hörte nichts als das Tikken der Uhrwerke, von Zeit zu Zeit das regelmäßige Abschnurren des Aspirationsthermometers, dazwischen die behaglichen Atemzüge des schlummernden Saltner. Es war freilich eine angenehmere Polarfahrt, als mit halb verhungerten Hunden die langsamen Schlitten über die Eistrümmer zu schleppen. Grunthe sah von seiner Rechnung auf.

»Welche Breite haben Sie auf der Berechnung des zurückgelegten Weges?« fragte er Torm.

»Achtundachtzig Grad fünfzig – einundfünfzig Minuten«, erwiderte dieser.

»Wir sind weiter.«

Grunthe machte eine Pause, indem er noch einmal

kurz die Rechnung prüfte. Dann sagte er bedachtsam, aber mit derselben Gleichmäßigkeit der Stimme:

»Neunundachtzig Grad 12 Minuten.«

»Nicht möglich!«

»Ganz sicher«, erwiderte Grunthe und zog die Lippen ein, so daß sein Mund unter dem dünnen Schnurrbart wie ein Gedankenstrich erschien. Das war das Zeichen, daß keine Gewalt mehr imstande sei, an Grunthes unerschütterlichem Ausspruche etwas zu ändern.

»Dann haben wir keine 90 Kilometer mehr bis zum Pol«, rief Torm lebhaft.

»Neunundachtzig einhalb«, sprach Grunthe.

»Dann sind wir in zwei Stunden dort.«

»In einer Stunde und 52 Minuten«, verbesserte Grunthe unerschütterlich, »wenn nämlich der Wind mit derselben Geschwindigkeit anhält.«

»Ja – wenn«, so rief Torm lebhaft. »Nur noch zwei Stunden, Gott gebe es!«

»Sobald wir über jenen Bergrücken sind, werden wir den Pol sehen.«

»Sie haben recht, Doktor! Sehen werden wir den Pol – ob auch erreichen?«

»Warum nicht?« fragte Grunthe.

»Hinter den Bergen, der Himmel gefällt mir nicht – auf der Nordseite liegt jetzt seit Stunden die Sonne, es ist dort ein aufsteigender Luftstrom vorhanden –«

»Wir müssen abwarten.«

»Da – da – sehen Sie – den herrlichen Absturz des Gletschers«, rief Torm.

»Wir fliegen gerade auf ihn zu; müssen wir nicht steigen?« fragte Grunthe.

»Gewiß, dort müssen wir hinüber. Aufgepaßt! Schneiden Sie ab!«

Zwei Säcke Ballast klappten herab. Der Ballon schoß in die Höhe.

»Wie die Entfernung täuscht«, sagte Torm. »Ich hätte die Wand für entfernter gehalten – es reicht noch nicht. Wir müssen noch mehr opfern.«

Er schnitt noch einen Sack ab. »Wir dürfen nicht in die Schlucht geraten«, erklärte er, »kein Mensch weiß, in was für Wirbel wir da kommen. Aber was ist das? Der Ballon steigt nicht? Es hilft nichts – noch mehr hinaus!«

Eine schwarze Felswand, welche den Gletscher in zwei Teile spaltete, erhob sich unmittelbar vor ihnen. Der Ballon schwebte in unheimlicher Nähe. Mit ängstlicher Erwartung verfolgten die beiden Männer den Flug ihres Aërostaten. Der Südwind war, jetzt zu ihrem Glück, hier in der unmittelbaren Nähe der Berge schwächer, sonst wären sie schon an die Felsen geschleudert worden. Der Ballon befand sich nunmehr im Schatten der Berge; das Gas kühlte sich ab. Die Temperatur sank schnell tief unter den Gefrierpunkt. Torm überlegte, ob er noch mehr Ballast auswerfen dürfe. Was er jetzt an Ballast verlor, das mußte er dann an Gas aufopfern, um den Ballon wieder zum Sinken zu bringen, und das Gas war sein größter Schatz, das Mittel, das ihn wieder aus dem Bereiche des furchtbaren Nordens bringen sollte. Er wußte ja nicht, was ihn hinter den Bergen erwarte. Aber der Ballon stieg zu langsam. Da – eine seitliche Strömung bewegt ihn – die Strahlen der Sonne, welche über den Sattel des Gletschers herüberlugt, treffen ihn wieder – das Gas dehnt sich aus, der Ballon steigt – tiefer und tiefer sinken die Eismassen unter ihm. –

»Hurrah!« rufen die beiden Luftschiffer wie aus einem Munde.

»Was gibt's?« fährt Saltner aus seinem Schlummer empor. »Sind wir da?«

»Wollen Sie den Nordpol sehen?«

»Wo? Wo?« Im Augenblick war Saltner in die Höhe gefahren.

»Sakri, das ist kalt«, rief er.

»Wir sind über 500 Meter gestiegen«, antwortete Torm.

Saltner hüllte sich in seinen Pelz, was die anderen schon vorher getan hatten.

»Wir sind jetzt fast in gleicher Höhe mit dem Kamme des Gebirges. Sobald wir darüber hinwegsehen können, muß vor uns, etwa 50 Kilometer nach Norden, die Stelle liegen –«

»Wo die Erdachse geschmiert wird!« rief Saltner. »Ich bin verteufelt neugierig. Na, den Champagner brauchen wir nicht erst kalt zu stellen.«

Die drei Männer standen, am Tauwerk sich haltend, in der Gondel. Mit gespannten Blicken schauten sie jeden Augenblick, den ihnen die Bedienung des Ballons und die Beobachtung der Instrumente freiließ, durch ihre Feldstecher nach Norden, der Sonne entgegen, die erst wenig nach Osten hin beiseite getreten war. Allmählich versanken die Berggipfel unter ihnen – noch ein breiterer Rükken hemmte ihnen die Aussicht – der Ballon glitt jetzt wieder in der Höhe des Kammes dahin, das Schlepptau schleifte –, noch eine breite Mulde war zu überfliegen, dann mußte das ersehnte Ziel vor ihnen liegen. Der Ballon befand sich etwa in der Mitte der Mulde, höchstens 100 Meter über ihrem Boden, und die gegenüberliegende Talwand verdeckte noch die Aussicht. Der Wind war etwas weniger lebhaft, aber immer noch südlich, und der Ballon stieg an der flachen Erhebung des Eisfeldes hinan.

Jetzt wurden einzelne weiße Bergkuppen in großer Entfernung hinter dem nahen Horizont der gegenüberliegenden Eiswand sichtbar, die Luftschiffer befanden sich in gleicher Höhe mit dem letzten Hindernis, das ihren Blick beschränkte. Die Gipfel mehrten sich, sie bildeten eine Bergkette –

»Diese Berge liegen schon hinter dem Pol«, sagte Grunthe, und diesmal bebte seine Stimme doch ein wenig vor Aufregung. Fest preßte er seine Lippen zur geraden Linie zusammen.

Weiter stieg der Ballon – dunkel gefärbte Bergzüge erschienen unter den Schneegipfeln, rötlich und bräunlich schimmernd – jetzt erreichte der Ballon die Höhe und schwebte über einem tiefen Abgrund – das Schleppseil schnellte hinab und der Ballon sank sofort einige hundert Meter tief – dann pendelte er noch einmal auf und ab – diese plötzliche Schwankung des Ballons hatte die Aufmerksamkeit der Luftschiffer voll in Anspruch genommen – sie sahen unter sich, tief unten, ein wildes Gewirr von Klippen, Felstrümmern und Eisblöcken, hinter sich die steil abgebrochene Wand, an welcher der verzerrte Schatten des Ballons auf- und niederschwankte – die Instrumente mußten beobachtet werden, und erst jetzt konnten sie den Blick nach vorwärts lenken, vorwärts und nordwärts – oder war es vielleicht schon südwärts?

Saltner war der erste, der nach vorn blickte. Aber er sprach nichts, in einem langgedehnten Pfiff blies er den Atem aus seinen gespitzten Lippen.

»Das Meer!« rief Torm.

»Grüß Gott!« sagte jetzt Saltner. »Da hat halt der alte Petermann doch Recht behalten, aber bloß ein Bissel. Ein offenes Polarmeer ist es schon, man muß sich nur nicht zuviel drauf einbilden.«

»Ein Binnenmeer, ein Bassin, immerhin, gegen tausend Quadratkilometer schätze ich«, sagte Grunthe. »Etwa so groß wie der Bodensee. Aber wer kann wissen, was sich dort hinten noch an Fjords und Kanälen abzweigt. Und auch das Bassin selbst ist durch verschiedene Inseln in Arme geteilt.«

»Wer da unten zu Fuße oder zu Schiffe ankommt, muß Mühe haben zu entscheiden, ob das Meer im Lande liegt oder das Land im Meere«, sagte Saltner. »Gut, daß wir's bequemer haben.«

»Gewiß«, meinte Torm, »es ist möglich, daß wir ein Stück des offenen Meeres vor uns haben, obwohl es von hier den Anschein hat, als schlössen die Berge das Wasser von allen Seiten ein. Wir werden ja sehen. Aber vor allen Dingen, was sollen wir tun? Wir haben wider Erwarten so hoch steigen müssen, daß wir jetzt sehr viel Gas verlieren würden, wenn wir hinab wollten, und andrerseits werden wir wieder drüben über die Berge hinaufmüssen. Es ist eine schwierige Frage. Aber wir haben noch Zeit, darüber nachzudenken, denn der Ballon bewegt sich jetzt nur langsam.«

»Und diese Gelegenheit wollen wir benutzen, um dem Nordpol unsern wohlverdienten Gruß zu bringen«, rief Saltner. Mit diesen Worten zog er ein Futteral hervor, aus welchem drei Flaschen Champagner ihre silbernen Hälse einladend hervorstreckten.

»Davon weiß ich ja gar nichts«, sagte Torm fragend.

»Das ist eine Stiftung von Frau Isma. Sehen Sie, es steht darauf: Am Pol zu öffnen. Gewicht vier Kilogramm.«

Torm lachte. »Dachte ich mir doch«, sagte er, »daß meine Frau irgend etwas einschmuggeln würde, was das Expeditionsreglement durchbricht.«

»Es ist doch aber auch ein herrlicher Gedanke von Ihrer Frau, sich am Nordpol in Champagner hochleben zu lassen«, erwiderte Saltner. »Erstens für sich selbst, denn das ist etwas, was noch nicht dagewesen ist; das müssen Sie zugeben, Damen sind hier noch niemals leben gelassen worden. Und zweitens für uns, das müssen Sie auch zugeben; es ist sehr wonnig, in dieser Kälte den Schaumwein zu trinken auf das Wohl unserer Kommandeuse. Und drittens, ist es nicht einfach bejauchzbar, das tragische Antlitz unseres Astronomen zu sehen? Denn Champagner trinkt er prinzipiell nicht, und auf weibliche Wesen stößt er prinzipiell nicht an; da er aber auf dem Nordpol prinzipiell in ein Hoch einstimmen muß und will, so findet er sich in einem Widerstreit der Prinzipien, aus dem herauszukommen ihm verteufelt schwer fallen wird.«

»Darauf könnte ich sehr viel erwidern«, sagte Grunthe. »Zum Beispiel, daß wir noch gar nicht wissen, wo der Nordpol eigentlich liegt.«

»Schon wahr«, unterbrach ihn Torm, »aber eben darum müssen wir den Moment feiern, in welchem wir sicher sind, ihn zum erstenmale in unserem Gesichtsfelde zu haben. Das werden Sie zugeben?«

»Hm, ja«, sagte Grunthe, und ein leichtes Schmunzeln glitt über seine Züge. »Ich nehme an, wir wären am Pole. So kann ich mit Ihnen anstoßen, oder auch nicht, ganz wie ich will, ohne mit irgendwelchen Prinzipien in Widerspruch zu geraten.«

»Wieso?« fragte Saltner.

»Der Pol ist ein Unstetigkeitspunkt. Prinzipien sind Grundsätze, die unter der Voraussetzung gelten, daß die Bedingungen bestehen, für welche sie aufgestellt sind, vor allem die Stetigkeit der Raum- und Zeitbestimmungen. Am Pole sind alle Bedingungen aufgehoben. Hier gibt es keine Himmelsrichtungen mehr, jede Richtung kann als Nord, Süd, Ost oder West bezeichnet werden. Hier gibt es auch keine Tageszeit; alle Zeiten, Nacht, Morgen, Mittag und Abend sind gleichzeitig vorhanden. Hier gelten also auch alle Grundsätze zusammen oder gar keine. Es ist der vollständige Indifferenzpunkt aller Bestimmungen erreicht, das Ideal der Parteilosigkeit.«

»Bravo«, rief Saltner, der inzwischen die Trinkbecher von Aluminium mit dem perlenden Wein gefüllt hatte. »Es lebe Frau Isma Torm, unsere gnädige Spenderin!«

Saltner und Torm erhoben ihre Becher. Grunthe kniff die Lippen zusammen und hielt, geradeaus starrend, sein Trinkgefäß unbeweglich vor sich hin, indem er es passiv geschehen ließ, daß die andern mit ihren Bechern daran stießen. Nun rief Torm:

»Es lebe der Nordpol!«

Da stieß auch Grunthe seinen Becher lebhaft mit den andern zusammen und setzte hinzu:

»Es lebe die Menschheit!«

Sie tranken und Saltner rief:

»Grunthe's Toast ist so allgemein, daß *ein* Becher nicht reichen kann.«

Und er schenkte noch einmal ein.

Inzwischen war der Ballon langsam dem Binnenmeere entgegengetrieben, das sich nun immer deutlicher den staunenden Blicken der Reisenden enthüllte. Vom Fuße der steil abfallenden Felsenwand des Gebirges ab senkte sich das Gelände allmählich, wohl noch eine Strecke von einigen zwanzig Kilometer weit, nach dem Ufer hin. Aber die Landschaft zeigte jetzt ein vollständig anderes Gepräge. Die wilde Gletschernatur war verschwunden, grüne Matten zogen sich, nur noch mit einzelnen Gesteinstrümmern hier und da bedeckt, in sanfter Senkung dem Wasser zu. Man glaubte in ein herrliches Alpental zu schauen, in dessen Mitte ein blauer Bergsee sich ausbreitete. An dem jenseitigen, entfernten Ufer, das freilich in undeutlichem Dämmer verschwamm, schien dagegen wieder ein Steilabfall von Fels und Eis zu herrschen, doch zog sich über den Bergen dort eine Wolkenwand empor. Das Auffallendste in der ganzen Szenerie aber bot der Anblick einer der Inseln, die zahlreich und in unregelmäßiger Gestaltung in dem Bassin lagen, bis an dessen Ufer der Ballon jetzt herangeschwebt war. Sie war kleiner, als die Mehrzahl der übrigen Inseln. Aber ihre Formen waren so vollkommen regelmäßig, daß es zweifelhaft schien, ob man eine Gestaltung der Natur vor sich habe.

Die mit Flechten bekleideten Felstrümmer, welche die andern Inseln bedeckten, fehlten hier vollständig.

Die Forscher mochten sich etwa noch zwölf Kilometer von der rätselhaften Insel entfernt befinden, die sie mit ihren Ferngläsern musterten, als Torm sich an Grunthe wendete.

»Sagen Sie uns, bitte, Ihre Meinung. Können wir eigentlich bestimmen, wo wir uns befinden? Ich muß gestehen, daß ich beim Überschreiten des Gebirges und dem raschen Höhenwechsel nicht mehr imstande war, die einzelnen Landmarken zu verfolgen.«

»Ich habe«, erwiderte Grunthe, »einige Peilungen gemacht, aber zu einer sicheren Bestimmung reichen sie nicht mehr aus. Auch die Methode aus der Messung der Sonnenhöhe ist jetzt nicht anwendbar, da wir nicht mehr imstande sind, die Tageszeit auch nur mit einiger Sicherheit anzugeben. Wir haben die Himmelsrichtung vollständig verloren. Der Kompaß ist ja hier im Norden sehr unzuverlässig. Auf alle Fälle sind wir ganz nahe am Pol, wo alle Meridiane so nah zusammenlaufen, daß eine Abweichung von einem Kilometer nach rechts oder links einen Zeitunterschied von einer Stunde oder mehr ausmacht. Wenn unser Ballon aus der Nord-Süd-Richtung vielleicht seit der Überschreitung des Gebirges um fünf oder sechs Kilometer abgewichen ist, was sehr leicht sein kann, so haben wir jetzt nicht, wie wir vermuten, drei Uhr morgens am 19. August, sondern vielleicht schon Mittag, oder, wenn wir nach Westen abgewichen sind, so sind wir sogar in den gestrigen Tag zurückgeraten und haben vielleicht erst den 18. August abends.«

»Das wäre der Teufel«, rief Saltner. »Das kommt von

diesem ewigen Sonnenschein am Pol! Nun kann ich an meinem Abreißkalender das Blatt von gestern wieder ankleben.«

»Schon möglich!« lächelte Grunthe. »Nehmen Sie an, Sie machen einen Spaziergang um den Nordpol in der Entfernung von hundert Meter vom Pol, so sind Sie in fünf Minuten bequem um den Pol herumgegangen und haben sämtliche 360 Meridiane überschritten; Sie haben also in fünf Minuten alle Tageszeiten abgelaufen. Gehen Sie nach Westen herum, und wollen Sie die richtige Zeit jedes Meridians haben, so müßten Sie auf jedem Meridian Ihre Uhr um 4 Minuten zurückstellen, so daß Sie nach besagten fünf Minuten um einen vollen Tag zurück sind, und wenn Sie in dieser Art eine Stunde lang um den Pol herumgegangen sind, so muß Ihre Uhr, wenn sie einen Datumzeiger besitzt, den 7. August anzeigen.«

»Da muß ich mir halt einen *Anklebe*kalender anschaffen«, meinte Saltner.

»Ja, aber wenn Sie nach Osten herumgehen, kommen Sie um ebensoviel in der Zeit voran, Sie hätten dann nach zwölfmaligem Spaziergang um den Pol den 31. August erreicht, wenn Sie bei jedem Umgehen des Pols ein Blatt in ihrem Kalender abrissen. In beiden Fällen würden Sie sich indessen tatsächlich noch am 19. August befinden. Sie müßten also, wie die Seefahrer beim Überschreiten des 180. Meridians, ihren Datumzeiger entsprechend regulieren.«

»Wenn wir nun gerade über den Pol wegfliegen?«

»Dann springen wir in einem Moment um zwölf Stunden in der Zeit. Der Pol ist eben ein Unstetigkeitspunkt.«

»Sackerment, da weiß man ja gar nicht, wo man ist.«

»Ja«, sagte Torm, »das ist eben das Fatale. Wir haben uns von Anfang an darauf verlassen müssen, daß wir unsere Lage aus dem zurückgelegten Wege bestimmen. Läßt sich denn gar nichts tun?«

»Nur wenn wir landen und unsere Instrumente so fest aufstellen, daß wir einige Sterne anvisieren können.«

»Daran können wir auf keinen Fall eher denken, bis wir den See überflogen haben und das jenseitige Gebirge überschauen. Hier zwischen den Inseln dürfen wir uns nicht hinabwagen. Wir sind also wirklich nicht besser daran als unsere Vorgänger, und der wahre Pol bleibt wieder unbestimmt.«

»Zu verflixt«, brummte Saltner, »da sind wir vielleicht gerade am Nordpol und wissen es nicht.«

Edgar Steiger
Selbsterkenntnis

Ich bin der Pol, das heißt der Punkt,
In dem das Denken untertunkt;
Der alten Weltenesche Wipfel,
Der Erdenachse letzter Zipfel,
Mit dem der Mensch, der auf mir steht,
Sich langsam um sich selber dreht;
Ein mathematischer Begriff,
Um den seit je der Südwind pfiff,
Und drum ein Horizont gespannt,
Drin Ost und Westen unbekannt,
Und wo, wenn du dich umgeguckt,
Der Norden auf den Kopf dir spuckt;
Ein Garnichts ohne Raum und Zeit;
Ein Sprungbrett für die Ewigkeit;
Ein Erdfleck ohne Zeit und Raum,
Ein Widerspruch, ein Trug, ein Traum,
Mit ew'gem Schnee und Eis bedeckt
Und schon zum zweiten Mal entdeckt!
Wer jetzo recht hat von den beiden,
Der Cook mit seiner Fahnenstange,
Der Peary mit dem großen Maul.
Zerbrecht euch nur den Kopf noch lange!
Ich sage nichts. Ich bin zu faul.

Karl Kraus
Die Entdeckung des Nordpols

Die Entdeckung, oder wie sie auch genannt wurde, Eroberung des Nordpols fiel in das Jahr 1909. Sie war das Werk eines kühnen Amerikaners und wurde mit um so größerer Genugtuung begrüßt, als in demselben Jahre durch die Abtretung vieler Amerikanerinnen an chinesische Kellner das nationale Ansehen eine empfindliche Einbuße erlitten hatte. Aber nicht nur in Amerika, nein, in der ganzen Welt fühlte sich das kulturelle Selbstbewußtsein gehoben, man begann wieder Mut zu fassen und einer Vorsehung zu vertrauen, die durch die Entdekkung des Nordpols die zivilisierte Menschheit offenbar für die unerfreulichen Entdeckungen derselben Saison entschädigen wollte. Ein einziger Missionär der Wissenschaft, der heil von den Eskimos wiederkehrt, ist reichlicher Ersatz für ein Dutzend Forscherinnen des Glaubens, die im Chinesenviertel zurückbleiben; und man nahm es dabei nicht als Zufall, sondern als eine besondere Aufmerksamkeit des Schicksals, daß gerade das deutsche Nationalbewußtsein wieder an der Eroberung des Nordpols durch einen Mann, der früher Koch geheißen haben soll, beteiligt war, wie im andern Sinne an der Ermordung der Elsie Siegl. Man schwankte keinen Augenblick, welches von den beiden das größere Ereignis sei; hatte doch das neue vor dem andern allein schon die Annehmlichkeit voraus, daß man endlich wieder das Maul aufreißen konnte. In diesem Punkte mußte man es geradezu als Erholung empfinden. Denn als die Kunde in die Welt ging, daß die gelbe Gefahr der Geschmack der weißen Frau sei, da wurde – unseliges Farbenspiel! – der weiße Mann noch weißer, da hatte er eben noch die Geistesgegenwart, die Moral hervorzuziehen, nicht ahnend, daß gerade sie es war, die ihn so weit gebracht hatte, und nun stritten Scham und Furcht um den Vorrang, der Welt den Mund zu schließen. Es entstand jenes eisige Schweigen, in das endlich der erlösende Ruf drang: Der Nordpol ist entdeckt! Da war es, als ob das Weiß dieser Region der gefundene Hintergrund wäre, auf dem das Antlitz der weißen Kreatur wieder Farbe bekam, und die erstarrte Welt belebte sich, erwarmte, taute auf an der Erkenntnis, daß die Eskimos doch bessere Menschen sind. Man muß nur, so hieß es, ihre Sprache verstehen, ihnen etwas mitbringen oder in die Hand drücken, dann zeigen sie dem Fremden bereitwillig den Weg zum Nordpol. Von ihnen war noch etwas zu hoffen, von den Chinesen alles zu fürchten. Die geben keine Auskunft, wenn man sie nach der Entwicklung fragt, und grinsen nur, wenn ein höflicher Ausländer sich erkundigt, wer von ihnen seine Frau ermordet habe.

Im Jahre 1909 war es, daß die christliche Kultur vor dem Osten zu retirieren und sich nach dem Norden zu konzentrieren begann. Ja, man baute auf die Eskimos. Denn nicht nur als einen Ausweg aus der Verlegenheit, sondern auch als die Erfüllung eines alten Herzenswunsches empfand man die Entdeckung des Nordpols. Seit Jahrhunderten hatte der Menschheit, die immer vorwärts schritt, ein letztes Etwas zu ihrem Glücke gefehlt. Was war es nur? Wovon fieberten Tage und Träume? Was hielt eine Welt in Atem, deren Puls nach Rekorden gezählt wird? Was war das Paradigma aller Begehrlichkeit? Der Trumpf der Streberei? Die Ultima Thule der Neugier? Der Ersatz für das verlorene Paradies? Die große Wurst, nach der auf dem irdischen Jahrmarkt die Wissenschaft alle Schlittenhunde hetzte? Ach, es litt die Menschheit nicht beim Tagwerk: der Gedanke, daß da oben ein paar Quadratmeilen waren, die ein menschlicher Fuß noch nicht betreten hatte, schien unerträglich. Freudloser als der »freudlose Fleck«, den es endlich zu finden gelang, war das Leben, solange er nicht gefunden war. Es war eine Blamage, daß wir, denen die Welt gehört, uns ihr letztes Endchen vorenthalten lassen sollten. Wir schämten uns seit der Entdeckung Amerikas und hofften all die Zeit, daß Amerika sich erkenntlich zeigen werde. Es war keine Lust, in einer Welt zu leben, über die man nicht vollständig orientiert war, und mancher Selbstmord aus unbekanntem Motiv geschah vielleicht, weil es auch auf Erden noch ein unentdecktes Land gab, von des Bezirk kein Wanderer wiederkehrte. Und in der Kinderstube der Menschheit scholl der Frage: Was möchtest du werden? immer wieder die Antwort entgegen: Entdecker des Nordpols! Aber das Kind lernt die Ideale ablegen, während der Mensch die kurzen Hosen nicht austrägt. Er muß den Nordpol wirklich haben! Wenn es schon seine Lieblingsvorstellung ist, daß der Nordpol entdeckt wird, so genügt sie ihm nicht: er dringt auf Erfüllung. Doch undankbar wie der befriedigte Idealist nur sein kann, zögert er nicht, der jungfräulichen Natur die Achtung zu versagen, sobald sie seiner Werbung sich ergeben hat. Ich war enttäuscht! ruft Herr Cook, und nennt das Idol der Menschheit einen freudlosen Fleck. Denn an dem Nordpol war nichts weiter wertvoll, als daß er nicht erreicht wurde. Einmal erreicht, ist er eine Stange, an der eine Fahne flattert, also etwas, das ärmer ist als das Nichts, eine Krücke der Erfüllung und eine Schranke der Vorstellung. Die Bescheidenheit des menschlichen Geistes ist unersättlich.

Die Entdeckung des Nordpols gehört zu den Tatsachen, die sich nicht vermeiden ließen. Sie ist der Lohn, den sich die menschliche Ausdauer selbst erteilt, wenns ihr schon zu lange dauert. Die Welt brauchte einen Nordpolentdecker, und wie auf allen Gebieten sozialer Betätigung entschied auch hier weniger das Verdienst als die Konjunktur. Nie war der Moment günstiger gewählt als in den Tagen, da der Geist zur Erde strebte und die Maschine sich zu den Sternen erhob, da der entseelte Fortschritt, gefolgt von einer lustigen Witwe, zu Grabe ging. Als auf Erden nur noch jene Witze verstanden wurden, die aus dem gemeinsten Stoff geschnitzt waren, da geschah die Entdeckung des Nordpols. Sie ist ein wirksames Extempore einer abgespielten Entwicklung. Sie geschah und schlug ein. Man brauchte einen Nordpolentdecker, und er war da. Um keinen Preis der Welt hätte sich die Welt ihn ausreden lassen, sie, die die vollzogenen Tatsachen liebt und über den Zweifeln der Wissenschaft mit der Beruhigung schlafen geht: Seien wir froh, daß wir einen Nordpolentdecker haben! Eine rationalistische Kindsfrau ist es, die dem Kind den Zinnsoldaten, den es umklammert hält, mit der Motivierung zu entreißen sucht, er könne nicht marschieren. Muß man den Nordpol entdecken können, um den Nordpol zu entdecken? Aber die Zweifel der Wissenschaft gehören zu dem Kinderspiel, das sie zu stören sucht. Als Herr Cook erzählte, woher er komme, vollzog sich die Teilung der Welt in Idealisten und Skeptiker. Nie zuvor hatte es so viele Vertreter beider geistigen Richtungen gegeben. Und sie waren einander wert. Die Idealisten, das waren vor allem die Männer, die die Leitartikel zu schreiben und dafür zu sorgen haben, daß der letzte langohrige Abonnent und treue Esel unseres Blattes die Würde des Zeitgenossen zu tragen bekommt. Die Skeptiker, das waren die Männer der Wissenschaft, also die Herren von der Nordpolkonkurrenz. Denn wie auf allen Gebieten sozialer Betätigung entscheidet auch hier – mit einem Wort, die Idealisten waren die sympathischere Partei. Es war erhebend, als ihr Führer, der Redakteur vom Börsenteil, begeistert ausrief, die Entdeckung des Nordpols sei eine Angelegenheit, die jeden einzelnen angehe; als er sie einen moralischen Gewinn der Menschheit nannte und den Idealismus pries, der in dieser von materiellen Interessen beherrschten Welt doch noch stecke. Leider besann er sich aber und begann, sich um das allerletzte noch ungelöste Problem eines arrivierten Zeitalters zu bemühen, das da lautet: Wem gehört der Nordpol? Der Generalstaatsanwalt von Washington nämlich hatte in dieser Situation sofort getan, was Staatsanwälte immer und schon mit einer Reflexbewegung zu tun pflegen: er hatte den Nordpol beschlagnahmt. Der Idealist vom Börsenteil aber meinte, das gelte nicht, sondern die Okkupation müsse »effektiv« sein, und fing an, von der Zeit zu träumen, wo erst der Zinsfuß die Region des ewigen Eises betreten wird. Die Skeptiker waren aber auch nicht faul und verlegten sich darauf, das Vorleben des Herrn Cook zu erforschen, da sie einsahen, daß zu den größten menschlichen Schwierigkeiten nebst der Erreichung des Nordpols der Beweis des Gegenteils gehört. Denn jenes Geschäft, das den höchsten Kredit beansprucht und ihn am leichtesten erhält, ist das des Nordpolfahrers, und auf keinem Gebiet hat die Wissenschaft so sehr mit populären Strömungen und günstigen Winden zu rechnen wie auf diesem. Es gibt Zeiten, wo die Angabe, den Nordpol erreicht zu haben, eine Genietat ist, neben der die Erreichung des Nordpols nur noch als Fleißaufgabe in Betracht kommt, und wo die Behauptung, man sei aus Christiania eingetroffen, Skeptiker findet, und die Versicherung, man komme vom Nordpol, Idealisten. Da ist es denn auch vergebene Mühe, im arktischen Vorleben eines Menschen eine dubiose Besteigung des Mount Mac Kinley zu entdecken, und kein noch so gegründeter Zweifel wäre so bald imstande, der Welt den Nordpolfinder zu entreißen, den sie einmal hat.

Erst wenn ihrer zwei sind, wird die Dummheit mißtrauisch. Das ist der Anfang der Politik. Die Grenze, die die Idealisten von den Skeptikern trennt, verwischt sich, und es bilden sich dafür zwei zielbewußte Parteien, von denen die eine auf Cook, die andere auf Peary schwört, nein, wettet, und vom erledigten Problem des Nordpols beginnt sich der menschliche Geist in die Höhe des welthistorischen Turfskandals zu erheben. Die Duplizität der Ereignisse ist eine wohltätige Einrichtung, die dem Fassungsvermögen der Gehirne entgegenkommt, indem sie ihnen Zeit läßt, selbst noch das Ah des Erstaunens zu buchstabieren. Doppelt hält besser, meinte das gutgelaunte Schicksal, als es mit dem Helden bei der Festtafel anstieß und ihm zu verstehen gab, daß er da oben ein Rendezvous versäumt habe. Entgeistert stand Herr Cook. Entgeistert stand die Zeitgenossenschaft vor einer Kühnheit, die dem Gedanken des unlautern Wettbewerbs bis in die Region des ewigen Eises Bahn gebrochen hat, dort wo der Mensch auf die Vorräte eines andern angewiesen ist und die Benützung fremder Eskimos und Hunde anfängt. Aber allmählich gewann Überlegung die Oberhand und das Volk entschloß sich, die Lorbeern so zu verteilen, daß es einem der beiden Männer unbedingt die Priorität des Nordpolerfinders zuerkannte.

Hätte Pearys Leistung noch auf den Jubel rechnen können, den Cooks Behauptung eingeheimst hatte? Konnte sich ein schlichter Nordpolentdecker neben einem Manne sehen lassen, der das Bedürfnis der Welt nach einem Nordpolentdecker entdeckt hat? Die Ehren, die man für jenen noch übrig hatte, waren Lampions neben den Flammen der Begeisterung, die ein aktuelles Wort entzündet hatte. So setzt die Welt das Verdienst, den Nordpol erreicht zu haben, auf das verdiente Maß herab. Man hatte sich ja für die Sache begeistert, nicht für die Person. Ob sich da einer zu Unrecht einer Gunst rühmte, die der andere genoß, ob Herr Cook den Sieg davontrug, den Herr Peary errungen hatte, – der gute Ruf des Nordpols war dahin. Das Ideal war erledigt, und alles Interesse gehörte jetzt dem wissenschaftlichen Raufhandel. Cook war unehrlich genug, dem andern Prosit! und Peary ehrlich genug, dem andern Pfui Teufel! zuzurufen. Cook war so loyal, jede Nordpolentdeckung nach der eigenen zu glauben. Er hatte längst das Seine getan, den wissenschaftlichen Beweis zu erbringen.

Denn er hatte sich nicht damit begnügt, zu versichern, daß er kein Schwindler sei, und die Bitte hinzuzufügen, daß man ihm dies glauben möge, weil man ihm dann auch die Entdeckung des Nordpols glauben würde. Er hatte sich nicht damit begnügt, Proben einer feuilletonistischen Begabung zu erbringen, die auch den nüchternsten Zeitungsleser davon überzeugen mußte, daß er wirklich den »Gipfelpunkt der Erde« erklommen habe. Nein, er hatte ein übriges getan und die Skeptiker geradezu aufgefordert, selbst nach dem Nordpol zu gehen! Auf eine solche Antwort waren sie nicht gefaßt und horchten auf. Am Nordpol, sagt er, könne man eine amerikanische Flagge finden, und unter ihr vergraben, sagt er, eine Metallröhre, in der er eine Urkunde über seine Expedition deponiert habe, sagt er. Da wagte sich nur noch die schüchterne Frage hervor, ob denn das Eis auf dem Nordpol nicht treibe. Dies sei natürlich der Fall, aber er habe ja alles bereits zur Genüge gesagt, sagt er. Was das Eis auf dem Nordpol treibe, das, wollte er offenbar sagen, gehe ihn nichts an, und da hätte er wahrlich recht gehabt. Auf diese Erklärung hin schrie das Volk Hurra!, selbst Frau Cook zweifelte nicht mehr, sondern rief: »Ich wußte, daß es ihm gelingen würde; er war so fest davon überzeugt, als er abfuhr, ich wußte, es konnte ihm nicht mißlingen!«, und ein Varietédirektor bot dem Forscher für zehn Wochen 16000 Mark. Da aber ein amerikanischer Verleger für eine Depesche das Doppelte bot, so meinte Herr Georg Brandes, Cook wäre ein Narr, wenn er zum Varieté ginge. Von dieser Seite hatten die Idealisten den Nordpol noch nicht betrachtet, und schon begann das liberale Weltblatt, das der Fachmann von der

Börse leitet, sich für die Familienverhältnisse des Entdekkers zu interessieren. Frau Cook, hieß es, habe mit ihm seinen Ehrgeiz und ihren Reichtum geteilt. Eine andere Meldung entrollte ein düsteres Familienbild. Die Frau hatte »während der Abwesenheit des Mannes mit materiellen Schwierigkeiten zu kämpfen und mußte Wertgegenstände und Kunstobjekte verkaufen, um sich und ihre Kinder zu ernähren«, während der Hallodri den Nordpol entdecken ging. Nun erreichte ihn sein Schicksal. Frau Peary, so hieß es, habe ihm die Fähigkeit wissenschaftlicher Messungen abgesprochen, und wenn nicht im letzten Moment Frau Rasmussen für ihn Partei ergriffen hätte, die Nachbarinnen der arktischen Zone hätten ihm die Nordpolentdeckung nicht geglaubt. Überhaupt kamen da nette Dinge zur Sprache. Von Peary hieß es, er habe »die Geschmacklosigkeit begangen, zu viele Begleiter zuzulassen«, und er sei nur deshalb nicht als erster hinaufgelangt, »weil er seine Frau und eine Hebamme zum Nordpol mitnahm«. Als dann das Kind kam, fehlte es freilich an der Amme. Cook war auch hierin gewitzter. Er brauchte keine Amme, er wußte, daß man ihm die Erzählungen vom Nordpol auch so glauben werde, und fand richtig einen Verleger, der ihm anderthalb Millionen Mark dafür bot. In der Fülle gewinnender Züge, die uns an dem Familienleben zweier Polarforscher teilnehmen ließen, darf aber die Ansprache nicht vergessen werden, die die Frau Peary vom Balkon ihrer Villa an die Kurgäste eines Seebades hielt und in der sie die Absicht kundgab, ihren Mann »fortan für sich allein zu behalten«. Damit schien wenigstens die Frage, wem der Nordpolentdecker gehört, für alle Zeiten entschieden. Doch wie hart klingt auf so rührendes Bekenntnis aus einem Frauenmund die Rede, die ein Kontre-Admiral plötzlich vernehmen ließ: Peary sei »der größte Schwindler, den Amerika je hervorgebracht habe«. Also auch hier wieder zwei, die um die Palme ringen? Wer hat zuerst den Nordpol nicht entdeckt? Man fängt ernstlich an, sich nicht mehr auszukennen, und hofft täglich von der Wissenschaft das entscheidende Wort zu hören. Denn die Wissenschaft liest genau, was in den Zeitungen steht und achtet auf alle Widersprüche, um sie sich anzueignen. Sie gibt Gutachten ab, sobald ihr ein erfundenes oder entstelltes Telegramm unter die Nase gehalten wird, sie fühlt sich vor dem Reporter verantwortlich, und sie weiß, daß sie wirklich nicht den Nordpol erreicht haben muß, um zu Ehren zu kommen, sondern bloß die unwirtliche Gegend einer Nachtredaktion. Und nur einem glücklichen Zufall hat es die Welt zu verdanken, daß von der Wissenschaft die Meldung nicht approbiert wurde, Herrn Cook sei es gelungen, »eine von Wilden reich bevölkerte Gegend zu entdecken«. Diese Meldung stand nämlich in einem von der Wissenschaft weniger gelesenen Blatte, während in dem führenden Organ der Wissenschaft die richtige Fassung zu lesen war, daß die Expedition »ein wildreiches Gebiet entdeckt« habe. Und das muß wahr sein, denn das hat schon Jules Verne behauptet. Trotzdem kann sich auch die Wissenschaft bei einer so schwierigen Materie, wie es der Nordpol ist, und angesichts des Umstandes, daß er vor den Herren Peary und Cook bestimmt noch nicht entdeckt war, nur darauf einlassen, Kredit abwechselnd zu geben oder zu nehmen. Unbeirrt steht sie auf dem Standpunkt, sie sei nicht geneigt, sich mit zwei Eskimos und einer Fahne aufs Treibeis führen zu lassen. Denn noch unverläßlicher als die Fahne seien die Eskimos. Cook hatte sich auf die Herren Itukisut und Avila als Tatzeugen für die Entdeckung des Nordpols berufen, und sie sollten wie die leibhaftigen Schächer sein Martyrium umrahmen, als die Frage laut wurde: Was ist Wahrheit? Dem Einwand Pearys, daß die Eskimos bekanntlich lügen, hatte er heftig gewehrt. Als nun Peary depeschierte, die beiden Begleiter Cooks hätten ihm gesagt, daß er keine nennenswerte Entfernung in nördlicher Richtung zurückgelegt habe, da blieb Herrn Cook nichts übrig, als sich auf das Axiom zu berufen, daß die Eskimos lügen, nachdem es Herr Peary bereits für ein Vorurteil erklärt hatte, und wieder standen wir vor der Frage: Was ist Wahrheit? Denn das ist das spezifische Geheimnis dieses Geheimnisses, daß die Mitternachtssonne nicht jene ist, die es an den Tag bringt. Sie scheint überhaupt nicht so sehr der Wahrheit förderlich wie der Grobheit. Während nämlich Cook noch vorgab, er sei stolz auf Peary, riet diesem schon ein anderer Arktiker, er solle das Maul halten. Ob aber Herr Cook ein Proviantdieb oder Herr Peary ein Koffereinbrecher sei, darüber ließ man die gelernten Geographen sich die Köpfe zerbrechen, und das Bezirksgericht sollte entscheiden, wer den Nordpol entdeckt habe. Mochten diese Instanzen zusehn, wie sie zwischen Ehrendoktorat und Ehrenbeleidigung die Wahrheit fänden. Die Idealisten verhielten sich zu dieser Seite des Nordpols ablehnend. Die ganze Affäre, deren tägliche Neuheiten die satirischen Erwartungen des Vortags pünktlich erfüllten, versprach keine Überraschungen mehr. Man hatte den

Nordpol satt bekommen. Und nie zuvor war ein Sturz aus allen Himmeln so jäh und schmerzhaft erfolgt. Man war zu einem Fest der Menschheit geladen, und es verlief zum Familienkrakeel, bei dem die Heroen einander die Ideale an den Kopf warfen. Eine Kirchweih hatte mit einer Prügelei der Heiligen geendet. Das Volk stob auseinander, der Nordpol war eine so kompromittierte Sache, daß niemand mehr mit ihm zu tun haben wollte, nicht einmal der Präsident der Vereinigten Staaten, und vielfach begann sich bereits die Aufmerksamkeit dem Südpol zuzuwenden … Die Wissenschaft wird einen letzten Versuch machen und ihre Schiedsrichter entsenden. Sie werden hoffentlich feststellen, daß es einen Nordpol wirklich gibt, weil sie ihn vom Hörensagen kennen, und er wird froh sein, wenn er mit heiler Haut aus dieser Affäre herauskommt, dieser selbstzufriedene Punkt, »von dem aus überall Süden ist« und überall Gemeinheit, ein freudloser Fleck, seitdem er mit menschlichen Dingen in Berührung kam.

Denn es steht geschrieben, daß die Welt größer wird mit jedem Tag. Ist sie im Innern so befriedigt, daß sie auf Eroberungen ausgehen kann? Oder führt sie nicht eben der innere Feind, die Dummheit, auf diesen Pfad? Die Presse, der Kropf der Welt, schwillt von Eroberungslust, platzt vor Errungenschaften, die jeder Tag bringt. Eine Woche hat Raum für die kühnste Klimax menschlichen Expansionsdranges: von der Eroberung Niederösterreichs durch die Tschechen über die Eroberung der Luft zu der Eroberung des Nordpols. Kombinationen sind nicht ausgeschlossen, und wenn nicht Herr Cook das Wort gehabt hätte, so wäre der Nordpol sicher vom Zeppelin durch die kaum eroberte Luft erobert worden. Die allgemeine Bereitschaft zum Maulaufreißen findet ein noch nicht dagewesenes Entgegenkommen bei den Ereignissen, und mit der Dimension der Bewunderung wächst die Dimension der Tatsachen, bis im Wettlauf den Gaffern wie dem Schicksal der Atem ausgeht. Und ein Hinauflizitieren aller Werte und Bedeutungen hebt an, von dem sich jene keine Vorstellung machen könnten, die einst wert und bedeutend waren. Der größte Mann des Jahrhunderts ist der Titel einer Stunde, die nächste schon verleiht ihn einem andern. Es ist erreicht!, kaum noch die Devise einer ad astra weisenden Schnurrbartfasson, ist gleich wieder der Gruß, der kühneren, wenn auch nicht weniger bestrittenen Erfindungen entboten wird. Der Fortschritt, der den Kopf unten und die Beine oben hat, strampelt im Äther und versichert allen kriechenden Geistern, daß er die Natur beherrsche. Er belästigt sie und sagt, er habe sie erobert. Er hat Moral und Maschine erfunden, um der Natur und dem Menschen die Natur auszutreiben, und fühlt sich geborgen in einem Bau der Welt, den Hysterie und Komfort zusammenhalten. Der Fortschritt feiert Pyrrhussiege über die Natur. Der Fortschritt macht Portemonnaies aus Menschenhaut. Als der Mensch mit der Postkutsche reiste, kam die Welt besser fort, als da der Kommis durch die Luft fliegt. Was nützt das Tempo, wenn unterwegs das Gehirn ausgeronnen ist? Wie wird man den Erben dieser Zeit die primitivsten Handgriffe beibringen, die notwendig sind, um die kompliziertesten Maschinen in Gang zu setzen? Die Natur kann sich auf den Fortschritt verlassen: er rächt sie schon für die Schmach, die er ihr angetan hat. Sie aber will nicht warten und zeigt, daß sie Vulkane hat, um sich von lästigen Eroberern zu befreien. Ihre Weiber verkuppelt sie mit den Todfeinden der Zivilisation, zündet mit der Moral die Wollust an und schürt sie mit der Rassenfurcht zum Weltbrand. Man tröstet sich und erobert den Nordpol. Aber die Natur klopft ihnen an die Tore der Erde und rüttelt an ihrer angemaßten Hausherrlichkeit. Man tröstet sich und erobert die Luft. Gegen Glatteis hat man noch keine andere Hilfe als das »Aufstreuen«, und wenns regnet, bleibt vorläufig nichts übrig, als den Regenschirm aufzuspannen. Aber sonst hat man es gelernt, der Natur auf die kunstvollste Art zu imponieren. Die Natur liest keinen Leitartikel und weiß darum noch nicht, daß man gerade jetzt damit beschäftigt ist, »die Welt der elementaren Gewalten in ein Vernunftreich zu verwandeln«. Könnte sie hören, daß die Meldung vom erreichten Nordpol bei allen Laufburschen der Erde »das Gefühl der Überlegenheit über die Natur gesteigert« hat, sie hielte sich den Bauch vor Lachen, und Städte und Staaten und Warenhäuser würden dann ein wenig in Unordnung geraten. Sie zuckt ohnedies schon öfter, als es der Überlegenheit ihrer Bewohner zuträglich ist. Binnen ein paar Wochen haben die elementaren Gewalten in einer so deutlichen Weise ihre Bereitwilligkeit bekundet, in ein Vernunftreich einzulenken, daß es auch das große Publikum verstehen muß. Indem sie durch Erdbeben, Springfluten, Taifune, sintflutartige Regen Hunderttausende von Menschen und Millionenhunderte von Vermögen in Amerika, Asien und Australien vernichteten, und nur in Europa den Redakteuren die Hoffnung ließen, daß »der Wille des Menschen« schon demnächst »alle Hebel der Natur bewegen« werde. Jedem Parasiten der Zeit ist der Stolz geblieben, ein Zeitgenosse zu sein. Man führt die Rubrik »Eroberung der Luft« und muß die Nachbarschaft »Erdbeben« nicht beachten, und in dem Jahre von Messina und des täglichen Nachgrollens der Erde bewies der Mensch seine Überlegenheit über die Natur und flog nach Berlin. 1909 opferten die Idealisten den ungnädigen Elementen Makkaroni und schafften für die verlorenen Ideale Ersatz am Nordpol. Denn es ist die Sache des Idealismus, sich für den Verlust des Alten damit zu trösten, daß man etwas Neues angaffen kann, und wenn die Welt untergeht, so triumphiert das Überlegenheitsgefühl des Menschen in der Erwartung eines Schauspiels, zu dem nur die Zeitgenossen Zutritt haben.

Die Entdeckung des Nordpols war unabwendbar. Sie ist ein Schein, den alle Augen sehen, und vor allen anderen jene, die blind sind. Sie ist ein Ton, den alle Ohren hören, und vor allen anderen jene, die taub sind. Sie ist eine Idee, die alle Gehirne fassen, und vor allen anderen jene, die nichts mehr fassen können. Der Nordpol mußte einmal entdeckt werden. Denn jahrhundertelang war durch Nacht und Nebel der menschliche Geist gedrungen, in hoffnungslosem Ringen mit den mörderischen Naturgewalten der Dummheit. Den Weg bezeichnen die Blutspuren jener Ungezählten, die für die geistige Tat den Kampf gegen eine erstarrte Menschheit immer wieder gewagt hatten. Wie viele Pioniere des Gedankens waren verhungert und wurden ein Fraß jener wahren Bestien des Eismeers, deren bloßes Dasein die Sperre der geistigen Zone bedeutet! Nicht einen Fußbreit hat Phantasie dem Reich jenes weißen Todes abgewonnen, dort, wo selbst die Hoffnung versank, die Welt der menschlichen Gewalten in ein Vernunftreich zu verwandeln. Man hat so lange den Walrossen Gedichte vorgelesen, bis sie schließlich die Entdeckung des Nordpols mit verständnisvollem Kopfnicken begleiteten. Denn die Dummheit war es, die den Nordpol erreicht hatte, und sieghaft flatterte ihr Banner als Zeichen, daß ihr die Welt gehört. Die Eisfelder des Geistes aber begannen zu wachsen und rückten immer weiter und dehnten sich, bis sie die ganze Erde bedeckten. Wir starben, die wir dachten.

Georg Heym
Die Südpolfahrer

Nachmittags um drei Uhr standen sie endlich oben auf dem Eisberg und sahen rings um sich den riesigen Horizont. Unendliche meilenweite weiße Ebenen, voll von blauen Lichtern, ein unendliches Glanzmeer der Sonne, die hoch in dem stählernen Blau des antarktischen Äthers stand.

Die drei Wanderer nahmen den großen Sextanten von dem Schlitten. Godefroy setzte sich auf die Kufen und berechnete Länge und Breite. Die andern beiden sahen voraus, in die unendliche Stille, in die maßlose klare Einsamkeit der ebenen Eisfelder. Und ihnen beiden kam wieder der einzige Gedanke, den sie in jeder Stunde hundertmal dachten: Hier hat noch niemand gestanden, diese Stille hat noch niemand zerrissen. Hier, viele, viele Meilen in den antarktischen Kontinent hinein, hier, wo kein Pinguin, keine Möwe mehr sich verirrten. Ihre Fährte sahen sie hinter sich, die breiten Schlittenspuren, die sich in den zerrissenen Abhängen der vereisten Berge verloren. Bis hierher war der Mensch gekommen, [gejagt] von seinem Idol, und unter entsetzlichen Leiden, unter Entbehrungen, Frost-Wunden, wie ein Blinder, der einem irrsinnigen Führer nachtappt.

Viele Monate, viele Tagereisen, hinter einem ewigen Einerlei eintöniger Wanderungen, hinten weit, wo am Nordhimmel die Sonne stand, dahinten lag das Meer, das blaue freundliche, göttliche Meer. Evans ›schlossen sich‹ die Augen, er wiegte sich in den Hüften, als schaukelte er wie ein Boot auf den Wellen, dahinten, wo das feste Eis in Schollen zerrann, dahinten wo das Schiff auf der freien Reede lag, geliebkost von einem südlichen Winde. Er beobachtete sich. Er fühlte, wie das Heimweh wieder begann, ihn zu verbrennen, wie es sein Herz auswürgte. Das Heimweh, er gab sich ihm willenlos hin, und er ließ die Qualen über sich hinlaufen. Plötzlich dachte er an das – und er lächelte dabei, was er früher einmal, vor einer langen Zeit, hinter dem Wall dieser Strapazen, Liebe genannt hatte. Was waren die Qualen der Eifersucht, was war der besinnungslose Schmerz verratener Liebe, was war die schlimmste Verlassenheit eines einsamen Krankenbettes, was war das alles gegen das Heimweh, das ihn rückwärts riß, ihm den Hals umdrehte, rückwärts, rückwärts, fortlaufen, Tage und Nächte lang laufen, immer weiter durch die antarktische Herbstnacht, ach, an das Schiff kommen. Nach Hause kommen, in seinem Garten sein, abends, ein Mädchen neben sich auf der Gartenbank, in einem warmen Maiabend. Teufel, was erschlug er diese elenden Gesellen nicht, warum erstach er sie nicht in ihren Schlafsäcken, diese zwei Lumpen, diese zwei Elenden, diese wahnsinnigen Dogmatiker, diese Blutlosen, diese Tiere. Ach wie sie da saßen. Der eine rechnete auf seinem Papier, das sich mit Strichen, Kreuzen und Zahlen bedeckte. Wenn es nach ihm ginge, würden sie ewig durch diese entsetzliche Wildnis wandern, bis sie eines Tages verdorrt waren, versteinert von Berechnungen. Eines Tages würden sie am Pol stehen, dürr wie Stöcke, lebendige Abstraktionen. Ach zum Teufel, zum Teufel, zum Teufel. War das die Glückseligkeit der Einsamkeit, war das das Gefühl des

Ruhmes. Wo war das alles? Das war alles erstickt von dem Heimweh, das wie ein schrecklicher Krebs an seinem Herzen fraß, eine ewige eiternde Wunde. Ja, du kannst gut stecken, dachte er. Teufel, könnte ich noch weinen. Und er spielte zum tausendsten Mal mit dem Gedanken, seine Gefährten zu ermorden. Wer hätte ihm etwas anhaben können, wer hätte ihm etwas beweisen können. Heute nacht werde ich sie erstechen. Dann mögen sie im Eise frieren, bis zum jüngsten Tage. Ich werde fortlaufen, ich werde den Schlitten schon leicht machen. Und er setzte sich auf einen ›Eisblock‹ und verkroch sich in seine Verzweiflung.

Der Japaner sah voraus in die eiserne Wand des Horizontes, er sah über den fernen Pol fort, wieder über Eisfelder, über das Meer hinein nach Tokio, hinein in die bunten Gassen, er hörte das Singen des Festes der Kirschblüten, o, wie das Land weiß war, wie die kleinen Häuser alle weiß waren von Blumen. Jetzt wird er in ein Teehaus treten, wo die Mädchen im Kreise vor kleinen Teetassen sitzen, er wird die bunte Papierwand zurückschieben, und hinter der großen Porzellanvase wird er seine kleine Mi-Ko finden, dort auf den Seegrasmatten, auf dem Teppich der silbernen Kraniche. Sie wird ihn ›an‹ziehen, dann wird sie ihren Kimono öffnen, und er wird sie umarmen. Dort hinten ist Japan, dort hinten schlafen die ewig glücklichen Inseln. Warum erstach er nicht diese weißen Schweine, diese Wahnsinnigen. »Ich komme schon an das Meer«, flüsterte er, »ich bin ein Japaner.«

Godefroy rief sie zu sich. »Wir sind jetzt auf 88° 44′ 12 Bogensekunden«, sagte er, und ließ sie in seine Karte schauen. »Hier stehen wir«, und er machte einen schwarzen Punkt auf die Karte. »Nach dem Durchschnitt unserer Tagemärsche brauchen wir noch ungefähr vier Wochen, um an den Pol zu kommen«, seine Stimme wurde leiser, »und ihr wißt, daß der Proviant dafür nicht reicht, kaum selbst wenn wir unsere Rationen noch weiter verkürzen. Wollen wir umkehren? Wollen wir umkehren.« – Umkehren, umkehren, nach Hause kommen – Evans und der Japaner, beide warteten, daß einer den Anfang machte. Endlich sagte Evans: »Ich gehe weiter. Zum Teufel, ich gehe weiter.« Der Japaner sagte nichts, aber er sah voraus, dem furchtbaren Süden entgegen. Und als ihn Godefroy noch einmal fragte, schüttelte er nur den Kopf.

Und sie zwängten sich schnell die Gurte des Schlittens über die Schultern und sie begannen stumm, und verzweifelt, den mühseligen Abstieg dem unbetretenen Süden zu.

Sie sprachen nichts mehr, sie zogen stumpf an dem Schlitten, und sie setzten einen Fuß vor den andern, immer weiter fort, immer tiefer, über schwankende Eisspalten fort, vorbei an riesigen blauen Schlünden, die sich wie Cañons mit einem Ruck an ihren Seiten auftaten.

Aber ferne von ihnen, am weißlichen Himmel tanzte ein kleiner schwarzer Punkt nicht größer wie ein Nadelkopf, das war der Pol. Das war das Geheimnis.

Stefan Zweig
Der Kampf um den Südpol

Kapitän Scott, 90. Breitengrad
16. Januar 1912

Der Kampf um die Erde

Das zwanzigste Jahrhundert blickt nieder auf geheimnislose Welt. Alle Länder sind erforscht, die fernsten Meere zerpflügt. Landschaften, die vor einem Menschenalter noch selig frei im Namenlosen dämmerten, dienen schon knechtisch Europas Bedarf, bis zu den Quellen des Nils, den langgesuchten, streben die Dampfer; die Viktoriafälle, erst vor einem halben Jahrhundert vom ersten Europäer erschaut, mahlen gehorsam elektrische Kraft, die letzte Wildnis, die Wälder des Amazonenstromes, ist gelichtet, der Gürtel des einzig jungfräulichen Landes, Tibets, gesprengt. Das Wort »Terra incognita« der alten Landkarten und Weltkugeln ist von wissenden Händen überzeichnet, der Mensch des zwanzigsten Jahrhunderts kennt seinen Lebensstern. Schon sucht sich der forschende Wille neuen Weg, hinab zur phantastischen Fauna der Tiefsee muß er steigen oder empor in die unendliche Luft. Denn unbetretene Bahn ist nur noch im Himmel zu finden, und schon schießen im Wettlauf die stählernen Schwalben der Aeroplane empor, neue Höhen und neue Fernen zu erreichen, seit die Erde der irdischen Neugier brach ward und geheimnislos.

Aber ein letztes Rätsel hat ihre Scham noch vor dem Menschenblick bis in unser Jahrhundert geborgen, zwei winzige Stellen ihres zerfleischten und gemarterten Körpers gerettet vor der Gier ihrer eigenen Geschöpfe. Südpol und Nordpol, das Rückgrat ihres Leibes, diese beiden fast wesenlosen, unsinnlichen Punkte, um die ihre Achse seit Jahrtausenden schwingt, sie hat die Erde sich rein gehütet und unentweiht. Barren von Eis hat sie vor dieses letzte Geheimnis geschoben, einen ewigen Winter als Wächter den Gierigen entgegengestellt. Frost und Sturm halten herrisch den Zugang ummauert, Grauen und Gefahr scheuchen mit Todesdrohung den Kühnen. Flüchtig nur darf selbst die Sonne diese verschlossene Sphäre schauen, und niemals ein Menschenblick.

Seit Jahrzehnten folgen einander die Expeditionen. Keine erreicht das Ziel. Irgendwo, erst jetzt entdeckt, ruht im gläsernen Sarge des Eises, dreiunddreißig Jahre, die Leiche des kühnsten der Kühnen, Andrees, der im Ballon den Pol überfliegen wollte und niemals wiederkam. Jeder Ansturm zerschellte an den blanken Wällen des Frostes. Seit Jahrtausenden bis in unsern Tag verhüllt hier die Erde ihr Antlitz, zum letztenmal siegreich gegen die Leidenschaft ihrer Geschöpfe. Jungfräulich und rein trotzt ihre Scham der Neugier der Welt.

Aber das junge zwanzigste Jahrhundert reckt ungeduldig seine Hände. Es hat neue Waffen geschmiedet in Laboratorien, neue Panzer gefunden gegen die Gefahr, und alle Widerstände mehren nur seine Gier. Es will alle Wahrheit wissen, sein erstes Jahrzehnt schon will erobern, was alle Jahrtausende vor ihm nicht zu erreichen vermochten. Dem Mut des einzelnen gesellt sich die Rivalität der Nationen. Nicht um den Pol allein kämpfen sie mehr, auch um die Flagge, die zuerst über dem Neuland wehen soll: ein Kreuzzug der Rassen und Völker hebt an um die durch Sehnsucht geheiligte Stätte. Von allen Erdteilen erneut sich der Ansturm. Ungeduldig harrt schon die Menschheit, sie weiß, es gilt das letzte Geheimnis unseres Lebensraumes. Von Amerika rüsten Peary und Cook gegen den Nordpol, nach Süden steuern zwei Schiffe: das eine befehligt der Norweger Amundsen, das andere ein Engländer, der Kapitän Scott.

Scott

Scott: irgendein Kapitän der englischen Marine. Irgendeiner. Seine Biographie identisch mit der Rangliste. Er hat gedient zur Zufriedenheit seiner Vorgesetzten, hat später an Shackletons Expedition teilgenommen. Keine sonderliche Conduite deutet den Helden an, den Heros. Sein Gesicht rückgespiegelt von der Photographie, das von tausend Engländern, von zehntausend, kalt, energisch, ohne Muskelspiel, gleichsam hartgefroren von verinnerlichter Energie. Stahlgrau die Augen, starr geschlossen der Mund. Nirgends eine romantische Linie, nirgends ein Glanz von Heiterkeit in diesem Antlitz aus Willen und praktischem Weltsinn. Seine Schrift: irgendeine englische Schrift, ohne Schatten und Schnörkel, rasch und sicher. Sein Stil: klar und korrekt, packend in den Tatsächlichkeiten und doch phantasielos wie ein Rapport. Scott schreibt Englisch wie Tacitus Latein, gleichsam in unbehauenen Quadern. Man spürt einen völlig traumlosen Menschen, einen Fanatiker der Sachlichkeit, einen echten Menschen also der englischen Rasse, bei der selbst Genialität sich in die kristallene Form der gesteigerten Pflichterfüllung preßt. Dieser Scott war schon hundertmal in der englischen Geschichte, er hat Indien erobert und namenlose Inseln im Archipel, er hat Afrika kolonisiert und die Schlachten gegen die Welt geschlagen, immer mit der gleichen ehernen Energie, dem gleichen kollektiven Bewußtsein und dem gleichen kalten, verhaltenen Gesicht.

Stahlhart aber dieser Wille; das spürt man schon vor der Tat. Scott will vollenden, was Shackleton begonnen. Er rüstet eine Expedition, aber die Mittel reichen nicht aus. Das hindert ihn nicht. Er opfert sein Vermögen und macht Schulden in der Sicherheit des Gelingens. Seine junge Frau schenkt ihm einen Sohn – er zögert nicht, ein anderer Hektor, Andromache zu verlassen. Freunde und Gefährten sind bald gefunden, nichts Irdisches kann den Willen mehr beugen. »Terra Nova« heißt das seltsame Schiff, das sie bis an den Rand des Eismeeres bringen soll. Seltsam, weil so zwiefach in seiner Ausrüstung, halb Arche Noah, voll lebenden Getiers, und dann wieder modernes Laboratorium mit tausend Instrumenten und Büchern. Denn alles muß mitgebracht werden, was der Mensch für die Notdurft des Körpers und Geistes bedarf, in diese leere, unbewohnte Welt, sonderbar gattet sich hier das primitive Wehrzeug des Urmenschen, Felle und Pelze, lebendiges Getier, dem letzten Raffinement des neuzeitlich komplizierten Rüstzeuges. Und phantastisch wie dies Schiff auch das Doppelantlitz der ganzen Unternehmung: ein Abenteuer, aber doch eins, das kalkuliert ist wie ein Geschäft, eine Verwegenheit mit allen Künsten der Vorsicht – eine Unendlichkeit von genauer, einzelner Berechnung gegen die noch stärkere Unendlichkeit des Zufalls.

Am 1. Juni 1910 verlassen sie England. In diesen Tagen leuchtet das angelsächsische Inselreich. Saftig und grün blühen die Wiesen, warm und glänzend liegt die Sonne über der nebellosen Welt. Erschüttert fühlen sie die Küste fortschwinden, wissen sie doch alle, alle, daß sie Wärme und Sonne Abschied sagen auf Jahre, manche vielleicht für immer. Aber dem Schiff zu Haupte weht die englische Flagge, und sie trösten sich in dem Gedanken, daß ein Weltzeichen mitwandert zum einzig noch herrenlosen Strich der eroberten Erde.

Universitas antarctica

Im Januar landen sie nach kurzer Rast in Neuseeland bei Kap Evans, am Rande des ewigen Eises, und rüsten ein Haus zum Überwintern. Dezember und Januar heißen dort die Sommermonate, weil einzig im Jahre dort die Sonne ein paar Stunden des Tages auf dem weißen, metallenen Himmel glänzt. Aus Holz sind die Wände gezimmert, ganz wie bei den früheren Expeditionen, aber innen spürt man den Fortschritt der Zeit.

Während ihre Vorgänger damals noch mit stinkenden, schwelenden Tranlampen im Halbdunkel saßen, müde ihres eigenen Gesichts, ermattet von der Eintönigkeit der sonnenlosen Tage, haben diese Menschen des zwanzigsten Jahrhunderts die ganze Welt, die ganze Wissenschaft in Abbreviatur zwischen ihren vier Wänden. Eine Azetylenlampe spendet heißwarmes Licht, Kinematographen zaubern ihnen Bilder der Ferne, Projektionen tropischer Szenen aus linderen Landschaften vor, ein Pianola vermittelt Musik, das Grammophon die menschliche Stimme, die Bibliothek das Wissen ihrer Zeit. In einem Raum hämmert die Schreibmaschine, der zweite dient als Dunkelkammer, in der kinematographische und farbige Aufnahmen entwickelt werden. Der Geologe prüft das Gestein auf seine Radioaktivität, der Zoologe entdeckt neue Parasiten bei den gefangenen Pinguinen, meteorologische Observationen wechseln mit physikalischen Experimenten; jedem einzelnen ist Arbeit zugeteilt für die Monate der Dunkelheit, und ein kluges System verwandelt die isolierte Forschung in gemeinsame Belehrung. Denn diese dreißig Menschen halten sich allabendlich Vorträge, Universitätskurse in Packeis und arktischem Frost, jeder sucht seine Wissenschaft dem andern zu vermitteln, und im regen Austausch des Gesprächs rundet sich ihnen die Anschauung der Welt. Die Spezialisierung der Forschung gibt hier ihren Hochmut auf und sucht Verständigung in der Gemeinsamkeit. Inmitten einer elementaren Urwelt, ganz einsam im Zeitlosen tauschen da dreißig Menschen die letzten Resultate des zwanzigsten Jahrhunderts miteinander, und hier innen spürt man nicht nur die Stunde, sondern die Sekunde der Weltuhr. Es ist rührend zu lesen, wie diese ernsten Menschen dazwischen sich freuen können an ihrer Christbaumfeier, an den kleinen Späßen der »South Polar Times«, der Scherzzeitung, die sie herausgeben, wie das Kleine – ein Wal, der auftaucht, ein Pony, das stürzt – zum Erlebnis wird und anderseits das Ungeheure – das glühende Nordlicht, der entsetzliche Frost, die gigantische Einsamkeit – zum Alltäglichen und Gewohnten.

Dazwischen wagen sie kleine Vorstöße. Sie proben ihre Automobilschlitten, sie lernen Skilaufen und dressieren die Hunde. Sie rüsten ein Depot für die große Reise, aber langsam, ganz langsam blättert nur der Kalender ab bis zum Sommer (dem Dezember), der ihnen das Schiff durch das Packeis bringt mit Briefen von zu Hause. Kleine Gruppen wagen auch jetzt schon, inmitten des grimmigsten Winters, abhärtende Tagesreisen, die Zelte werden erprobt, die Erfahrung befestigt. Nicht alles gelingt, aber gerade die Schwierigkeiten geben ihnen neuen Mut. Wenn sie zurückkommen von ihren Expeditionen, erfroren und abgemüdet, so empfängt sie Jubel und warmer Herdglanz, und dies kleine, behagliche Haus am siebenundsiebzigsten Breitengrad scheint ihnen nach den Tagen der Entbehrung der seligste Aufenthalt der Welt.

Auf einmal kehrt eine Expedition von Westen zurück, und ihre Botschaft wirft Stille ins Haus. Sie haben auf ihrer Wanderung Amundsens Winterquartier entdeckt: mit einem Male weiß nun Scott, daß außer dem Frost und der Gefahr noch ein anderer ihm den Ruhm streitig macht, als erster das Geheimnis der störrischen Erde entrafft zu haben: Amundsen, der Norweger. Er mißt nach auf den Karten. Und man spürt sein Entsetzen aus den Zeilen nachschwingen, als er gewahr wird, daß Amundsens Winterquartier um hundertzehn Kilometer näher zum Pole postiert ist als das seine. Er erschrickt, aber ohne darum zu verzagen. »Auf, zur Ehre meines Landes!« schreibt er stolz in sein Tagebuch.

Ein einziges Mal taucht dieser Name Amundsen in seinen Tagebuchblättern auf. Und dann nicht mehr. Aber man spürt: seit jenem Tage liegt ein Schatten von Angst über dem einsam umfrorenen Haus. Und es gibt fortan keine Stunde mehr, wo dieser Name nicht seinen Schlaf verängstigt und sein Wachen.

Aufbruch zum Pol

Eine Meile von der Hütte, auf dem Beobachtungshügel, löst sich ständig eine Wache ab. Ein Apparat ist dort aufgerichtet, einsam auf steiler Erhebung, einer Kanone ähnlich gegen unsichtbaren Feind: ein Apparat, um die ersten Wärmeerscheinungen der nahenden Sonne zu messen. Tagelang harren sie auf ihr Erscheinen. Über den morgendlichen Himmel zaubern Reflexe schon glühende Farbenwunder hin, aber noch schwingt sich die runde Scheibe nicht bis zum Horizont empor. Doch dieser Himmel schon, erfüllt mit dem magischen Licht ihrer Nähe, dieser Vorspiegel von Widerschein, befeuert die Ungeduldigen. Endlich klingelt das Telephon von der Hügelspitze herüber zu den Beglückten: die Sonne ist erschienen, zum erstenmal seit Monaten hat sie für eine Stunde ihr Haupt erhoben in die winterliche Nacht. Ganz schwach ist ihr Schimmer, ganz bläßlich, kaum vermag er die eisige Luft zu beleben, kaum rühren ihre schwingenden Wellen in dem Apparat regere Zeichen an, doch der bloße Anblick löst schon Beglückung aus. Fieberhaft wird die Expedition gerüstet, um restlos die kurze Spanne Licht, die Frühling, Sommer und Herbst in einem bedeutet und für unsere lauen Lebensbegriffe noch immer ein grausamer Winter wäre, zu nützen. Voran sausen die Automobilschlitten. Hinter ihnen die Schlitten mit den sibirischen Ponys und Hunden. In einzelne Etappen ist der Weg vorsorglich aufgeteilt, alle zwei Tagereisen wird ein Depot errichtet, um für die Rückkehrenden neue Bekleidung, Nahrung und das Wichtigste, Petroleum, zu bewahren, kondensierte Wärme im unendlichen Frost. Gemeinsam rückt die ganze Schar aus, um in einzelnen Gruppen allmählich zurückzukehren und so der letzten kleinen Gruppe, den erwählten Eroberern des Pols, das Maximum an Befrachtung, die frischesten Zugtiere und die besten Schlitten zu hinterlassen.

Meisterhaft ist der Plan ausgedacht, selbst das Mißgeschick im einzelnen vorausgesehen. Und das bleibt nicht aus. Nach zwei Tagereisen brechen die Motorschlitten nieder und bleiben liegen, ein unnützer Ballast. Auch die Ponys halten nicht so gut, als man erwarten konnte, aber hier triumphiert das organische über das technische Werkzeug, denn die Niedergebrochenen, die unterwegs erschossen werden müssen, geben den Hunden willkommene heiße, blutkräftige Nahrung und stärken ihre Energie.

Am 1. November 1911 brechen sie auf in einzelnen Trupps. Auf den Bildern sieht man die wundersame Karawane dieser erst dreißig, dann zwanzig, dann zehn und schließlich nur mehr fünf Menschen durch die weiße Wüste einer leblosen Urwelt wandern. Vorn immer ein

Mann, eingemummt in Pelze und Tücher, ein wildbarbarisches Wesen, dem nur der Bart und die Augen frei aus der Umhüllung lugen. Die bepelzte Hand hält am Halfter ein Pony, das seinen schwerbeladenen Schlitten schleppt, und hinter ihm wieder ein anderer, in gleicher Kleidung und gleicher Haltung und hinter ihm wieder einer, zwanzig schwarze Punkte in wandelnder Linie in einem unendlichen, blendenden Weiß. Nachts wühlen sie sich in Zelte ein, Schneewälle werden gegraben in der Richtung des Windes, um die Ponys zu schützen, und morgens beginnt wieder der Marsch, eintönig und trostlos, durch die eisige Luft, die seit Jahrtausenden zum erstenmal menschlicher Atem trinkt.

Aber die Sorgen mehren sich. Das Wetter bleibt unfreundlich, statt vierzig Kilometer können sie manchmal nur dreißig zurücklegen, und jeder Tag wird ihnen zur Kostbarkeit, seit sie wissen, daß unsichtbar in dieser Einsamkeit von einer anderen Seite ein anderer gegen das gleiche Ziel vorrückt. Jede Kleinigkeit schwillt hier zur Gefahr. Ein Hund ist entlaufen, ein Pony will nicht fressen – all dies ist beängstigend, weil hier in der Öde die Werte so furchtbar sich verwandeln. Hier wird jedes Lebensding tausendwertig, ja unersetzlich sogar. An den vier Hufen eines einzelnen Ponys hängt vielleicht die Unsterblichkeit, ein verwölkter Himmel mit Sturm kann eine Tat für die Ewigkeit verhindern. Dabei beginnt der Gesundheitszustand der Mannschaft zu leiden, einige sind schneeblind geworden, anderen sind Gliedmaßen erfroren, immer matter werden die Ponys, denen man die Nahrung kürzen muß, und schließlich, knapp vor dem Beardmoregletscher, brechen sie zusammen. Die traurige Pflicht muß erfüllt werden, diese wackeren Tiere, die hier in der Einsamkeit und darum Gemeinsamkeit zweier Jahre zu Freunden geworden sind, die jeder beim Namen kennt und hundertmal mit Zärtlichkeiten überhäufte, zu töten. Das »Schlachthauslager« nennen sie den traurigen Ort. Ein Teil der Expedition spaltet sich an der blutigen Stätte ab und kehrt zurück, die andern rüsten nun zur letzten Anstrengung, zum grausamen Weg über den Gletscher, den gefährlichen Eiswall, mit dem sich der Pol umgürtet und den nur die Glut eines leidenschaftlichen Menschenwillens zersprengen kann.

Immer geringer werden ihre Marschleistungen, denn der Schnee körnt sich hier krustig, nicht ziehen müssen sie mehr den Schlitten, sondern schleppen. Das harte Eis schneidet die Kufen, die Füße reiben sich wund im Wandern durch den lockeren Eissand. Aber sie geben nicht nach. Am 30. Dezember ist der siebenundachzigste Breitengrad erreicht, Shackletons äußerster Punkt. Hier muß die letzte Abteilung umkehren: nur fünf Erlesene dürfen mit bis zum Pol. Scott mustert die Leute aus. Sie wagen nicht zu widerstreben, aber das Herz wird ihnen schwer, so griffnah vom Ziel umkehren zu müssen und den Gefährten den Ruhm zu lassen, als erste den Pol gesehen zu haben. Doch der Würfel der Wahl ist gefallen. Einmal noch schütteln sie einander die Hände, mit männlicher Anstrengung bemüht, ihre Rührung zu verbergen, dann löst sich die Gruppe. Zwei kleine, winzige Züge ziehen sie, die einen nach Süden zum Unbekannten, die anderen nach Norden, in die Heimat zurück. Immer wieder wenden sie von hüben und drüben den Blick, um noch die letzte Gegenwart eines Befreundet-Belebten zu spüren.

Bald entschwindet die letzte Gestalt. Einsam ziehen sie weiter ins Unbekannte, die fünf Auserwählten der Tat: Scott, Bowers, Oates, Wilson und Evans.

Der Südpol

Unruhiger werden die Aufzeichnungen in diesen letzten Tagen, wie die blaue Nadel des Kompasses beginnen sie zu zittern in der Nähe des Pols. »Wie endlos lang dauert das, bis die Schatten langsam um uns herumkriechen, von unserer rechten Seite nach vorn rücken und dann von vorn wieder nach links hinüberschleichen!« Aber zwischendurch funkelt immer heller die Hoffnung. Immer leidenschaftlicher verzeichnet Scott die bewältigten Distanzen: »Nur noch einhundertfünfzig Kilometer zum Pol, wenn das so weitergeht, halten wir's nicht aus«, so meldet noch die Müdigkeit. Und zwei Tage später: »Noch einhundertsiebenunddreißig Kilometer zum Pol, aber sie werden uns bitter schwer werden.« Aber dann plötzlich ein neuer, sieghafter Ton: »Nur noch vierundneunzig Kilometer zum Pol! Wenn wir nicht hingelangen, so kommen wir doch verteufelt nahe.« Am 14. Januar wird die Hoffnung zur Sicherheit: »Nur noch siebzig Kilometer, das Ziel liegt vor uns!« Und am nächsten Tag lodert schon heller Jubel, fast Heiterkeit aus den Aufzeichnungen: »Nur noch lumpige fünfzig Kilometer, wir müssen hinkommen, koste es, was es wolle!« Man spürt bis ins Herz aus den beflügelten Zeilen, wie straff ihre Sehnen von der Hoffnung gespannt sind, wie alles in ihren Nerven bebt von Erwartung und Ungeduld. Die

Beute ist nahe; schon recken sie die Hände nach dem letzten Geheimnis der Erde. Nur noch ein letzter Ruck, und das Ziel ist erreicht.

Der sechzehnte Januar

»Gehobene Stimmung« verzeichnet das Tagebuch. Morgens sind sie ausgerückt, früher als sonst, die Ungeduld hat sie aus ihren Schlafsäcken gerissen, eher das Geheimnis, das furchtbar schöne, zu schauen. Vierzehn Kilometer legen die fünf Unentwegten bis nachmittags zurück, heiter marschieren sie durch die seelenlose, weiße Wüste dahin: nun ist das Ziel nicht mehr zu verfehlen, die entscheidende Tat für die Menschheit fast getan. Plötzlich wird einer der Gefährten, Bowers, unruhig. Sein Auge brennt sich fest an einen kleinen, dunklen Punkt in dem ungeheuren Schneefeld. Er wagt seine Vermutung nicht auszusprechen, aber allen zittert nun der gleiche furchtbare Gedanke im Herzen, daß Menschenhand hier ein Wegzeichen aufgerichtet haben könnte. Künstlich versuchen sie sich zu beruhigen. Sie sagen sich – so wie Robinson die fremde Fußspur auf der Insel vergebens erst als die eigene erkennen will –, dies müsse ein Eisspalt sein oder vielleicht eine Spiegelung. Mit zuckenden Nerven marschieren sie näher, noch immer versuchen sie sich gegenseitig zu täuschen, sosehr sie alle schon die Wahrheit wissen: daß die Norweger, daß Amundsen ihnen zuvorgekommen ist.

Bald zerbricht der letzte Zweifel an der starren Tatsache einer schwarzen Fahne, die an einem Schlittenständer hoch aufgerichtet ist, über den Spuren eines fremden, verlassenen Lagerplatzes – Schlittenkufen und die Abdrücke vieler Hundepfoten: Amundsen hat hier gelagert. Das Ungeheure, das Unfaßbare in der Menschheit ist geschehen: der Pol der Erde, seit Jahrtausenden unbeseelt, seit Jahrtausenden, und vielleicht seit allem Anbeginn ungeschaut vom irdischen Blick, ist in einem Molekül Zeit, ist innerhalb von fünfzehn Tagen zweimal entdeckt worden. Und sie sind die zweiten – um einen einzigen Monat von Millionen Monaten zu spät –, die zweiten in einer Menschheit, für die der erste alles ist und der zweite nichts. Vergebens also alle Anstrengung, lächerlich die Entbehrungen, irrsinnig die Hoffnungen von Wochen, von Monaten, von Jahren. »All die Mühsal, all die Entbehrung, all die Qual – wofür?« schreibt Scott in sein Tagebuch. »Für nichts als Träume, die jetzt zu Ende sind.« Tränen treten ihnen in die Augen, trotz ihrer Übermüdung können sie die Nacht nicht schlafen. Mißmutig, hoffnungslos, wie Verurteilte treten sie den letzten Marsch zum Pol an, den sie jubelnd zu erstürmen gedachten. Keiner versucht den andern zu trösten, wortlos schleppen sie sich weiter. Am 18. Januar erreicht Kapitän Scott mit seinen vier Gefährten den Pol. Da die Tat, der erste gewesen zu sein, ihm nicht mehr den Blick blendet, sieht er nur mit stumpfen Augen das Traurige der Landschaft. »Nichts ist hier zu sehen, nichts, was sich von der schauerlichen Eintönigkeit der letzten Tage unterschiede« – das ist die ganze Beschreibung, die Robert F. Scott vom Südpol gibt. Das einzige Seltsame, das sie dort entdecken, ist nicht von Natur gestaltet, sondern von feindlicher Menschenhand: Amundsens Zelt mit der norwegischen Flagge, die frech und siegesfroh auf dem erstürmten Walle der Menschheit flattert. Ein Brief des Konquistadors wartet hier auf jenen unbekannten zweiten, der nach ihm diese Stelle betreten würde, und bittet, das Schreiben an König Hakon von Norwegen zu befördern. Scott nimmt es auf sich, diese härteste Pflicht treulich zu erfüllen: Zeuge zu sein vor der Welt für eine fremde Tat, die er als eigene glühend erstrebt.

Traurig stecken sie die englische Flagge, den »zu spät gekommenen Union Jack«, neben Amundsens Siegeszeichen. Dann verlassen sie den »treulosen Ort ihres Ehrgeizes«, kalt fährt der Wind ihnen nach. Mit prophetischem Argwohn schreibt Scott in sein Tagebuch: »Mir graut vor dem Rückweg.«

Der Zusammenbruch

Der Heimmarsch verzehnfacht die Gefahren. Am Wege zum Pol wies sie der Kompaß. Nun müssen sie achten, bei der Rückkehr außerdem noch die eigene Spur nicht zu verlieren, wochenlang nicht ein einziges Mal zu verlieren, um nicht von den Depots abzukommen, wo ihre Nahrung liegt, ihre Kleidung und die aufgestaute Wärme in den paar Gallonen Petroleum. Unruhe überkommt sie darum bei jedem Schritt, wenn Schneetreiben ihnen den Blick verklebt, denn jede Abirrung geht geradeaus in den sicheren Tod. Dabei fehlt schon ihren Körpern die unabgenützte Frische des ersten Marsches, da sie noch geheizt waren von den chemischen Energien reichlicher Nahrung, vom warmen Quartier ihrer antarktischen Heimat.

Und dann: die Stahlfeder des Willens ist gelockert in ihrer Brust. Beim Hinmarsche straffte die überirdische Hoffnung, einer ganzen Menschheit Neugier und Sehnsucht zu verkörpern, ihre Energien heroisch zusammen, Übermenschliches an Kraft ward ihnen durch das Bewußtsein unsterblicher Tat. Nun kämpfen sie um nichts als die heile Haut, um ihre körperliche, ihre sterbliche Existenz, um eine ruhmlose Heimkehr, die ihr innerster Wille vielleicht mehr fürchtet als ersehnt.

Furchtbar sind die Notizen aus jenen Tagen zu lesen. Das Wetter wird ständig unfreundlicher, früher als sonst hat der Winter eingesetzt, und der weiche Schnee krustet sich dick unter ihren Schuhen zur Fußangel, darin sich ihre Schritte verfangen, und der Frost zermürbt die ermüdeten Körper. Immer ist's ein kleiner Jubel darum, wenn sie wieder ein Depot erreichen nach tagelangem Irren und Zagen, immer flackert dann wieder eine flüchtige Flamme von Vertrauen in ihren Worten auf. Und nichts bezeugt grandioser den geistigen Heroismus dieser paar Menschen in der ungeheuren Einsamkeit, als daß Wilson, der Forscher, selbst hier, haarbreit vom Tod, seine wissenschaftlichen Beobachtungen fortsetzt und auf seinem eigenen Schlitten zu all der notwendigen Last noch sechzehn Kilogramm seltner Gesteinsarten mitschleppt.

Aber allmählich unterliegt der menschliche Mut der Übermacht der Natur, die hier unerbittlich und mit durch Jahrtausende gestählter Kraft gegen die fünf Verwegenen alle Mächte des Unterganges, Kälte, Frost, Schnee und Wind, heraufbeschwört. Längst sind die Füße zerschunden, und der Körper, ungenügend geheizt von der einmaligen warmen Mahlzeit, geschwächt durch die verminderten Rationen, beginnt zu versagen. Mit Schrekken erkennen die Gefährten eines Tages, daß Evans, der Kräftigste unter ihnen, plötzlich phantastische Dinge unternimmt. Er bleibt am Wege zurück, klagt unaufhörlich über wirkliche und eingebildete Leiden; schauernd entnehmen sie seinem seltsamen Gerede, daß der Unglückselige infolge eines Sturzes oder der entsetzlichen Qualen wahnsinnig geworden ist. Was mit ihm beginnen? Ihn verlassen in der Eiswüste? Aber anderseits müssen sie das Depot ohne Verzögerung erreichen, sonst – Scott selbst zögert noch, das Wort hinzuschreiben. Um ein Uhr nachts, am 17. Februar, stirbt der unglückliche Offizier, knapp einen Tagesmarsch vor jenem »Schlachthauslager«, wo sie zum erstenmal wieder reichlichere Mahlzeit von dem vormonatigen Massaker ihrer Ponys vorfinden.

Zu viert nun nehmen sie den Marsch auf, aber Verhängnis! Das nächste Depot bringt neue herbe Enttäuschung. Es enthält zuwenig Öl, und das heißt: sie müssen mit dem Notwendigsten, mit Brennmaterial haushalten, müssen mit Wärme sparen, der einzigen wehrhaften Waffe gegen den Frost. Eiskalte, sturmumrüttelte Nacht und mutloses Erwachen, kaum haben sie die Kraft mehr, sich die Filzschuhe über die Füße zu stülpen. Aber sie schleppen sich weiter, der eine von ihnen, Oates, schon auf abfrierenden Zehen. Der Wind weht schärfer als je, und im nächsten Depot, am 2. März, wiederholt sich die grausame Enttäuschung: wiederum ist zuwenig Brennmaterial vorhanden.

Nun fährt die Angst bis in die Worte hinein. Man

spürt, wie Scott sich bemüht, das Grauen zu verhalten, aber immer wieder stößt schrill ein Schrei der Verzweiflung nach dem andern seine künstliche Ruhe durch. »So darf es nicht weitergehn«, oder »Gott steh uns bei! Diesen Anstrengungen sind wir nicht mehr gewachsen«, oder »Unser Spiel geht tragisch aus«, und schließlich die grauenhafte Erkenntnis: »Käme uns doch die Vorsehung zu Hilfe! Von Menschen haben wir jetzt keine mehr zu erwarten.« Aber sie schleppen sich weiter und weiter, ohne Hoffnung, mit verbissenen Zähnen. Oates kann immer schlechter mitwandern, er ist für seine Freunde immer mehr Last als Hilfe. Sie müssen bei einer Mittagstemperatur von zweiundvierzig Grad den Marsch verzögern, und der Unglückselige spürt und weiß, daß er seinen Freunden Verhängnis bringt. Schon bereiten sie sich auf das Letzte vor. Sie lassen sich von Wilson, dem Forscher, jeder zehn Morphiumtabletten aushändigen, um gegebenenfalls ihr Ende zu beschleunigen. Noch einen Tagesmarsch versuchen sie es mit dem Kranken. Dann verlangt der Unglückliche selbst, sie mögen ihn in seinem Schlafsack zurücklassen und ihr Schicksal von dem seinen trennen. Sie weisen den Vorschlag energisch zurück, wiewohl sie alle darüber klar sind, daß er für sie nur Erleichterung bedeuten würde. Ein paar Kilometer taumelt der Kranke auf seinen erfrorenen Beinen noch mit bis zum Nachtquartier. Er schläft mit ihnen bis zum nächsten Morgen. Sie blicken hinaus: draußen tobt ein Orkan.

Plötzlich erhebt sich Oates: »Ich will ein wenig hinausgehen«, sagt er zu den Freunden. »Ich bleibe vielleicht eine Weile draußen.« Die andern zittern. Jeder weiß, was dieser Rundgang bedeutet. Aber keiner wagt ein Wort, um ihn zurückzuhalten. Keiner wagt, ihm die Hand zum Abschied zu bieten, denn sie fühlen alle mit Ehrfurcht, daß der Rittmeister Lawrence J. E. Oates von den Inniskillingdragonern wie ein Held dem Tode entgegengeht.

Drei müde, geschwächte Menschen schleppen sich durch die endlose, eisig-eiserne Wüste, müde schon, hoffnungslos, nur der dumpfe Instinkt der Selbsterhaltung spannt noch die Sehnen zu wankendem Gang. Immer furchtbarer wird das Wetter, bei jedem Depot höhnt sie neue Enttäuschung, immer zuwenig Öl, zuwenig Wärme. Am 21. März sind sie nur noch zwanzig Kilometer von einem Depot entfernt, aber der Wind weht mit so mörderischer Kraft, daß sie ihr Zelt nicht verlassen dürfen. Jeden Abend hoffen sie auf den nächsten Morgen, um das Ziel zu erreichen, indes schwindet der Proviant und die letzte Hoffnung mit ihm. Der Brennstoff ist ihnen ausgegangen, und das Thermometer zeigt vierzig Grad unter Null. Jede Hoffnung erlischt: sie haben jetzt nur noch die Wahl zwischen Tod durch Hunger oder Frost. Acht Tage kämpfen diese drei Menschen in einem kleinen Zelt inmitten der weißen Urwelt gegen das unabwendbare Ende. Am 29. März wissen sie, daß kein Wunder mehr sie retten kann. So beschließen sie, keinen Schritt dem Verhängnis entgegenzugehen und den Tod stolz wie alles andere Unglück zu erdulden. Sie kriechen in ihre Schlafsäcke, und von ihren letzten Leiden ist nie ein Seufzer in die Welt gedrungen.

In diesen Augenblicken, einsam gegenüber dem unsichtbaren und doch atemnahen Tod, während außen der Orkan an die dünnen Zeltwände wie ein Rasender anrennt, besinnt sich Kapitän Scott aller Gemeinsamkeit, der er verbunden ist. Allein im eisigsten Schweigen, das noch nie die Stimme eines Menschen durchatmet, wird ihm die Brüderschaft zu seiner Nation, zur ganzen Menschheit heroisch bewußt. Eine innere Fata Morgana des Geistes beschwört in diese weiße Wüste die Bilder all jener, die ihm durch Liebe, Treue und Freundschaft jemals verbunden waren, und er richtet das Wort an sie. Mit erstarrenden Fingern schreibt Kapitän Scott, schreibt Briefe aus der Stunde seines Todes an alle Lebendigen, die er liebt.

Wundervoll sind diese Briefe. Alles Kleinliche ist in ihnen vor der gewaltigen Nähe des Todes abgetan, die kristallene Luft dieses unbelebten Himmels scheint in sie eingedrungen. An Menschen sind sie gerichtet und sprechen doch zur ganzen Menschheit. An eine Zeit sind sie geschrieben und sprechen für die Ewigkeit.

Er schreibt an seine Frau. Er mahnt sie, das höchste Vermächtnis, seinen Sohn, zu hüten, er legt ihr nahe, ihn vor allem vor Schlappheit zu bewahren, und bekennt von sich selbst, am Ende einer der erhabensten Leistungen der Weltgeschichte: »Ich mußte mich, wie Du weißt, zwingen, strebsam zu werden – ich hatte immer Neigung zur Trägheit.« Eine Handbreit vor dem Untergang rühmt er noch, statt zu bedauern, den eigenen Entschluß. »Was könnte ich Dir alles von dieser Reise erzählen. Und wieviel besser war sie doch, als daheim zu sitzen in zu großer Bequemlichkeit!«

Und er schreibt in treuester Kameradschaft an die Frau und die Mutter seiner Leidensgefährten, die mit ihm den Tod erlitten haben, um Zeugnis abzulegen für ihr Heldentum. Er tröstet, selbst ein Sterbender, die Hinterbliebenen der andern mit seinem starken und schon übermenschlichen Gefühl für die Größe des Augenblicks und das Denkwürdige dieses Unterganges.

Und er schreibt an die Freunde. Bescheiden für sich selbst, aber voll herrlichen Stolzes für die ganze Nation, als deren Sohn und würdigen Sohn er sich in dieser Stunde begeistert fühlt: »Ich weiß nicht, ob ich ein großer Entdecker gewesen bin«, bekennt er, »aber unser Ende wird ein Zeugnis sein, daß der Geist der Tapferkeit und die Kraft zum Erdulden aus unserer Rasse noch nicht entschwunden sind.« Und was männliche Starre, seelische Keuschheit ihm ein Leben lang zu sagen wehrte, dies Bekenntnis der Freundschaft entringt ihm nun der Tod. »Ich bin nie in meinem Leben einem Menschen begegnet«, schreibt er an seinen besten Freund, »den ich so bewundert und geliebt habe wie Sie, aber ich konnte Ihnen niemals zeigen, was Ihre Freundschaft für mich bedeutete, denn Sie hatten viel zu geben und ich Ihnen nichts.«

Und er schreibt einen letzten Brief, den schönsten von allen, an die englische Nation. Er fühlt sich bemüßigt, Rechenschaft zu geben, daß er in diesem Kampfe um den englischen Ruhm ohne eigene Schuld unterlegen. Er zählt die einzelnen Zufälle auf, die sich gegen ihn verschworen, und ruft mit der Stimme, der der Widerhall des Todes ein wundervolles Pathos gibt, alle Engländer mit der Bitte auf, seine Hinterbliebenen nicht zu verlassen. Sein letzter Gedanke reicht noch über das eigene Schicksal hinaus. Sein letztes Wort spricht nicht vom eigenen Tode, sondern vom fremden Leben: »Um Gottes willen, sorgt für unsere Hinterbliebenen!« Dann bleiben die Blätter leer.

Bis zum äußersten Augenblick, bis die Finger ihm festfroren und der Stift seinen steifen Händen entglitt, hat Kapitän Scott sein Tagebuch geführt. Die Hoffnung, daß man bei seiner Leiche die Blätter finden würde, die für ihn und für den Mut der englischen Rasse zeugen könnten, hat ihn zu so übermenschlicher Anstrengung befähigt. Als letztes zittern die schon erfrierenden Finger noch den Wunsch hin: »Schickt dies Tagebuch meiner Frau!« Aber dann streicht seine Hand in grausamer Gewißheit das Wort »meiner Frau« aus und schreibt darüber das furchtbare »meiner Witwe«.

Die Antwort

Wochenlang hatten die Gefährten in der Hütte gewartet. Zuerst vertrauensvoll, dann leise besorgt, mit steigender Unruhe schließlich. Zweimal waren Expeditionen zur Hilfe entgegengesandt worden, doch das Wetter peitscht sie zurück. Den ganzen langen Winter verweilen die Führerlosen zwecklos in der Hütte, der Schatten der Katastrophe fällt schwarz in ihr Herz. In diesen Monaten ist das Schicksal um die Tat Kapitän Robert Scotts in Schnee und Schweigen verschlossen. Das Eis hält sie im gläsernen Sarg versiegelt; erst am 29. Oktober, im Polarfrühling, bricht eine Expedition auf, um wenigstens die Leichen der Helden und ihre Botschaft zu finden. Und am 12. November erreichen sie das Zelt; sie finden die Leichen der Helden erfroren in den Schlafsäcken, Scott, der noch im Tode Wilson brüderlich umschlingt, sie finden die Briefe, die Dokumente und schichten den tragischen Helden ein Grab. Ein schlichtes, schwarzes Kreuz über einem Schneehügel ragt nun einsam in die weiße Welt, die unter sich das Zeugnis jener heroischen Leistung der Menschheit für immer verbirgt.

Aber nein! Eine Auferstehung geschieht ihren Taten, unerwartet und wunderbar: herrliches Wunder unserer neuzeitlichen technischen Welt! Die Freunde bringen die Platten und Filme nach Hause, im chemischen Bad befreien sich die Bilder, noch einmal sieht man Scott mit seinen Gefährten auf seiner Wanderschaft und die Landschaft des Pols, die außer ihm nur jener andere, Amundsen, gesehen. Auf elektrischem Draht springt die Botschaft seiner Worte und Briefe in die aufstaunende Welt, in der Kathedrale des Reiches neigt der König dem Gedächtnis der Helden das Knie. So wird, was vergebens schien, noch einmal fruchtbar, das Versäumte zu rauschendem Anruf an die Menschheit, ihre Energien dem Unerreichbaren entgegenzustraffen; in großartigem Widerspiel ersteht aus einem heroischen Tode gesteigertes Leben, aus Untergang Wille zum Aufstieg ins Unendliche empor. Denn nur Ehrgeiz entzündet sich am Zufall des Erfolges und leichten Gelingens, nichts aber erhebt dermaßen herrlich das Herz als der Untergang eines Menschen im Kampf gegen die unbesiegbare Übermacht des

Geschickes, diese allezeit großartigste aller Tragödien, die manchmal ein Dichter und tausendmal das Leben gestaltet.

Lion Feuchtwanger
Erfolg

Polfahrt

Der Nordländer las, vierzehnjährig, von den Entbehrungen des Polforschers Sir John Franklin und seiner Gefährten, wie Wochen hindurch ihre einzige Nahrung Knochen waren, gefunden in einem verlassenen Indianerlager, bis sie zuletzt ihre eigenen Lederschuhe verzehrten. Ehrgeiz flackerte hoch in dem Lesenden, Leiden gleicher Art erfolgreich zu überwinden. Er war ein verschlossener Knabe. Ohne irgendwem von seinem Vorhaben zu erzählen, begann er ein fanatisches Training, zwang seinen Muskeln, seinen Nerven ihr Äußerstes ab. Es gab in der Nähe seiner Stadt eine Hochebene, noch von keinem Lebenden während des Winters durchwandert. Er, einundzwanzigjährig, überquerte sie im Januar, durch letzte Zähigkeit sich rettend vor dem Verhungern, festfrierend eines Nachts in einem Schneeloch, das um den erschöpft Schlafenden sich in einen Eisblock verwandelte.

Zäh, methodisch, erwirbt er alle Kenntnisse, die einem Polforscher nötig werden können, die Wissenschaft des Meeres und der Luft. Die staatlichen Prüfungen überstanden, wählt er sich die schwierigsten Meere, um die großen und kleinen Künste der Navigation und des Eiswanderns praktisch zu erlernen. In Monaten des Hungers, des Frostes, des Skorbuts wird er ein harter, schweigsamer Mann, der Kenntnisse und Erfahrungen mißtrauisch in sein Hirn verschließt wie in einen Banktresor, ohne Freude an den Menschen, keinem glaubend, nur sich selbst.

Skrupellos in Gelddingen, errafft er sich die Mittel für eine erste selbständige Expedition. Quert das Nordmeer auf bisher nie vollendeter Strecke. Erzwingt mit den Mühen dreier Jahre die nordwestliche Durchfahrt, ein Unternehmen, an dem vor ihm jeder gescheitert ist. Alle Welt rühmt das Vollbrachte. Er selber am meisten. Ein unermüdlicher Verkünder seiner Taten, wägt und rechnet er genau, um wieviel seine Erfolge größer sind als die der Männer vor ihm, um ihn.

Gestützt auf seinen Erfolg, bricht er auf zum Nordpol. Ein anderer kommt ihm zuvor. Er, kurz entschlossen, dreht um. Sucht den Südpol. Auch auf diesem Weg ist schon ein anderer. Es beginnt ein schauerlicher Wettlauf. Kalt rechnend, setzt der Nordländer seine gesammelten, gut katalogisierten Erfahrungen ein. Wo in den Vorbereitungen des Konkurrenten steckt ein Fehler, den er vermeiden kann? Er findet einen Fehler, *den* Fehler. Der andere hat Pferde mitgenommen: er baut auf die Zähigkeit und das Fleisch seiner Hunde, die Transportmittel und Nahrung zugleich sind. Der andere, mit seinen Ponys, kommt um: er kehrt siegreich zurück. Zollt dem Nebenbuhler, nun der gescheitert und tot ist, große Bewunderung. Vergißt aber nicht, der Welt genau zu erklären, daß es der Fehler mit den Ponys war, durch den der Tote umkam. Wenn er selber siegte, lag das an dem Einfall mit den Hunden. Es war Verdienst, nicht Glück.

Bald darauf hat er die große Idee seines Lebens, die Bezwingung des Pols durch ein neues, besseres Mittel:

das Flugzeug. Die Ausführung dieser Idee, das Bestreben, sich für seine nächste Polfahrt ein Luftschiff zu sichern, bringt ihn mit einem Südländer zusammen. Der Nordländer ist durch seinen Erfolg noch härter, hochfahrender geworden, mürrisch, wüst launisch. Sein Gesicht ist zerrissen wie ein uralter Ölbaum, sein Mund krümmt sich. Liebenswert ist er nicht, der Mann, das kann die eigene Mutter nicht behaupten. Wenige sind, die er nicht für verächtlich hält, manche haßt er mit eisiger Wildheit, es gibt keinen, den er liebt, von allen verlangt er bedingungslosen Glauben an seine Autorität. Der Südländer, mit dem er jetzt zusammenarbeitet, ist sein genaues Widerspiel: liebenswert, geschmeidig, leichtfertig, knabenhaft optimistisch, unsinnig stolz im Erfolg, schwer verzweifelt im Unglück.

Der bewegliche, scharmante Südländer und der starre, mürrische Nordländer beriechen einander. Beide finden sie, der andere rieche nicht gut. Beide sind sie randvoll von rasendem Ehrgeiz, herrisch, skrupellos. Schon während der Verhandlungen gibt es Zusammenstöße; aber es ist nur *ein* Weg zum Pol, zum Ruhm, der führt über den Nordländer. Und es ist nur *ein* Luftschiff zum Pol, auf dem herrscht sein Erbauer, der Südländer. Der Südländer hat das Luftschiff konstruiert, er ist ein guter Pilot. Der Nordländer hat die nordwestliche Durchfahrt bezwungen, kennt Arktis und Antarktis. Es ist ein Wagnis, wenn ein Mann, der niemals auf Schneeschuhen stand, sich einem andern anvertraut für eine Fahrt ins endlose Eis. Es ist ein Wagnis, wenn ein Mann, der nie geflogen hat, sich der Führung eines Mannes anvertraut für den Flug in eine unbekannte Wüstenei, wo der kleinste Fehler den Tod bedeutet. Die gleiche Notwendigkeit, das gleiche Ziel knüpft die Ungleichen zusammen. Keiner ist gewillt, den Erfolg zu teilen. Jeder hofft, auf dem Weg zum Erfolg das Teil des andern wegzuschnappen.

Und siehe, das Luftschiff erreicht sein Ziel. Es überquert den Pol. Wes ist der Erfolg?

Der Nordländer hat die Idee der Expedition gehabt, hat ihren Weg bestimmt, sie vorbereitet. Er hat hinter sich dreißig Jahre härtester, methodischer Polforschung. Der andere hat vor einem halben Jahr vom Pol nichts gewußt, als daß es dort kalt ist. Was, und jetzt will dieser subalterne Handlanger einen Teil haben der Ehre, gar noch den größern Teil? Der Nordländer knurrt, nennt den andern einen unzuverlässigen, weibisch nervösen Gecken voll kindischer Großmannssucht. Die Welt hört die Argumente des Nordländers, läßt sie gelten, zollt ihm widerwillige Bewunderung. Aber dabei läßt sie es bewenden. Sie fördert ihn nicht, gibt ihm nicht die Möglichkeit zu neuen Taten. Freilich erschwert er selber diese Möglichkeit. Er ist pedantisch gewissenhaft. Prinzip ist ihm, jede Situation vorzubedenken, die irgend kommen kann, den Zufall auszuschalten. Das ist nicht billig, das ist sehr teuer. Wie immer, man gibt dem hochfahrenden, morosen Mann scheuen Ruhm, aber nicht die Mittel, eine neue Expedition auf die Beine zu stellen.

Der Südländer hat mehr Glück. Er lächelt über den Nordländer, den finstern, unverträglichen, pathologisch selbstsüchtigen Narren. Der will den Ruhm des Unternehmens für sich buchen? Mein Gott, da bleibt nur ein Lächeln. Den Pol zu überfliegen, das sieht jedes Kind, ist fraglos die Leistung des Piloten, und der Nordländer weiß von einem Flugmotor nichts, als daß er surrt. Man erlaubt dem Südländer zu lächeln. Er hat die Sympathie der ganzen Welt, er hat so etwas Strahlendes.

Er versteht es, in jeder Situation zu strahlen. Er hat die Pelze der Nordländer wegen ihres Übergewichts von der Fahrt ausgeschlossen. Die eigene Uniform aber, er ist Offizier seines Landes, hat er heimlich mitgeführt. Am Rande der Arktis, wie die Expedition nüchtern zweckmäßig gekleidet vom Schiffe steigt, das sie in die Zivilisation zurückbringt, erscheint er plötzlich in seiner glänzenden Uniform. Das kleine Mädchen, inmitten der wartenden Menge, überreicht seinen Blumenstrauß nicht dem verdrießlichen, proletisch kahl gekleideten Nordländer, sondern dem schimmernden Offizier.

Nicht nur das Herz des Kindes, die Herzen seines ganzen leicht entflammten Landes fliegen ihm zu. Er macht rasche Karriere, wird in jungen Jahren General. Ihm, da er einen neuen Flug über den Pol plant, baut sein Land sogleich ein Luftschiff nach seinen Wünschen. 25 Meter Höhe, 115 Meter Länge, 19 000 Kubikmeter Gasraum, 4 Gondeln. Die Tanks fassen Betriebsstoff für 75 Stunden. 720 Pferdekräfte stark sind die Motoren. Im übrigen nimmt es der Südländer nicht sehr genau mit seinen Vorbereitungen. Er studiert nicht lange die Wissenschaft von Schnee, Eis und Winter. Hat er nicht das vollkommenste Vehikel, mit dem jemals einer nach dem Pol startete? Erlesene Mannschaft, die besten Apparate? Er verläßt sich auf sein Glück.

Ehrenkompanien, Glocken, Musik. Sein Schiff fliegt. Erreicht in drei Etappen den Norden. Startet zur letzten, entscheidenden Strecke. Durch Funkspruch erzählt er der aufhorchenden Welt, jetzt sei er auf dem Weg zum Pol. Jetzt über Grönland, jenseits Grönlands. In zwanzig Minuten, verkündet sein Funkspruch, wird er am Pol sein.

Er ist am Pol. Zwei Stunden, triumphgeschwellt, kreist er um die weiße, vielbegehrte Ödnis. Das Grammophon spielt die Hymne seines Landes. Eine Fahne seines Landes wird, ein großes, vom Papst geweihtes Kreuz herabgelassen. Seinem König, dem Papst, dem Diktator seines Landes durch Funkspruch meldet er, er habe mit Gottes Hilfe den Pol erreicht. Es lebe sein Land.

An einer gut bestellten Empfangsstation seiner Stadt sitzt der Nordländer, die Augen noch starrer als sonst, den krummen Mund noch mehr verpreßt. Am Radio mitanhört er, erlebt es mit, wie der Nebenbuhler, der verachtete Nichtskönner, den Pol erreicht, ihn umkreist, angestaunt, der Liebling der Welt. Er selber hat endlose Jahre härtester Mühe darangesetzt, endlose Nächte der Todesgefahr. Jetzt sind seine Taten wertlos, weggewischt sein Ruhm. Leicht, nach kurzer Vorbereitung, mit dem Lächeln eines Artisten und einer Verbeugung, vollbringt der andre das, worum er ein Leben kämpfte.

Oh, wenn ihm das Schiff gehörte. Mit welcher Sorgfalt hätte er, mit wieviel Scharfsinn und Methode die Expedition ausgerüstet. Der andere, der Konkurrent, ist fahrlässig, auch als Pilot. Er hat das gesehen, er weiß es mit dem guten, scharfen Wissen des Hasses. Leichtfertig war sein Abflug, verbrecherisch leichtfertig ist es, über jenem Eise zu sein ohne genaue Kenntnis jenes Eises. Aber er hat Glück, der andere. Er hat sein Gesicht, das der Welt gefällt, das herrliche Schiff, die herrlichen Maschinen, die herrlichen Apparate. *Er* hat die Eignung: der andere hat das Schiff, der andere hat das Glück.

An der Empfangsstation sitzt er, hört gut zu. Er ist Manns genug, das Glück des Verachteten bis ins letzte mitanzuhören. Der Funker der andern berichtet von dem Rückflug. Glatt geht alles, natürlich. Alles an Bord ist wohl. Nebel ist da, nun ja. Mehr Nebel, reichlich viel Nebel. Ein bißchen übertreibt er wohl auch, der Funker des andern. Gegenwind, schlechte Sicht. Ganz von selber, mein Junge, geht's auch nicht. Aber du hast deinen Leichtsinn, deine fröhliche Blindheit, dein Glück. Du kommst schon heil an Land. Ich hör's mir mit an, ich warte hier, bis du zurück bist. Er sitzt, er wartet, er will die Bitterkeit ganz auskosten.

Aber sieh an! Die Schwierigkeiten häufen sich. Das Höhensteuer arbeitet nicht, wie es soll. Das Schiff treibt im Nebel. Der eine Motor setzt aus. Der Funker meldet noch: An Bord alles wohl. Dann meldet er nichts mehr.

Der Nordländer hockt seit dem frühen Abend in der Empfangsstation. Jetzt geht es gegen Morgen, die Männer der Empfangsstation lösen sich schon das drittemal ab. Er ist ganz steif vom Warten, er spürt keinen Hunger, er hockt und wartet auf die Meldung: der andere ist zurück und heil.

Es wird Mittag. Keine Nachricht. Vielleicht treibt er im Nebel, vielleicht hat er notgelandet, vielleicht hat sein Radioapparat versagt. Wie immer, heute scheint der andere nicht zurückzukommen. Der Nordländer steht auf, krumm und steif vom langen Hocken, geht nach Hause.

Die Luft bleibt auch den andern Tag über stumm. Für fünfundsiebzig Stunden Betriebsstoff hat der Südländer. Fünfzig Stunden sind vorbei, sechzig, die fünfundsiebzigste. Das Schiff ist überfällig.

Tage vergehen, Nächte vergehen. Der Südländer bleibt verschollen. Jetzt ist unter den Lebenden der Nordländer der einzige, der eine Expedition mit dem Luftschiff übers Eismeer geführt hat.

Tage vergehen, Nächte vergehen. Da, aus der Luft, eine Botschaft des Südländers. Sein Schiff ist explodiert, er selber, mit einigen seiner Mannschaft, treibt auf einer Eisscholle, hundertachtzig Kilometer entfernt vom Kap Nord.

Die ganze Welt packt ein Fieber: ist es möglich, den Mann zu retten? Wie lang kann er sich halten? Bricht das Eis? Hat er Nahrung? Treibt er ab? Schiffe werden ausgesandt, Flieger.

Des Nordländers Land schaut auf ihn, die Welt schaut auf ihn. Die Regierung seines Landes fordert ihn auf, dem Schiffbrüchigen zu helfen. Wer, wenn nicht er, soll die Verlorenen retten?

Er ist gewohnt an minutiöse Vorbereitungen, gewohnt, erst nach langen Berechnungen den glücklichen Augenblick abzupassen. Was er bis jetzt erreicht hat, verdankt er seiner Umsicht, nicht dem Glück. Jetzt soll er starten von heut auf morgen, mit einem rasch beigeschafften, für seine Zwecke notdürftig ummontierten Flugzeug. Allein er ist der Erste, sein Ruhm verpflichtet. Auch wird es ein grimmiger Triumph sein, den Gescheiterten, der sich ebenbürtig, der sich überlegen wähnte, in sein Flugzeug zu retten. Er erklärt sich bereit. Die Photographen nehmen ihn auf, wie er ins Flugzeug steigt, den Mund krumm, die Augen hart wie immer.

Es ist die letzte Aufnahme von ihm. Er rettet den andern nicht in sein Flugzeug. Er kehrt nicht zurück.

Wer zurückkehrt, ist der andere.

Der hat harte Tage gesehen. War auf seiner treibenden Eisscholle gesessen, das Bein gebrochen, einen wahrscheinlichen Tod in der Nähe, umgeben von Gefährten, die in ihm die Ursache ihres Unglücks sahen. Der einzige unter ihnen, der Polarerfahrung hatte, war tot. War aufgebrochen mit noch zweien, um übers Eis das Festland zu erreichen. War erfroren unterwegs, vielleicht verhungert, vielleicht aufgefressen von seinen Gefährten, das wußte man nicht. Aber das wußte man, daß der Südländer sich vor seinen Gefährten hatte retten lassen, er, der Kapitän, vor den andern, und daß er schuld war am Tod des Nordländers und am Tod von acht andern, und daß die Davongekommenen ihre Rettung verdankten dem Eisbrecher eines Landes, das in Kultur und Politik der schärfste Gegner seines eigenen Landes war.

Er war als erster in der Luft über der Arktis erschienen, mit Fahrzeugen, die er selbst erdacht, gebaut, geführt hatte. Vor wenigen Wochen noch hatte die Welt ihn ungeheuer gefeiert, weit über Gebühr, weit mehr als je den Nordländer. Jetzt bespuckte sie ihn. Jetzt war er ein Feigling, eine Schmach seines Landes, komisch und erbitternd.

Der andere war tot, tot durch ihn, für ihn. Er lebte, er war der einzige Lebende, der ein Luftschiff über die Arktis geführt hatte. Aber der andere war der große Mann: *er* war lächerlich, selbst sein Land verleugnete ihn.

Hans Erich Nossack
Spirale

Das Mal

Ungefähr in der siebenten Woche nach unserm Aufbruch sahen wir in der Ferne etwas, was einem Mal glich, das sich jemand aufgerichtet hat. Wir stutzten. Auch die Hunde nahmen es wahr und witterten danach hin. Es stand mitten in der Einförmigkeit der endlosen Schnee-Ebene, durch die wir schon tagelang gezogen waren. Zufällig war die Sicht verhältnismäßig klar, obwohl die Sonne nicht schien. Das Mal warf deshalb auch kaum einen Schatten, soweit sich das aus der Entfernung beurteilen ließ. Aber kein Schneesturm wie sonst. Überhaupt hatte der Wind in den letzten Stunden merklich nachgelassen. »Also doch«, murmelte Blaise, mehr für sich als für mich, der neben ihm stand; denn es war im allgemeinen nicht seine Art, sofort eine Meinung zu äußern. Ich begriff, was er damit sagen wollte. Man hatte uns erzählt, daß vor uns bereits andere den Versuch gemacht hätten, und daß sie niemals zurückgekommen wären. Genaues wußte natürlich niemand, wenn man nachfragte. Wie hielten es für ein Märchen, um uns von dem Unternehmen abzuschrecken. Solche Märchen bilden sich ja immer, wenn etwas als unmöglich gilt. Und wenn sie nun einfach deshalb nicht zurückgekehrt sind, weil sie was Besseres entdeckt haben? hatte ich damals einem Biedermann entgegnet. Das war sehr töricht von mir gewesen; denn damit erweckte ich den Eindruck, als ob es uns um etwas Besseres ginge. Aber in jener Zeit, bevor wir den Entschluß endgültig faßten, war ich sehr reizbar.

»Also los! Gucken wir uns den Schneemann mal an«, rief Patrick schließlich. Er schnalzte mit der Zunge, und die Schlittenhunde legten sich ins Geschirr.

Wir brauchten eine gute Stunde, bis wir hinkamen. Die Entfernung läßt sich schwer einschätzen, wenn sonst nichts da ist. Dann allerdings erkannten wir sofort, daß es tatsächlich ein eingeschneiter Mann war. Wir ließen alles stehen und liegen und klopften ihm den Schnee von Kopf und Schultern. Die Hunde kratzten unten herum, gaben es aber schneller auf als wir. Offenbar hatte der Mann keinerlei Geruch mehr an sich. Die Hände hatte er in den Taschen seiner Jacke. Seiner Haltung und seinem Aussehen nach hätte er ebensogut einer von uns sein können, was jedoch nichts besagt. Wer bis hierher kommen will, muß mit dem Klima rechnen. In hundert Jahren wird man sich auch nicht viel anders kleiden können wie dieser Mann oder wie wir.

Am meisten überraschte es uns, daß er stand. Keiner von uns hätte es je für möglich gehalten, daß man stehend erfrieren könne. Wir hatten ohne weiteres angenommen, man fiele vorher um oder man legte sich aus Müdigkeit hin. Besonders davor wurde ja gewarnt. Und nun, siehe da, dieser Mann stand aufrecht auf seinen Beinen, ohne sich auch nur an irgendwas anzulehnen. Denn woran hätte er sich auch anlehnen sollen? Wir wagten nicht einmal ihn umzulegen, aus Furcht, ihn dabei mitten durchzubrechen. Gewiß, die Möglichkeit, daß wir selber erfrieren würden, hatten wir in Rechnung gestellt, aber dies war denn doch ziemlich befremdend.

Ich gab mir Mühe, sein Gesicht von der Maske aus verharschtem Schnee zu befreien, die an seiner Mütze, seinen Augenbrauen und Bartstoppeln festgewachsen war, ähnlich wie das bei uns zuweilen vorkam. Die anderen sahen mir zu und warteten; die Arbeit konnte nur einer machen, und so überließen sie es mir. Ich mußte sehr vorsichtig sein, um nichts dabei zu verderben. Ich klopfte ihm ganz sanft das Gesicht mit meinem Handschuh ab. Seine Augen waren geschlossen und die Augäpfel so hart wie Marmeln. »Kein Wunder«, sagte ich; »er hatte keine Schneebrille, darum hat er die Augen zugekniffen.« Aber auch so ließ es sich schließlich nicht länger verheimlichen, daß der Mann lächelte. Nicht jetzt erst und über uns – welch ein Unsinn! –, sondern schon seit damals. Und auch nicht etwa, daß er die Zähne fletschte, wie es Tote zu tun pflegen. Das ist kein Lächeln. Dieser aber lächelte wirklich mit den Winkeln seiner Augen und den schmalen, farblosen Lippen. Kaum merklich; man glaubte zuerst, sich zu täuschen, doch wenn man wieder hinblickte, war es deutlich genug. Wie jemand, der einen schönen Gedanken hat, ganz für sich allein, und weiß es selber nicht, daß er dabei lächelt. Im Gegenteil, wenn jemand zusieht, lächelt man nicht so. Die Leute fragen dann, und es ist peinlich, weil man ihnen keine Antwort zu geben vermag. Aber dieser Mann war erfroren, und deshalb sahen wir es.

Ich weiß nicht, was die anderen dachten. Doch warum sollen sie etwas anderes gedacht haben als ich? Es ist wohl am besten damit ausgedrückt, wenn ich sage: Wir kamen uns plötzlich ein wenig sinnlos vor. Und das ist schlimm. Es ist sehr viel schlimmer, als nur einfach erschrocken zu sein. Wie auf Verabredung benahmen wir uns leiser als sonst. Zum Beispiel würde es doch eigentlich Patricks Art entsprochen haben, den Mann auf die Schulter zu hauen und laut zu begrüßen. »Hallo, alter Junge, da haben wir dich erwischt. Du hast gut lachen.« Oder so ähnlich. Doch nichts dergleichen geschah. Und zwar nicht aus Achtung vor dem Toten (oder vor dem Tode, wie sie das früher nannten). Wir haben genügend Tote in unserm Leben gesehen und sind es gewohnt. Meiner Meinung nach lag es einzig und allein an dem Lächeln. Es zwang uns, behutsam zu sein. Es darf auch nicht außer acht gelassen werden, daß wir überaus anstrengende Wochen hinter uns hatten, und daß uns nicht zum Lächeln zumute war. Obwohl natürlich häufig Witze gerissen wurden, wie es sich gehört.

An diesem Tage zogen wir nicht weiter. Es war erst gerade Mittag, und normalerweise hätten wir es uns noch nicht erlaubt, schon Rast zu machen. Doch es bedurfte gar keines Beschlusses, es ergab sich wie von selbst. Wir ließen den Mann stehen so wie er war und schlugen hundert Meter davon entfernt das Lager auf. Genauso wie immer. Jeder von uns hatte seine bestimmten Handgriffe, damit es schnell ginge und keine Zeit mit Nachdenken vergeudet wurde. Das Zelt wurde aufgerichtet und der Spirituskocher in Gang gebracht. Die Hunde bekamen ihren Trockenfisch, und nachdem jeder seinen Anteil unter Knurren verschlungen hatte, rollten sie sich im Schnee auf. Sie nutzen ja jede freie Minute, um zu schlafen, die Schnauze zwischen den Hinterbeinen. Inzwischen war es dann auch für uns so weit. Die Dosen mit Bohnen und Speck waren heiß geworden. Wie üblich kriegten wir unsre Lebertranpillen zugeteilt und hockten uns ins Zelt, um zu essen. Dabei nahmen wir uns immer viel Zeit; es ruht sich besser aus. Gesprochen wurde niemals viel dabei. Es war also nichts Ungewöhnliches. Erst als die Rumflasche umging, und jeder seinen Schluck nahm, zögerte einer, ich weiß nicht mehr wer, als ob er es für höflicher hielt, dem Mann da draußen zuzutrinken. »Es würde ihm auch ganz gut tun«, sagte er. Es war uns unangenehm, daß er dort stand und lächelte, während wir im Zelt hockten und uns an Suppe und Rum gütlich taten. Doch niemand ging darauf ein. Was sollten wir auch dagegen machen? Schließlich war es nicht unsre Schuld. Er hätte ja zu Haus bleiben können.

Nach dem Essen, und nachdem wir Geschirr und Besteck im Schnee gesäubert und wieder zusammengepackt hatten, krochen die drei anderen in ihre Schlafsäcke, als wenn nichts wäre. Blaise nahm seine Instrumente, die er den ganzen Weg mitgeschleppt hatte, um jeden Tag die Temperatur und Luftfeuchtigkeit nachzumessen und den geographischen Ort auszurechnen. Und was weiß ich sonst noch alles. Ich verstand nicht viel davon, aber ich pflegte ihm dabei zu helfen, indem ich die Zahlen, die er mir aufgab, in ein Heft mit Rubriken eintrug. Und so war es auch heute.

Blaise nahm es mit diesen Zahlen sehr wichtig. Ich hatte ihn oft deswegen geneckt! Was geht uns der geographische Ort an, hatte ich gesagt. Im Grunde interessiert uns das doch gar nicht. Und selbst wenn wir annehmen, daß dies Heft einem zu Gesicht kommt, was doch keineswegs unsere Absicht ist – was passiert dann? Die Leute werden die Zahlen in ihr Lexikon eintragen und stolz sein, daß sie einen Schritt weitergekommen sind. Aber nur die Wissenschaft. Niemand sonst kommt mit diesen Zahlen auch nur einen halben Schritt weiter, denn im Ernstfall weiß keiner was damit anzufangen. Und so hatte ich mich auch über die Vitamintabletten lustig gemacht. Sie sterilisieren uns nur gegen die Wirklichkeit, hatte ich gesagt. Doch Blaise ließ sich nicht dadurch beirren. Er meinte, man habe sich jeder zeitgemäßen Erfindung zu bedienen, auch wenn man von ihrem nur relativen Nutzen überzeugt sei. Die, die wir Wilde nennen, argumentierte er, haben auch ihre Mittelchen, die es ihnen ermöglichen, unmenschliche Strapazen zu überstehen. Ich konnte mich jedoch nie ganz des Eindrucks erwehren, daß Blaise es nur darum so gewissenhaft mit seinen Zahlen nahm, weil ihm das einen Halt verschaffte. Während ich der Meinung war, daß wir rascher vorankommen würden, wenn wir gar nicht mehr nach rückwärts dächten. Blaise nannte das eine umgekehrte Romantik.

Das alles war jedoch oft genug gesagt worden – es gehörte schon beinahe zur Verdauung –, und diesmal sagte ich nichts. Ich bin überzeugt, daß ihm das auffiel, doch auch er sagte nichts. »Es klart immer mehr auf«, stellte er fest, als wir mit den Zahlen fertig waren. Und in der Tat, das konnte man auch ohne Instrumente sehen. Von dem erfrorenen Mann nahmen wir keinerlei Notiz. Wir schlenderten dann zu den Vorratssäcken zurück, die wir immer ums Zelt legten, um ihm mehr Festigkeit zu geben. Außerdem konnten wir es so rechtzeitig merken, wenn die Hunde darüber hergefallen wären. Man mußte immer damit rechnen, daß es sie überkam. Blaise stieß ein paarmal mit dem Fuß gegen die Säcke, und ich ahmte ihn nach. Alles ohne ein Wort. Dann krochen wir ins Zelt und rauchten eine Zigarette. Das war eine zusätzliche Zigarette; denn wir hatten nicht viel, zwei Stück pro Mann und Tag. Zu Anfang war ein wenig damit gewüstet worden. Wir glaubten, daß die anderen schliefen, aber das war nicht der Fall. Oder sie wachten vom Tabakgeruch auf. Denn plötzlich fragte einer aus seinem Schlafsack heraus: »Na, und was wollen wir nun mit dem Kerl anfangen?« Die Stimme klang zornig; der Mann räusperte sich wiederholt, als er das gesagt hatte. Und es war klar, daß auch die anderen zuhörten. Es ließ sich also doch nicht umgehen, darüber zu reden.

Blaise antwortete nicht gleich. Es war eine ganze Weile sehr still im Zelt. Niemand drängte ihn, es eilte ja auch nicht. »Wir werden ihn morgen fotografieren«, sagte er endlich.

»Und dann?« fragte es aus dem Schlafsack.

»Wir können ja versuchen, das Eis unter seinen Füßen loszuhacken, und ihn dann hinlegen. Für ihn bleibt es sich gleich, ob er steht oder liegt. Es wäre nur der Ordnung wegen. Machen wir uns nichts vor.« Und nach einer Pause fügte er hinzu: »Der Mann ist nicht so wichtig.«

»Was denn?« fragte die beharrliche Stimme.

»Und wenn wir ihn nicht getroffen hätten?« rief Blaise. Er verlor die Geduld, lenkte aber sofort ein. Es war auch eine dumme Antwort; denn wir hatten ihn ja getroffen. »Wichtig ist nur«, bemühte er sich so ruhig und sachlich wie sonst zu sprechen, »daß wir hier in unserm Zelt sitzen und mit unserm gesunden Menschenverstand überlegen, wie weit wir es gebracht haben.«

»Ein komischer Anlaß dazu, ein erfrorener Mensch.« Diesmal war es Patrick, der sich äußerte. Es sollte höhnisch klingen. »Gerade weil er erfroren ist und wir noch nicht. Ich mache ihm ja keinen Vorwurf daraus, es ist seine Sache. Immerhin, wir haben den Beweis erbracht, daß man bis zu diesem Punkt kommen kann, ohne zu erfrieren. Das ist nicht viel, aber wir haben ja auch nicht viel erwartet. Nach allem, was man uns beigebracht hat, müßten wir schon längst erfroren sein.«

»Aber wie kommt er hierher?« fragte einer.

»Und wie kommen wir hierher? Wenn man uns in zehn oder hundert Jahren hier findet, wird man genauso dumm fragen. Per Schlitten oder zu Fuß, ganz einfach. Wahrscheinlich zu Fuß. Der Mann ist kein Vorbild. Vielleicht bildete er sich das ein und da ihn niemand für voll nahm, lief er hierher. Eine billige Tour, aber uns kann er nicht täuschen. Auch seine Pose nicht. Das alles sind Sentimentalitäten. Wenn wir damit arbeiten wollen, hätten wir lieber zu Hause bleiben sollen. Dort gibt es genügend Abnehmer dafür.« Wenn ich an dem Gespräch teilgenommen hätte, würde ich unbedingt das Lächeln erwähnt haben, denn es schien mir das wichtigste zu sein. Aber da die anderen nicht darauf kamen, ließ auch ich es und hörte lieber zu.

»Könnte man ihn nicht auftauen?« fragte einer.

»Wir brauchen unser bißchen Hartspiritus für uns selbst.«

»Ich habe mal eine Geschichte von einer Frau in Eis gelesen«, sagte Patrick. »In einem Eisblock aus der Eiszeit. Als man ihn auftaute, weil man die Frau haben wollte, zerfloß sie zu Schleim.«

»Doch möglicherweise hat er ein Papier mit Aufzeichnungen in der Tasche«, meinte der andere.

»Und was sollten wir damit anfangen?« fragte Blaise.

»Es könnte uns einige Aufklärung verschaffen.«

»Von dem armen Eiszapfen?«

»Oder sein Name und warum und wieso. Vielleicht steht er noch gar nicht so lange da. Wir könnten dann über ihn Auskunft geben.«

»Wem bitte?« fragte Patrick.

»Irgendwelchen Angehörigen. Einer Braut oder so.«

»Die Schätzchen sind klüger als du«, höhnte Patrick. »Sie fackeln nicht lange und suchen sich was anderes, wenn man nicht heimkommt. Und recht haben sie. Wohin kämen wir sonst.« Alle lachten und sprachen von da an über die Weiber, wie es so geht. Blaise und ich krochen in unsre Schlafsäcke. Allmählich hörten die anderen auf, weil sie müde waren, und es wurde still im Zelt.

Auch draußen war es sehr still. Ich wartete wohl mehrere Stunden, bis ich dachte, daß es Nacht wäre. Dann schob ich die Kappe vom Ohr und horchte. Sie schienen alle zu schlafen. Auch in der Gegend, wo Blaise lag, regte sich nichts. Vorsichtig kroch ich aus dem Schlafsack, wozu ich viel Zeit brauchte, da wir wegen der Enge und auch wegen der Wärme fast aufeinander lagen. Doch es gelang mir, ohne daß einer aufwachte. Als ich die Zeltbahn, die den Eingang verschloß, aufhob, ließ ich sie erschrocken wieder fallen. So hell war es draußen vom Mondlicht. Das hatte ich nicht bedacht. Aber niemand schien es bemerkt zu haben, und so schlüpfte ich rasch hinaus. Zum Glück nahmen auch die Hunde keinen Anstoß daran. Ich stand mich gut mit ihnen.

Es war völlig windstill. Wir hatten sieben Wochen lang ununterbrochen gegen den Sturm ankämpfen müssen; bald war er stärker, bald schwächer, doch immer war Getöse und Brausen. Um so überraschender war diese Stille. Ganz unvorstellbar. Ich hätte beinahe das Gleichgewicht verloren, da ich mich gewohnheitsmäßig vornüber legte. Am Himmel stand ein Dreiviertelmond, ohne sich zu bewegen. Als ob er allen Wind und alle Wolken aufgeschlürft habe und verdaue nun.

Ich ging zu dem Mann hin und setzte mich ihm gegenüber in den Schnee. Ich wollte mich ganz allein an seinem Lächeln erfreuen, das war die Absicht. Jetzt warf er einen deutlichen Schatten. Die Eiskristalle in seinem Bart glitzerten. Er lächelte immer noch, es war sogar besser zu erkennen als bei Tage. Sein Gesicht war wie eine Landschaft, die mir sehr bekannt vorkam. Busch und Tal und alles, wie es sein soll. Jeden Augenblick konnten die Nachtigallen darin singen oder ein Kauz wehklagen. Ich grübelte nach, wo es gewesen war. Denn dann hätte ich auch ohne ein Papier sagen können, woher der Mann stammte. Trotzdem hatte Blaise recht, das ist ganz unwichtig. Für unsereinen ist die Herkunft nicht wichtig. Sie hindert nur am Vorankommen. Dieser Mann blickte auch nicht nach rückwärts. Er lächelte nach dort, wohin wir weiterziehen wollten.

Vielleicht sieht er etwas, dachte ich, und stand auf. Zum Beispiel kann es ja möglich sein, daß irgendwo in der Ferne noch mehr solche wie er dastehen. In gewissen Abständen wie Telegraphenmasten; eine ganze Kette, nach der man sich richten kann. Doch ich sah nichts als die nackte, endlose Schneefläche.

Ich stellte mir vor, ich stände da hinten ein paar hundert Meilen weiter. Natürlich auch erfroren, doch immerhin. Und ich versuchte zu lächeln, doch es gelang mir nicht. Ich dachte und dachte, immer schneller ging es; denn das Denken wollte ich auf keinen Fall aufgeben, das war das letzte – und dabei wußte ich schon, daß gar nichts mehr da war, um es nachzudenken. Ich schwitzte sogar unter den Achseln, trotz der Kälte. Am liebsten hätte ich aufgeschrien, es wäre sicher eine große Erleichterung gewesen.

Als ich mich umdrehte, um dem Kerl das infame Lächeln zu zerschlagen – denn sonst war nichts zur Hand, um es zu zerschlagen –, hätte ich beinahe Blaise getroffen, der hinter mir stand. Der Schlag ging vorbei. Ich taumelte, und er fing mich auf.

»Laß mich los«, schrie ich wütend.

»Ich halte dich ja gar nicht. Wie käme ich dazu!« sagte er und gab mich frei. »Vielleicht würde ich mich sogar von dir schlagen lassen, ohne mich zu wehren. Um der tierischen Wärme willen, die dabei entsteht. Aber wie lange reicht das? Alle unsere Handlungen hier sind nichts als Flucht in eine Aktivität, deren Objekt wir erst produzieren müssen, ohne daran zu glauben. Das ist die Wirkung der auszehrenden Widerstandslosigkeit dieser

Welt um uns. Wir haben eine Erfahrung über uns gemacht, und das war ja auch unsre Absicht.«

»Besser, du redest nicht so viel«, sagte ich.

»Natürlich wäre es besser, aber wofür hältst du mich. Ich bin doch nicht wie der da mit seinem Lächeln. Nein, zerschlag ihn nicht. Er kann auch nicht dafür. Außerdem würde es mir die Fotografie verderben, die ich von ihm machen will. Er scheint mir aus dem Material zu sein, aus dem von jeher Götter gemacht wurden. Und dafür ist immer Bedarf. Wir werden den Leuten das Bild zeigen und sagen: Wir haben einen erfrorenen Gott entdeckt. Er ist von euch gegangen, weil ihr nicht genug an ihn geglaubt habt. Doch er ist auch nicht böse; denn seht, er lächelt. Durch euern Unglauben habt ihr ihm die Gelegenheit geboten, ein Gott zu werden. – Nein, den letzten Satz wollen wir lieber fortlassen. Ein schöner Mythos, nicht wahr. Wahrhaftig, Grund genug, um zu lächeln. Nur nicht für uns, mein eisiger Liebling. Denn der Trost, mit dem ein Gott sich tröstet, reicht nicht für uns aus. Weil nämlich die Wollust, die dir das Gefühl, dich für andere geopfert zu haben, bereitet, nicht aufkommt gegen die Wollust, die uns hierhergeführt hat: Endlich einmal versuchen, sich für sich selbst aufzuopfern – bis zum letzten Rest.«

»Sei doch still. Ich weiß alles vorher, was du sagen willst«, bat ich ihn, um ihn davon abzubringen.

»Um so besser. Das erspart uns Tiraden, die der da doch nicht versteht. Zur Sache! Wir haben noch für knapp zwei Wochen Proviant. Bis zum nächsten Depot zurück brauchen wir zwei Wochen, wenn nichts schief geht. Doch voraussichtlich werden wir die Rationen kürzen müssen. Du bist gegen die Anlage des Depots gewesen, das ist wahr. Aber mitnehmen hätten wir das Zeug auch nicht können; wir wären dann nicht einmal bis hierher gelangt. Selbstverständlich können wir mit dem, was wir haben, auch noch zwei oder sogar drei Wochen weiterziehen. Glaubst du, daß es noch Sinn hat?«

»Es gibt keine Heimkehr«, sagte ich.

»Antworte nicht so rasch. Ich kann das, was ich sagen will, nicht zweimal sagen. Was wir gestern dachten, stimmt nicht mehr. Es ist weniger dieser Mann, der mich stutzig macht, als die absolute Stille, in die wir geraten sind. Eine ganz neue Situation. Es ist überhaupt kein Widerstand mehr da, das ist entsetzlich. Hörst du? Ich sage: entsetzlich. Die Nüchternheit gebietet mir, das zuzugeben. Es wird auch das gewesen sein, was den Burschen da zur Strecke gebracht hat. Allerdings wird er vorher die Nerven verloren haben. Nun, das kann jedem passieren. Er wird von seinen Leuten weggelaufen sein... Warum bist du eigentlich nicht weggelaufen? Als du aus dem Zelt krochst, nahm ich bestimmt an, daß du es wolltest. Und ich habe dir doch Zeit genug gelassen dazu, du Idiot. Dann wäre alles einfacher gewesen. Schon gut. Vermutlich sind es die geschmähten Vitaminpillen gewesen, die dich daran gehindert haben. Die Chance ist sowieso verpaßt. Für uns beide. Wie dem auch sei, wir müssen eine Entscheidung treffen. Die anderen werden tun, was wir beschließen; sonst würden sie nicht schlafen. Sie werden nur zu gern umkehren. Sie reden schon viel von Frauen, das ist ein sicheres Zeichen. Doch ich halte sie für anständig genug, aus Kameradschaft auch mit uns weiterzuziehen, um gemeinsam mit uns zu erfrieren. Wir alle fünf. Lohnt sich das noch, nachdem uns dieser Bursche da zuvorgekommen ist? Das braucht man doch nicht zweimal zu machen. Zu fünfen wird auch nicht mehr daraus.«

»Das andere ist unmöglich«, sagte ich.

»Was? Heimkehr?«

»Ja.«

»Eine große Neuigkeit«, höhnte Blaise. »Als ob wir das nicht vorher gewußt hätten. Als ob wir nicht deshalb die Laichplätze der großen Gefühle verließen, von denen die Oberfläche so verschleimt war, daß man keine klare Sicht mehr hatte. Heimkehr, ein Aphrodisiakum. Zu den Altären zurückkriechen. Und zu den Mädchen ins Bett. Wer spricht denn von Heimkehr? Ich spreche von Scheitern. – Was meinst du, ob unser Schneemann wohl ein Papier in der Tasche hat? Ich traue ihm nicht recht. Er sieht ganz nach einem aus, der es sich nicht eingestehen will, daß er gescheitert ist. Und solche Leute pflegen die Welt mit ihrer kleinen Vergangenheit zu belasten. Stammt nicht alles, was geredet und geschrieben wird, von Gescheiterten? Ich brauche ja nur mich zu nehmen. Aber lassen wir ihn. Indem wir ihn zu erklären versuchen, erklären wir nur uns selbst. Auch seine aufrechte Pose ist nichts Neues. Als ob wir das nicht schon hundertmal geübt hätten, nachts in unserm Zimmer, wenn nichts mehr war, was uns ablenken konnte. Während sich ringsum die Nachbarn am Dunst ihres eigenen Leibes wärmten. Genug! Was bleibt uns denn anderes übrig? Die Nerven verlieren? Das mag zu seiner Zeit gut gewesen sein; man zog Erkenntnisse daraus, und wenn man Glück hatte, wurde man ein Heiliger. Doch es entspricht leider nicht mehr der Entwicklung unseres Gehirns. Es wäre Pfuscherei. Darum habe ich mich entschlossen zu scheitern. Alles andere ist so möglich, daß es mir verdächtig geworden ist, und so bleibt mir nur noch das Allerunmöglichste: zurückzugehen bis zu dem Punkt, wo ich das Leben eines Gescheiterten zu führen in der Lage bin, ohne andere darunter leiden zu lassen. Meinetwegen bis zu den Altären und Mädchen. Wenn sie mich nötig haben, um ihre Existenz zu bejahen, weshalb denn nicht? Sie wollen ja nur das von uns, was sie brauchen können, und das können wir leicht geben. Aber werde ich das können? Denn davon hängt es ab, ob wir eines Tages reif werden, diese schöne Stille zu genießen. Doch mir ist so erbärmlich kalt zumute, daß ich Angst habe, alles zu erfrieren, was ich künftig berühre.«

»Komm«, sagte ich und half ihm aus dem Schnee auf. Und dann sagte ich ihm noch, daß ich wohl seinetwegen vorhin nicht weggelaufen wäre. Doch ich glaube, er hat es nicht gehört, weil ich natürlich nur leise sprach.

»Weißt du«, fing er wieder an, »unser Freund lächelt vielleicht gar nicht. Es ist vielleicht nur ein Muskelreflex, und wir meinen es nur. Es kann aber auch sein, daß er sich irgendein Eiapopeia vorsingen wollte – Spieglein, Spieglein an der Wand! oder so etwas –, um sich selbst zu hören, und dabei kam ihm eine Schneeflocke auf die Zunge. Ach, wie gern hätte ich das Mal um ein paar Meter weiter hinausgerückt.« Der Mond stand jetzt hinter dem Erfrorenen und schien auf Blaises Gesicht.

»Was soll das«, rief ich, weil ich erschrak; denn ich sah, wie er alberne Grimassen schnitt.

»Ich versuche mir sein Lächeln abzugucken«, sagte

er. »Beim Fotografieren kommt es vielleicht nicht deutlich heraus. Und möglicherweise kann man es mal brauchen, um irgendein armes Wesen damit glücklich zu machen.«

Ich hakte ihn unter. Wir waren so eingepackt in Wolle, Leder und Fell, daß wir wie zwei mit Lumpen vollgestopfte Puppen anzufühlen waren. Von einem warmen Leib, der darin steckte, merkte man nichts. Aber unsre Bewegungen waren die gleichen. So gingen wir zum Zelt zurück. Morgen werden wir den Wind im Rücken haben, dachte ich, und Blaise dachte sicher dasselbe. Wozu sollten wir noch sprechen?

Dies habe ich sehr viel später aufgeschrieben, so gut ich konnte.

Per Olof Sundman
Ingenieur Andrées Luftfahrt

Andrée gab durch das Megaphon die Anweisung, Segeltuchgurte und Leinen des Ballons »Adler« zu lösen.

Der Ballon wurde zwischen den Wänden des Hangars hin und her geschleudert.

Die Gondel stand in der Grube inmitten der Halle.

Auf Andrées Anweisung kappten Strindberg und ich die Leinen, mit denen die insgesamt einundeinehalbe Tonne wiegenden Sandsäcke am Korbring befestigt waren.

Unser Ballon »Adler« hob sich ungefähr einen halben Meter, so weit, wie es die drei Ankerseile erlaubten.

Die hektische Betriebsamkeit in der Halle erstarb.

Alle standen unbeweglich, schweigend, abwartend.

Die Ankerseile waren, wie bereits erwähnt, durch Blöcke im Fußboden geführt und an pollerähnlichen Pfählen nahe den Wänden festgemacht. Gleich hinter den Blöcken hatte man grobe, richtklotzähnliche Holzkloben unter die Seile geschoben. Nun galt es, den geeigneten Augenblick abzuwarten, etwa zehn Sekunden relativer Ruhe zwischen zwei Böen.

An jedem der drei Holzkloben, über den eins der Ankerseile gespannt war, stand ein Matrose der »Svensksund«, ein geschliffenes Seitengewehr in der Hand. Andrée wiederholte durch das Megaphon kurz, was die drei Matrosen zu tun hatten, wenn er den Befehl zum Kappen gab. Strindberg und ich, wir hielten uns bereit, die Segel des Ballons »Adler« zu setzen. Der Wind pfiff durch die

Ritzen der Halle, die Persenning über dem Südteil knatterte und flatterte.

Stadling, Lerner, Doktor Violet, Machuron und andere photographierten uns aus allen nur erdenklichen Winkeln.

Ein kräftige Bö erstarb, ihr folgte zeitweilige Stille. Der Augenblick war gekommen.

»Achtung!« befahl Andrée durch das Megaphon. »Eins, zwei, drei – kappen!«

Die drei Seitengewehre fuhren hoch und sausten praktisch gleichzeitig herab.

Einige Sekunden lang blieb der Ballon fast unbeweglich stehen, wie von der plötzlich erlangten Freiheit überrumpelt.

»Endlich«, sagte Strindberg leise.

Er hatte Tränen in den Augen.

Andrées Gesicht war bleich und unbewegt, sein Mund ganz, die Augen halb geschlossen.

Als sich unser Ballon »Adler« erhob, setzte ich die Segel, was sich dank der Konstruktion des Takelwerks ziemlich leicht bewerkstelligen ließ.

Der Boden der Ballonhalle versank unter uns, ich hörte Hurrarufe, Andrée brüllte durch das Megaphon: »Es lebe das alte Schweden!«

Weil der Wind heftig an den drei Segeln zerrte, wollte ich Strindberg bitten, mir zu helfen, aber Strindberg beugte sich gerade über den Instrumentenring, er streckte die Hand aus und rief Machuron auf französisch etwas zu.

Die Offiziere und Mannschaften liefen ans Tor der Ballonhalle, ihre Stimmen vermischten sich zu einer Kakophonie, aus der nichts herauszuhören war als ein paar deutliche Flüche.

Ich war vollauf mit den Segeln beschäftigt.

Unser »Adler« erhob sich langsam und majestätisch.

Als er über den Windschutz der Südwand hinweg stieg, wurde der Ballon von einer neuen Sturmbö gepackt und gegen die Ostwand des Hangars geworfen.

Einen Augenblick später prallte auch die Gondel gegen die Wand, Andrée verlor bei dem heftigen Stoß das Megaphon, es fiel auf den Boden der Ballonhalle.

Wieder ein paar Sekunden später hatte ich freie Sicht nach Süden. Als die Ballonhalle glücklich hinter uns lag, stiegen wir auf ungefähr fünfzig Meter. Gleichzeitig wurden wir nach Norden getrieben.

Der Wind heulte uns um die Ohren, die beiden Flaggen wehten, die Segel füllten sich, und die Gondel wurde infolge des Widerstandes der Ballast- und Schleppseile im Verhältnis zum Ballon nach hinten gezogen.

Trotz des Windes hörte man deutlich die Stimmen der Menschen unter uns und das Geräusch ihrer hastigen Schritte.

Strindberg schien seine Aufgabe als Navigator vergessen zu haben. Er war damit beschäftigt, unseren Aufstieg zu photographieren.

Andrée stand noch immer auf dem Platz, den er bei der Abfahrt eingenommen hatte.

Wir trieben über die Virgo Bucht.

Die Ballast- und Schleppseile tauchten ins Wasser, es rauschte und brodelte, als schneide der Bug eines schnellfahrenden Schiffes durch die Wogen.

»Endlich unterwegs«, sagte Strindberg, »endlich ist dieses verdammte Warten zu Ende.«

»Wir sind zu niedrig«, sagte ich zu Andrée.

Er antwortete nicht.

Unser Ballon »Adler« begann, sich um seine Horizontalachse zu drehen. Das Segel sollte im Lee sein, doch durch die Drehung des Ballons befand es sich plötzlich im Luv.

Gleichzeitig sank der Ballon schnell.

Das Segel war so gesetzt, daß es den Ballon nach oben drücken mußte, jedenfalls solange es sich wie vorgesehen auf der Leeseite befand. Durch die Drehung des Ballons entstand der entgegengesetzte Effekt. Der Ballon wurde nach unten gedrückt.

Strindberg rief etwas. Andrée schaute verwirrt von den Schleppseilen zum Ballon und vom Ballon zu den Schleppseilen.

Das Segel war leichter zu setzen als zu reffen. Ich kletterte in das Takelwerk über dem Korbring, ohne eine Anweisung abzuwarten.

Wenige Sekunden später prallte die Gondel auf die Wasserfläche.

Andrée und Strindberg schienen in Panik zu geraten. Ich sah, daß sie einen Sandsack nach dem anderen losschnitten.

Ich versuchte, sie zur Besinnung zu bringen.

Sie verstanden mich nicht, der Wind war zu heftig. Ich selbst konnte jedoch ständig die Stimmen der Leute am Ufer und Ruderschläge hören, die von zwei eilends auf uns zuhaltenden Booten im Danskgatt herrührten.

Über Fallwinde, die den Ballon für kurze Zeit nach unten drücken konnten, hatten wir oft genug diskutiert, obwohl wir nicht damit gerechnet hatten, daß die Gondel das Wasser berühren würde.

Als das Segel endlich gerefft war, kletterte ich auf das Gondeldeck zurück.

Unser Ballon »Adler« bewegte sich mit zunehmender Geschwindigkeit nach oben. Das Barometer zeigte bereits eine Höhe von vierhundert Metern an.

»Was ist geschehen?« fragte ich.

Andrée erwiderte: »Zwei Drittel von den Schleppseilen sind verlorengegangen. Sie haben sich selbständig aus den Schraubsicherungen gelöst, alle drei.«

Wir schwebten gerade über Holländarnäs mit den vielen toten Robbenfängern.

Der »Adler« war nun wieder ein freischwebender Ballon, aller Steuermöglichkeiten beraubt. Die Schleppseile, die Voraussetzung für seine Lenkbarkeit, waren verlorengegangen.

Wir schwebten über Holländarnäs hinweg.

Wir trieben mit Windgeschwindigkeit.

Wir befanden uns in einem Luftraum, in dem sich kein Lüftchen zu regen schien. Die Flaggen hingen schlaff herab, der Wind war nicht mehr spürbar, weil unser Tempo mit dem seinen gleich war. Die Stille wurde lediglich vom Kreischen der Vögel und dem fernen Donnern der Wogen unterbrochen, die an den Uferklippen zerschellten.

»Zehn Minuten nach dem Start«, sagte Strindberg.

Mir waren diese Minuten wie Stunden vorgekommen.

»Wieviel Ballast, wie viele Sandsäcke habt ihr abgeworfen?« fragte ich.

Andrée ließ seinen Blick über die abgeschnittenen Leinen schweifen.

»Neunmal dreiundzwanzig Kilo ergeben etwas über zweihundert Kilo«, sagte Strindberg.

Zusammen mit den verlorenen Teilen der Schleppseile fast achthundert Kilo Ballast.

Natürlich ist mir völlig klar, daß ein Laie die Bedeutung von Zahlen über abgeworfenen Ballast nur schwer erfassen kann.

Andrées »Adler« stieg auf eine Höhe von sechshundert Metern.

Wir trieben mit Windgeschwindigkeit über den Smeerenbergsund und näherten uns der Insel, die den poetischen Namen Vogelsang trägt.

»Wir können die Ventile und die Reißbahn des Ballons öffnen und auf Vogelsang landen«, sagte ich. »Noch sind wir in Sichtweite unserer Freunde auf Danskö.«

»Weshalb?« fragte Andrée.

»Du weißt sehr gut, weshalb«, erwiderte ich. »Unser ›Adler‹ hat sich wieder in einen Freiballon verwandelt. Man kann ihn nicht mehr lenken.«

»Bist du wirklich der Meinung, daß wir auf Vogelsang notlanden sollten?« fragte Andrée.

»Nein«, erwiderte ich.

»Und du?« Andrée wandte sich an Strindberg.

»Ich wollte beim Überqueren von Holländarnäs einen Behälter mit einem Brief an meine Verlobte abwerfen«, sagte Strindberg. »Ich hatte das mit Machuron verabredet. Nun habe ich es vergessen. Es ist zuviel auf uns eingestürmt. Ich werde den Behälter abwerfen, wenn wir über Vogelsang sind.«

»Wir sind uns also einig«, sagte Andrée.

»Alle drei«, fügte ich hinzu.

Achtzehn Minuten später trieben wir in gut sechshundert Metern Höhe über die Insel Vogelsang hinweg.

Strindbergs Brief wurde in einem kleinen zylindrischen Aluminiumbehälter abgeworfen; ein zehn Meter langes, blaugelbes Seidenband bremste seinen Fall.

Durch das Fernglas sah ich die Dampfbarkasse der »Svensksund« im Smeerenbergsund gleich hinter der Landzunge von Holländarnäs. Sie folgte uns offenbar mit Volldampf.

»Sie hat keine Chancen«, meinte Strindberg, »wir machen mehr als zwanzig Knoten.«

Andrée sagte: »Sobald sie feststellen, daß wir nicht daran denken, auf Vogelsang notzulanden, werden sie beidrehen.«

Wir wurden von einer sonderbaren Fröhlichkeit erfaßt.

Die Sonne brannte, obwohl das Thermometer nicht mehr als plus ein Grad Celsius anzeigte.

Wir lachten über die kleine Dampfbarkasse, die einen Luftballon einholen wollte.

Wir lachten über die neugierigen Vögel, die uns umkreisten; einige schwebten mit ausgebreiteten Schwingen, andere flatterten mit plumpem, schwerem Flügelschlag um die Gondel.

Südlich und östlich unter uns dehnte sich Spitzbergen

mit seinen vielen Inseln, Fjords, Sunden, Gletschern und spitzen Felsgipfeln.

Um uns war Stille. Die Flaggen hingen schlaff herab.

Das Meer, die Inseln und der Sund drehten sich schnell nach Südosten – weit unter uns, fern von uns.

Um uns herrschte völlige Stille. Wir waren souverän – es war die Erde unter uns, die sich bewegen mußte.

Im Norden erblickten wir die ersten, einzeln treibenden Eisschollen.

»Bei dieser Geschwindigkeit können wir schneller am Nordpol sein, als je einer zu hoffen wagte«, sagte Andrée.

Alfred Andersch
Hohe Breitengrade oder Nachrichten von der Grenze

Melancholie an der Branntweinbucht. Die Bucht ist zugefroren, und wir haben am Rand des Eises festgemacht. Die Sieben Inseln sind nicht mehr zu sehen; sie sind hinter dem Kap Rubin verschwunden. Åsa ist nicht in der Stimmung, Aufnahmen zu machen, nicht einmal, als der große Bär endlich bis ans Schiff kommt, nachdem wir Stunden auf ihn gewartet haben. »Er ist fett«, sagt sie angewidert, »einfach fett!« Der Bär zerrt lustlos an den Robbenschwarten, die Alf für ihn ausgelegt hat. Alf hat den Bären gesichtet, wie er tief im Inneren der Bucht auf dem Eis lag und schlief; er hat zuerst in einem Eimer Robbenspeck angezündet, der Rauch zog über das Eis, dann hat er die Schwarten ausgelegt. Aber der Bär will sie gar nicht. Er zerrt nur ein bißchen an ihnen herum. Wir stehen auf dem Schiff, ein paar Meter von ihm entfernt, und sehen ihm zu. Wir verstehen jetzt, was Mr. Shaffer aus Wisconsin meinte, als er sagte, es sei keine Jagd. Um den Bären stehen zwölf Bürgermeister-Möwen, die Geier der Arktis. Sie sind die größten Seevögel der nördlichen Erdhälfte. Der Bär ist wirklich sehr fett, man kann das sehen, als er abschiebt; sein Hinterteil ist gewaltig. Er trottet in Richtung der Botnia-Halbinsel davon, wie ein dickes altes Pony. »Da«, sage ich zu Åsa, »genau da, wo er jetzt geht, ist Amundsen notgelandet.« Und um sie aufzuheitern, erzähle ich ihr die Geschichte von Amundsens Versuch, mit zwei Dornier-Wal-Flugbooten den Nordpol zu überfliegen, 1925, wie sie am 88. Breitengrad wegen eines Schadens an der einen Maschine mitten im Preßeis landen mußten und wie sie es fertigbrachten, in 25 Tagen eine Startbahn zu bauen, mit deren Hilfe sie – sechs Männer in einem Flugzeug, das andere mußten sie zurücklassen – der gefährlichsten Wüste der Welt entrannen. Sie kamen nur noch bis vor die Küste des Nordostlandes, dann fuhr sich die Steuerleitung fest, und sie mußten aufs Wasser herunter, retteten den Dornier-Wal jedoch in die Branntweinbucht. *Die Landungsverhältnisse in der Bucht, in die wir geraten waren, waren nicht die besten. Wir hatten indessen am Landeise einen abfallenden Rand, an dem wir hinaufklettern konnten. Der Wind hatte sich jetzt ganz gelegt, und die Sonne brannte auf die großen Steine, mit denen der Strand bedeckt war. Hier und da lag frisches Moos zwischen den Steinen, und das Wasser rieselte murmelnd von den Felsvorsprüngen. Ein paar dünne Vogelstimmchen paßten trefflich in dies schöne Abendbild. Uns wurde geradezu andächtig zumute. Eine Kirche brauchten wir nicht aufzusuchen, um Gott, dem Allmächtigen, unsern heißesten Dank zu sagen. Wir brauchten nur seine herrliche Natur, um ihn anzubeten. Das Meer lag blank und still. Hier und da ragten feststehende Eismassen daraus hervor.* Sie hatten weiter Glück und sichteten sogleich einen Fischkutter, der sie aufnahm und nach Ny-Aalesund brachte (das damals Kingsbay hieß). Es gab zu jener Zeit noch Fischkutter an der Nordküste von Spitzbergen. Amundsen war damals dreiundfünfzig Jahre alt. Er hatte vierzehn Jahre zuvor als erster den Südpol erreicht. Ein Jahr nach seinem Abenteuer zwischen dem 88. Breitengrad und der Branntweinbucht überflog er mit Nobile in dem Luftschiff ›Norge‹ den Nordpol. 1928 kehrte er von einem Suchflug nach Nobile nicht mehr zurück. Für ihn gab es kein Problem der Technik und der Grenze. Wenn die Technik dazu taugte, die Grenze zu überschreiten, so mußte sie dazu benutzt werden. Er muß ein von dem um zehn Jahre älteren Nansen völlig verschiedener Mann gewesen sein. Nansens Augen waren tiefliegend, freundlich, ernst, über seinem Gesicht lag der Ausdruck intensiver Offenheit; Amundsens Blick hingegen war kühl, fast kalt, die großen Flächen seines Gesichts verschlossen den Mann wie Eisen. Nansen war einer der letzten großen Humanisten aus dem 19. Jahrhundert. Amundsen gehört schon zur Generation der Byrd und Papanin. (Seine konventionelle Religiosität mit den Obertönen monistischer Naturanbetung, dieses *geradezu andächtig* wäre bei Nansen unvorstellbar.) Dann gibt es noch diesen unglücklichen Außenseiter unter den Polarforschern, eine Hamlet-Natur: Scott. Oder den liberalen Flüchtling aus dem politischen Nihilismus ins Eis: Nobile. Während die ›Havella‹ schon weiter tuckert, nach Südwesten, entwerfe ich für Åsa diese – reichlich gewagte – Typologie der Polarforschung. Plötzlich höre ich sie sagen: »Wir hätten den Berg auf der Parry-Insel besteigen sollen!« Sie hat also gar nicht zugehört. Sie ist mit ihren Gedanken noch immer auf den Sieben Inseln. Die Vorstellung, daß wir die Welt des hohen Eismeers verlassen, daß uns jetzt nichts mehr übrigbleibt, als an den Küsten entlang nach Süden zu streunen, ist ihr unerträglich. Sie wird manchmal ihre Nostalgie vergessen: im Van Mijenfjord etwa, auf der

Axel-Insel oder im Tal des Jägers. Aber jetzt ist da nur dieses Gefühl eines Verlustes. Der Himmel ist grau, wie er immer ist über der Hinloopenstraße, grau und niedrig. Der endlose Valhall-Gletscher ist aus der Ferne flach, in der Nähe eine riesenhafte Wand. Wenn wir uns von seinem Anblick abwenden, so können wir das Inlandeis von Nordostland nur ahnen. Über das Wasser streicht ein Flug Lummen, zehn oder zwölf schwarze Vögel hintereinander, eine dunkle Notenschrift. Hat Haakon vorgehabt, die Hinloopenstraße nach Süden zu durchlaufen, uns auf diese Weise an die Ostküste Spitzbergens zu bringen? Aber er betrachtet die Eisberge, die im kältesten Südwind der Welt auf der breiten Meeresstraße nach Norden treiben. Dies sind wirkliche Eisberge, wie wir sie noch nie gesehen haben. Abbrüche vom großen ›Schelfeis‹ des Nordostlandes. Der Valhall-Gletscher donnert fast ununterbrochen. Haakon mag das alles nicht; er wendet das Schiff nach Norden, um Verlegenhuken herum. Er unterhält sich wieder einmal mit den Funkern von Kap Linné und Hopen Island. Beim Kap Weyprecht, erzählt er, sei ein Robbenschläger vom Eis eingeschlossen.

Paul Celan

Die Pole
sind in uns,
unübersteigbar
im Wachen,
wir schlafen hinüber, vors Tor
des Erbarmens,

ich verliere dich an dich, das
ist mein Schneetrost,

sag, daß Jerusalem ist,

sags, als wäre ich dieses
dein Weiß,
als wärst du
meins,

als könnten wir ohne uns wir sein,

ich blättre dich auf, für immer,

du betest, du bettest
uns frei.

Guntram Vesper
Nordwestpassage

Ein Poem

I Seeleben. Mein Traum das Seeleben / das Vorüberfliegen der Schiffe auf dem ungeheuren Meer / Matrosen voll kindlicher Freude / an der Reling / Winken, Rufe / von Bord zu Bord, Fragen / nach dem Woher, Wohin / nach fernem Krieg und fernem Frieden.

In solcher Gesellschaft nichts wissen / immer zwischen den Kontinenten / an ihrem Saum / auf der Wellenlinie der Schönheit.

II Franklins Mannschaft. Im Mai verließen / die beiden Schiffe den Hafen von Greenwich und / verschwanden für immer. / Einhundertfünfzehn Mann hatten für die britische Admiralität eine Durchfahrt / oberhalb Kanadas erzwingen sollen: / weltweiter Handel.

Die Suche nach ihnen dauerte / neun Jahre, fünfzig Expeditionen waren beteiligt / auch im Eis geht es / vorwärts, glaubte die Welt.

Bis John Rae von der Hudson Bay Company auf einem seiner Beutezüge / Schnaps gegen Felle / Eingeborene aus dem höchsten Norden traf / er traute / seinen Augen nicht, als er / den Krimskrams sah, mit dem sie spielten wie Kinder / silberne Löffel / Taschenuhren.

Viele Männer seien vor langer Zeit / mit schwerem Gepäck / mit Schlitten und Booten nach Süden gezogen, hier / sei einer liegengeblieben / da einer zusammengebrochen / die Überlebenden hätten / alle Sachen weggeworfen / weiter, nur weiter / so habe das ausgesehen, und sie / die Eskimos / nach einem harten Winter selbst am Verhungern / konnten nicht helfen, mußten / aus der Ferne zugucken, wie / die letzten Fremden noch / von der Insel kommend / den Sund überwanden / indem sie auf allen vieren über die Schollen krochen / halb totgeschlagenen Robben ähnlich / und kraftlos am Besatz der Pelzmäntel kauten.

Der allerletzte erreichte / tatsächlich festes Land, den Nordstrand / Amerikas, er saß / am Ufer des Eismeeres und zitterte / wackelte / mit dem Kopf / bis eine alte Frau zu ihm hinging / und ihn anstieß, ganz leicht / da fiel er zur Seite und war tot.

Mit seinen Papieren haben später / die Kinder gespielt / und dort, wo die Leiche gelegen hat / wächst das Moos im Sommer viel besser.

III Die Hansa. Täglich in Gefahr / das bißchen Leben zu verlieren / trieben die Männer nach Süden / wer hat uns die / Halbwahrheiten über die Natur erzählt.

Risse im Eis / Übersiedelung bei Schneesturm und haushohen Wellen auf / immer dünnere Schollen: / Sklave seiner Einfälle / arbeitet sich Deutschland verbissen und ängstlich / zu den Bereichen einer unsichtbaren Sonne hin / zu neuen Kniefällen / Paraden und Kaisermanövern / die Hansa lag längst auf dem Meeresgrund.

Nach zweihundert Tagen offenes Wasser / nun konnten sie in die Boote gehen / die Schrecken der Reise / noch im Gesicht, aber die Haut / schälte sich schon.

Wochen später kommt ein Dänendampfer nach Hamburg / gegen Abend laufen sie / als dichte Gruppe an der Reling stehend / in den Hafen ein / der schwüle Spätsommertag ist zu Ende / Duft, der herüberweht / sie atmen tief / und dann noch / Heimat.

Fassungslos vor dem rührenden Bild / ist es ein Traum / der ganze Hafen, die Stadt dahinter geschmückt / mit Kerzen, Laternen und Fackeln / Tausendundeine Nacht / für uns, für die Helden der Scholle / schöne Sekunden, die hastig / genossen werden / ihre Hände sind feucht / auch die Augen / engumschlungen stehen sie da und hören / was hören sie, was / ruft ihnen der Junge / mit dünner Stimme vom Kai aus zu.

Frankreichs Kaiser bei Sedan gefangen.

IV De Long. Das Schiff, eine Schönheit, hieß Jeanette / kam aus Amerika / segelte durch die Beringstraße / durchquerte auf dem Weg nach Norden / Passage oder Pol / die Sibirische See / geriet in Packeis / überdauerte zwei Winter und / sank mit eingedrückten Bordwänden / die Firma fallierte, trug Kapitän De Long in sein Tagebuch ein / und wir stehen schön da.

Südwärts, immer südwärts / der rettenden Küste zu / und am Ufer drei Tage Pause unter dem größten Stück freiem Himmel / das man sich vorstellen kann.

Von morgens bis abends pumpten die Matrosen sich / Wasser in den Darm / wer es am längsten hielt, hatte / eine Ration Zwieback, zwei Löffel / Salz gewonnen.

Auf was die Menschen verfallen / schrieb De Long in sein Heft, dann / schlug er den Heinrich v. Ofterdingen auf / Kunst und Wirklichkeit / die ganze weite unbegrenzte leblose Tundra eine Landschaft / in der Rot und

Blau sich eine Schlacht / so sanft / so tödlich liefern / auch hier / wie schön.

Achtzehn Tage noch / er verhungert als letzter.

V Fort Conger. Kurz vor dem Einschlafen stelle ich mir / das ideale Gesicht eines alten Lehrers vor / leere Strände, fruchtbare Landstriche, Sonne / dazu das Aufsagen halb vergessener Briefe, um ganz sicher zu sein / nichts Unentwickeltes / in mir erstickt zu haben.

Das Glück ist eine Ungeheuerlichkeit / wer es sucht, wird bestraft / jedesmal schreckliche Träume / abends stehe ich auf und kenne / die Grenze nicht mehr, an der / die Einbildung aufhört / hier ist doch das Ende der Welt / Fort Conger im Eismeer.

Sieben Monate klirrende Kälte und Nacht / sieben Monate Diebstahl, Verrat / Wahnsinn / Standrecht.

Orgien des Hungers / die Toten / ernährten die Lebenden.

Werde ich gefunden, soll man / der Leiche die Haut abziehen / und gerben / und der beste Kalligraph des Landes / muß auf dem Pergament / unsere Leiden verzeichnen.

VI Andree. Die städtischen Anlagen in Stockholm / jeden Mittag drei Männer / erst um das blaue, dann um das gelbe Rondell / untergehakt: / der Ingenieur Andree zwischen den besten Freunden / ihre Spur / eine Acht.

Von allen Lügen wähle ich den Ruhm.

Auf Sachalin sahen Verbannte Andrees Ballon / zehn Jahre nach seinem Verschwinden / als winzigen Punkt unbeweglich / zwischen Erde und Sternen stehen.

Daß sie am Leben sind, niemand / hat ja die Reste der Gondel gefunden / niemand ihre Leichen, ihre Skelette / wenn es ein Absturz war, wenn sie / unablässig in der Mondlandschaft umherlaufen müssen / Kälte und Weiß / mit jenen Schatten, die unsere Gesichter / bei Vollmond werfen.

Die Kraft des Schmerzes / für eine Wiederbelebung viel zu klein / ist für den Untergang / zu groß gewesen.

VII Cook. Nach vierzehn Monaten Schlittenreise / waren die Hunde verzehrt, jetzt / ging es erst richtig los / schneeblinde Fußmärsche hierhin und dorthin / tausende Kilometer im ganzen / die Rückkehr in die Zivilisation sah wie ein / Triumphzug aus.

Schon während des ersten Bades / setzte Cook die Blitztelegramme an alle Welt auf: / den Pol erreicht / gewonnen.

Bei fünfzig Grad Kälte und Schneesturm / auf der arktischen Kappe waren / irgendwie blühende Inseln, ganze Traumländer / in Grün / aus dem Eis gestiegen / hier, ausgestreckt in der Wanne / sah er sie wieder, fiel ihm wieder / die unbegreifliche Mühe ein, die es gemacht hatte / Namen für alle Küsten, Kaps und Berge aus einem / leeren Kopf zu fischen.

Zwei Jahre später der Vorwurf des Schwindels / sein Eingeständnis / Hunger, Frost und Erschöpfung / auch Einsamkeit / hätten ihm das Bewußtsein getrübt / er wisse nicht, habe nie gewußt / wo er damals gewesen sei.

Anderthalb Jahre meines Lebens ohne feststellbaren Inhalt / verloren / auf der langen Reise zu einem Ziel verstrichen / das alle Zeit, Schreckenstag / für Schrekkenstag / nur in meinem Kopf vorhanden war.

Wie hätte ich in dieser Angelegenheit / von der ich nicht weiß, ob sie / mein Problem ist / oder das der Epoche, die wir erreicht haben / jemals wirklich klar sehen / ihre durch die vielen Echos verzerrte Melodie aufnehmen / unschuldig / dastehen können / wie.

VIII Peary. Er ernährte sich nur / aus der Fleischerei, warum wohl.

Eigentlich waren ihm die grünen Landschaften / die leichten Hügel lieber / Long Island besonders, wo er als Gast / sieben Jahre in kleinen Villen gelebt hatte / weißen zweistöckigen Gebäuden / umgeben von Obstgärten und Parks, durch die er / Pläne schmiedend wandern konnte.

New York, das Meeresdröhnen in der Ferne.

Er erlebte alles im voraus / den Sieg / seine Pleiten, die Anfänge. / Das erstemal in Grönland, würde er / die guten Eskimos für sich arbeiten lassen / und ihnen dafür bei der Abreise / ihren Eisenvorrat wegnehmen, den größten Meteorstein der Welt.

Männer wie er führen / die Erziehung der Völker / der Tiere / der ganzen Natur im Gepäck: / das unmäßige Beispiel.

Nach sechs Versuchen, einem Vierteljahrhundert / kommt der alternde Mann an den Nordpol / mein Gott, ruft er und guckt sich erschrocken um / wie sieht denn das Ziel meiner Sehnsucht aus.

Nur der Triumph als zweites Augenlid vor den Schrekken der Einöde / nach einiger Zeit merkte ich, daß mein

Lachen / mein Lachen nicht dem der Menschen glich / ich lachte gar nicht, ich weinte.

Der alte Kunstgriff / ich warf mich auf den Schlitten und raste / in einem Kreis von zehn Meilen Halbmesser um die Stelle / in ihrer Gewöhnlichkeit / konnte ich sie schon aus kurzer Entfernung kaum noch erkennen / mein Zustand seitdem / es ist das Leben, das Leben / und das läßt sich nicht erzählen.

Sten Nadolny
Die Entdeckung der Langsamkeit

Die Reise ins Eis

Die Expedition. Jeder in Deptford wußte, was damit gemeint war. Sie bestand aus den kupfergepanzerten Briggs *Dorothea* und *Trent* und wurde zur Zeit mit allem beladen, was man am Nordpol brauchte.

»Vor allem mit Felljacken und Pelzmänteln«, hofften die Kürschner.

»Mit spannenden Büchern«, sagte ein Buchhändler, »denn dort ist es sehr langweilig.«

»Mit verwegenen Männern«, vermuteten die Damen der feinen Londoner Gesellschaft und ließen sich mit der Kutsche hinfahren, um sie zu besichtigen.

Jeder behauptete, über die Orders der Expedition Bescheid zu wissen. Der eine wollte es in der Admiralität selbst erfahren haben, der andere von Kapitän Buchan, dem Leiter der Unternehmung. Einige beriefen sich auf Leutnant Franklin, den Kommandanten der *Trent*. Andere zweifelten: »Franklin? Der sagt nie was!«

»Ein langsamer Kapitän, so etwas geht gar nicht«, sprach Midshipman George Back, »wie soll das erst werden, wenn wir unterwegs sind?« Andrew Reid sah seinen Freund bewundernd an. Er widersprach nur, um das Gespräch fortzusetzen: »Aber die Hühner waren schnell wieder von Bord, George.«
»Es wird sich als Fehler erweisen. Hühner sind Frisch-

fleisch! Das ist noch das wenigste. Wenn er spricht, tritt immer zunächst eine Pause ein. Wie soll so jemand Befehle geben?«

Sie kamen frisch aus der Marineschule und wußten genau, worauf es ankam. Back hatte für Franklin auch einen Spitznamen: Käpt'n Handicap.

Die erste Nacht an Bord. John Franklin hatte Fieber und fröstelte. Im Halbschlaf hörte er zahllose Stimmen, die Unverständliches mitteilten, Entscheidungen verlangten oder Kritik an etwas übten, was er angeblich angeordnet hatte. Er warf sich hin und her, knirschte im Traum mit den Zähnen, schwitzte die Decke durch. Morgens schmerzten seine Nackenmuskeln, mit schiefem Hals tappte er aus der Kajüte.

Furcht war das, nichts als Furcht, aber schwer zu besiegen. Er ging schweigend durch das ganze Schiff, erwiderte Grüße, nahm Meldungen entgegen und versuchte, sich von einem Mitglied der Horncastler Lesegesellschaft zu einem Kommandanten zu entwickeln. Er kannte das von früher: die Angst, nichts mehr zu verstehen, nichts mehr zu können und auch nicht zur Gegenwehr fähig zu sein, wenn man ihn einfach überging. Die Angst, daß niemand sich seinem Tempo anpassen würde und daß er bei dem Versuch, sich dem der anderen anzupassen, elend scheitern würde.

Nur 250 Tonnen hatte die *Trent*, aber im Augenblick schien sie ihm riesiger und unbegreiflicher als sein allererstes, das Handelsschiff auf der Reise nach Lissabon vor achtzehn Jahren. Diese Art der Angst war ihm vertraut. Sie war bisher stets von der Gewohnheit verjagt worden, jede Sache zu Ende zu bringen, mit oder ohne Glück. Aber nun kam noch eine andere Angst hinzu: Wenn er jetzt sterbenskrank wurde, unterging oder abgelöst wurde, hatte er jahrzehntelang umsonst gewartet und gekämpft.

Die Kraft, Ruhe und Zuversicht, die er auf der *Bedford* nach der Schlacht von New Orleans gefunden hatte, schien sich verborgen zu halten – jedenfalls kam sie nicht auf Kommando wieder. Auch fehlte der Nimbus: eine Narbe, deren Geschichte keiner kannte, half ihm nicht mehr.

Ein gutes Mittel gegen Angst hieß: lernen. Als erstes lernte John die Instruktion der Admiralität.

Der Nordpol war nicht das Ziel der Reise, sondern nur eine von mehreren Stationen. Er war für die Krone nur interessant, sofern er in einer offenen See lag, durch die man zum Pazifik segeln konnte.

Ein Walfänger hatte berichtet, die Eisfelder des hohen Nordens lösten sich immer mehr auf. Sekretär Barrow hatte auf diese Nachricht gehofft. Er verkündete sofort, er und ein gewisser Franklin hätten schon längst an ein offenes Polarmeer geglaubt. Die Expedition, zunächst nur belächelt, schien plötzlich jedermann äußerst wichtig.

Dorothea und *Trent* sollten zwischen Spitzbergen und Grönland hindurch-, dann über den Pol hinweg zur Beringstraße segeln und auf der Halbinsel Kamtschatka den Hafen Petropaulowski anlaufen, in dem seinerzeit Cook gelandet war. Duplikate der Logbücher, Reisenotizen und Karten sollten von dort auf dem Landweg nach

England geschickt werden, während die Schiffe nach den Sandwich-Inseln fuhren, dort überwinterten und im nächsten Frühjahr nach England zurückkehrten, am besten gleich wieder über den Nordpol.

Es gab noch eine zweite Expedition, die versuchen sollte, direkt am Rand des nordamerikanischen Kontinents entlang zum Pazifik zu finden. Aber man hielt diesen Weg für den beschwerlicheren.

Was diese Politiker und Kaufleute so interessierte! John legte das Schreiben auf den Kajütentisch und versetzte es mit dem Finger in drehende Bewegung. In seinem Hals klopfte die Aufregung. Vom Nordpol her fing alles neu an, man mußte nur hinkommen.

Er lernte auch das Schiff auswendig und prägte sich alle Zahlen ein, die zu finden waren. Er rechnete nach, was zu rechnen war: das Gewicht der Ladung im Verhältnis zum Gesamtgewicht, Trimmung, Segelfläche, Lateralplan, Tiefgang. Schon biß er sich an der ersten Einzelheit fest: der Tiefgang der *Trent* schien ihm schneller zuzunehmen, als der tägliche Zuwachs an Ladung bewirken konnte. Er rechnete noch einmal genau nach, dann bat er Leutnant Beechey zu sich, seinen Ersten Offizier. Er wollte ab sofort von jeder Wache gemeldet haben, wie tief das Schiff lag und wieviel Wasser in der Bilge stand.

Ob der Leutnant seine Unsicherheit und Unruhe bemerkt hatte? Aber Beechey besaß Taktgefühl. Wenn sich ihre Blicke getroffen hatten, wandte er blinzelnd das Gesicht. Beim Hören schien er den Zustand der Decksplanken zu prüfen, beim Sprechen mit seinen weiß bewimperten Sehschlitzen den Horizont abzusuchen. Seine Miene verriet nie mehr als eine Art übellauniger Wachsamkeit, und er sprach kein Wort zuviel.

So, die Berechnungen waren erst einmal richtig! Die *Trent* hatte ein Leck. Groß schien es nicht, hatte aber den Fehler, daß man es nicht finden konnte. Das Wasser floß ins Unterschiff – wo es herkam, war nicht festzustellen. Sie suchten weiter. Schon im Hafen also das Geräusch der Pumpen! Aber John war seltsamerweise erleichtert: ein Leck, das war endlich eine reale Sorge.

Der Oberkommandierende hielt John offenbar für einen Schützling des Admiralitätssekretärs. David Buchan war ein rotgesichtiger, ungeduldiger Mann. Er wollte nie lange zuhören, und vor allem wollte er wegen eines Lecks die Abreise nicht verschieben.

»Ist das Ihr Ernst? Sie haben ein Leck und finden es nicht? Und wir sollen warten, bis der Polarsommer wieder vorbei ist? Lassen Sie Ihre Leute ein paar Wochen pumpen, sie werden schon merken, wo das Wasser herkommt.«

Buchans Grobheit ließ John nur noch ruhiger werden. Jetzt hatte er sogar einen konkreten Gegner, das half und tröstete.

»Sir, ich komme natürlich auch mit einem Leck ins Polarmeer!«

Das klang so selbstbewußt und spöttisch, daß Buchan etwas unsicher wurde: »Wenn sich das Thema bis zu den Shetlands nicht erledigt hat, heben wir die *Trent* aus dem Wasser und sehen von außen nach.«

Der 25. April 1818 war Abreisetag. Die Pier war hell von Gesichtern. Eleanor Porden tauchte auf, wünschte dem erstaunten John viel Glück und steckte ihm ein längeres Poem zu, an dessen Ende der Nordpol selbst in direkter Rede zu sprechen begann und sich für besiegt erklärte. John wußte jetzt: sie schätzte ihn wirklich. Sie bestaunte sogar noch die langen Eissägen und das Gerät, mit dem man Meerwasser entsalzen wollte. Sie schwärmte von Forschung, Mesmerismus und elektrischen Erscheinungen und beschwor John, er möge im Polargebiet darauf achten, ob besonders viel Magnetismus in der Luft liege und wie sich das auf die Sympathie zwischen den Menschen auswirke. Zum Abschied fiel sie ihm um den Hals, ihre Stimme schwirrte. John konnte beim besten Willen nicht anders als sie um die Hüfte fassen. Wenn er nur nicht alles immer so lang festgehalten hätte! Er spürte, daß er Gefahr lief, ihr und anderen auffällig zu werden, und zog sich eilends auf wichtige Kursberechnungen zurück. Dann legten sie ab. Die Narzissen blühten. Strichweise war die Küste ganz gelb.

Das Wasser strömte täglich stärker ein, und sie waren nicht genug Leute. Zur vollständigen Bemannung der *Trent* fehlte ein gutes Sechstel. Jeder Mann verbrachte die Hälfte seiner Wache mit dem Pumpen.

In Lerwick fand John trotz aller Anstrengungen weder das Leck noch irgendwelche Freiwillige, um die Mannschaft zu verstärken. Die Bewohner der Shetlands lebten von Seefahrt und Walfang, sie wußten gut, was es hieß, wenn ein Schiff im Seichten gekrängt und Zoll für Zoll abgesucht wurde. Wenn man ihnen sagte, es würden nur die Kupferplatten besser befestigt, lachten sie verlegen. Auf einem lecken Schiff wollte keiner anheuern. John begann ernstlich zu fürchten, daß dieses unsichtbare Loch in der Bordwand ihn um den Nordpol prellen könnte.

Buchan dachte daran, die fehlenden Seeleute durch ein Preßkommando auszuheben. Aber da dies jetzt illegal war, sagte er zu John: »Stelle anheim, Mr. Franklin!«

Als John mit seinem Ersten Offizier allein war, suchte Beechey mit seinen grauen Augen den Horizont ab und meinte: »Die Mannschaft steht es durch. Sie ist gut. Drei oder vier Gezwungene, die den Humor nicht haben, sind schlimmer als gar nichts.«

»Danke!« murmelte John verblüfft.

Das Gute an Beechey war, daß er seine Meinung dann sagte, wenn sie gebraucht wurde.

Der Seemann Spink aus Grimsby konnte mehr Geschichten erzählen als drei Dorfeichen zusammen, vor allem war er weiter herumgekommen. Mit zwölf Jahren hatten sie ihn zum Dienst gepreßt, dann war er auf der kleinen *Pickle* unter Lapenotière gefahren, in französische Gefangenschaft geraten, ausgebrochen und mit einem gewissen Hewson quer durch Europa geflüchtet bis nach Triest. Von einem elsässischen Schuhmacher erzählte er, dessen Stiefel die Schritte verlängerten, so daß sie beinahe doppelt so schnell marschiert seien, wie ein Franzose laufen könne. Von alemannischen Frauen im Schwarzwald erzählte er, die unter ihren zeltähnlichen Sonntagsröcken zwei bis drei Flüchtlinge vor Bonaparte verstecken konnten, und mitten in Bavaria hätten sie ein Boot mit nur einem Riemen über den stürmischen See Gemse gerudert und dann, im Fischerdorf am Ostufer, einen zarten Braten mit einem wundersamen Kloß verzehrt, wonach sie ganze vierzehn Tage lang ohne Pause hätten zuwandern können, ohne auch nur das geringste zu essen, so wahr er Spink heiße.

Alle rannten aufs Deck: ein Narwal war gesichtet worden, ganz deutlich ragte sein Horn. Das war ein böses Vorzeichen. Es gab nur ein einziges, das noch schlimmer war: wenn die Schiffsglocke von allein zu läuten begann. Aber das kam nie vor, oder es konnte nicht mehr erzählt werden, weil die Schiffe bald darauf untergingen mit Mann und Maus.

Niemand verlor ein Wort darüber. Schließlich erwarteten sie im offenen Polarmeer jenseits der Eisbarriere noch ganz andere Lebewesen von riesigen Ausmaßen. Die Admiralität rechnete sogar damit, daß diese nach dem Schmelzen des Packeises südwärts zu den atlantischen Handelsrouten vordringen und das eine oder andere Schiff verschlingen würden. Auch wenn in der Mannschaft der *Trent* keiner abergläubisch war – ganz ohne Furcht konnte niemand sein.

Aufsässig oder faul war keiner. John hatte sich schon darauf eingestellt, irgendwann die erste Strafe anordnen zu müssen, aber noch war derlei nicht in Sicht. Seit geraumer Zeit mußte jeder Kommandant ein Strafenbuch führen. John schlug es jeden Abend auf und trug ein: »Keine Ordnungswidrigkeit heute.«

Aus George Back wurde er nicht klug, oder vielmehr: er wurde, was Back anlangte, aus sich selbst nicht klug. Da blieb eine Scheu, eine Verlegenheit, eine Wachsamkeit. Dienstlich war es nicht zu begründen.

John schob den Fall beiseite. Es war besser, ihn überhaupt nicht zu verstehen, als ihn mißzuverstehen. Womöglich rettete ihm dieser Back dann eines Tages das Leben! Instinkte waren gut, aber nur wenn sie sich deutlich ausdrückten.

Ein wenig Wachsamkeit blieb.

Er hatte jetzt den Mut, Wiederholungen zu verlangen, Ungeduld nicht zuzulassen, anderen die eigene Geschwindigkeit aufzuzwingen zum Besten aller: »Ich bin langsam. Richten Sie sich bitte danach!« Das bekam Back zu hören, ganz freundlich, und seine Meldungen wurden brauchbar. Mann über Bord, Feuer im Schiff? Kein Grund zum Verschlucken ganzer Silben. Wichtig war, daß der Kapitän verstand, wo, was und wann. Konfusion war gefährlicher als jeder äußere Notstand, und die Konfusion des Kapitäns war am gefährlichsten, das lernten sie.

Ausdauer. Er brauchte keinen Schlaf, er übte wieder Wendungen und Vokabeln wie als Schiffsjunge. Die Befehlsanfänge etwa: Mr. Beechey, seien Sie doch bitte so gut und lassen Sie... Mr. Back, würden Sie freundlicherweise... Kirby, Sie sorgen sofort dafür, daß.

Er dachte wieder über den starren Blick nach. Der war und blieb gefährlich. Aber wenn dieser Blick nicht mehr Kriegsdienst war, und wenn er nur selten angewandt wurde, dann war er nicht mehr Sklavenschnelligkeit, sondern die nötige Sekundenkraft eines guten Befehlshabers, der sich im allgemeinen mehr aufs Studium der Einzeldinge und aufs Träumen verlegte. Langsamkeit kam zu Ehren, Schnelligkeit stand zu Diensten. Der Überblick war kein guter Blick, denn er übersah zu viel. Die Geistesgegenwart, zur Regel erhoben, schuf keine Gegenwart und keinen Gesichtspunkt. John setzte auf die Geistesabwesenheit und war sich seiner Sache sicher. Er dachte daran, ein System zu entwerfen, nach dem man leben und Schiffe führen konnte.

Vielleicht fing mit ihm, John Franklin, ein neues Zeitalter an? 74 Grad 25 Minuten. Sie waren schon auf der Höhe der Bären-Insel.

Jenseits von 75 Grad nördlicher Breite begann es zu schneien. John schnupperte aus der Kajütentür und blickte auf das weiß überpulverte Achterdeck. Genauso hatte es gerochen, als er zum ersten Mal in seinem Leben Schnee gesehen hatte. Er sah sich flüchtig um, wagte sich dann hinaus und begann einen schwerfälligen Bärentanz, um zu sehen, wie seine Füße Spuren machten. Er fühlte sich so jung, daß er direkt darüber nachdenken mußte: Vielleicht war er es wirklich! Woher weiß ich denn, dachte er, daß ich auf dieselbe Weise über dreißig bin wie die anderen? Wenn ich nachgehe wie eine Uhr, dann dauert es auch länger, bis ich abgelaufen bin. Also bin ich vielleicht erst zwanzig. Jählings beendete er den Bärentanz, denn er bemerkte Midshipman Back, der ihn von der Großrah her ernst, fast mahnend anstarrte. Er wollte ihn ignorieren, konnte aber nicht umhin, seine Fußspuren noch einmal mit Backs Augen zu betrachten und sich die eigenen Bewegungen vorzustellen. Er mußte lachen und Back wieder ansehen. Der lachte zurück mit weißen Zähnen. Ein hübscher Bursche.

»Der Schnee ist wunderbar, Sir!«

Nein, irgendeine Ironie war nicht herauszuhören. Trotzdem! Er legte sein Gesicht in Kapitänsfalten, wandte sich brüsk ab und ging etwas irritiert in die Kajüte.

Der polare Magnetismus fiel ihm ein. Aber wie den messen?

Jetzt wurde es ernstlich kalt. Die Takelage vereiste, das laufende Gut fror so steif, daß es sich vom stehenden in nichts mehr unterschied. Die Wache hatte nicht nur zu pumpen, sondern auch noch mit Stöcken auf die Taue zu schlagen, um sie beweglich zu halten. Alle Segelmanöver wurden zu Abenteuern, und die Kälte nahm immer noch zu. Jedermann hustete herzzerbrechend. John hingegen wurde übermütig.

Er untersuchte den Schnee und trug, da Ordnungswidrigkeiten weiterhin ausblieben, die Formen der Schneeflocken ins Strafenbuch ein. »Schnee ist im Prinzip sechswinkelig«, schrieb er. Schließlich war Forschung der Zweck der Reise. Vergnügt dachte er an die Gesichter der Admirale, wenn ihnen nach langem Umweg über das heilige Rußland endlich das Strafenbuch der *Trent* zugehen würde.

Zum ersten Mal segelten die Schiffe durchs Treibeis. Die Schollen klimperten und schurrten an der Bordwand entlang.

Niemand wollte schlafen gehen. Keiner war daran gewöhnt, etwas für Nacht zu halten, was so hell war. Die niedrige Sonne schien auf die weißen Segel, das Eis glänzte wie von Diamantkuppen und Smaragdgrotten, eine gefrorene Stadt wuchs herauf und entfaltete sich in verwegenen Figuren. Die nautische Sprache wurde fast überflüssig: man segelte von der »Kirche« zur »Festung«, peilte dann an der »Höhle« vorbei die »Brücke« an. Auch unter der Wasserfläche lag Eis und warf Licht zurück. Die See war in cremiges Weiß gehüllt, die Robben schwammen wie in leuchtender Milch.

Die Mannschaft hing in den Wanten und starrte auf die funkelnden Eismassen, die sich im Kielwasser hinter dem Schiff herschoben, als wollten sie es einholen. Gegen Mitternacht sank die Sonne, rot und seltsam verformt, die größte Banane der Welt. Sie sank nicht einmal wirklich – sie verbarg sich nur für kurze Zeit, nahm ein Bad und tauchte zum Trocknen wieder auf.

Beechey sagte: »Alles schön und gut, aber wie kriegen wir die Freiwache zum Schlafen?«

Das war ein ewiger Abendhimmel, die Schatten so riesenhaft lang, und wenn die Nebelschwaden aufstiegen, wurden sie sogleich zu rötlichen Wolken und änderten alle Farben bis an den nördlichen Horizont.

John blickte ins Eis, studierte die Formen und versuchte zu verstehen, was sie bedeuteten. Das Meer konnte eben doch aus eigener Kraft über sich selbst hinauswachsen, hier war der Beweis. Hier fand er, was seine Träume gemeint hatten.

Stunde für Stunde zeichnete er die Formen der Eisberge ins Strafenbuch. Er schrieb die Farben dazu: »Grün auf der Linken, rot auf der Rechten, und nach zehn Minuten umgekehrt.« Er versuchte zu benennen, was er sah, aber das gelang schlecht. Es war eher eine Musik, die man in Notenschrift hätte schreiben müssen. Das feingerippte Meer umspielte und trug die Eisfiguren wie ein Takt, und sie selbst hatten, wie Klänge, eine Harmonie, obwohl sie doch etwas Gesplittertes und Geborstenes waren. Aber sie wirkten ruhig und zeitlos, so etwas konnte nicht häßlich sein. Hier war es friedlich. Weit hinten, irgendwo im Süden, sorgte die Menschheit für das Elend der Menschheit. In London war die Zeit etwas Gebieterisches, jeder mußte mit ihr mithalten.

Jenseits des 81. Breitengrades wurden die Schollen zu Plattformen und diese zu Inseln. Und irgendwann stand die *Trent* beim schönsten Dwarswind und rührte sich nicht mehr vom Fleck. »Warum geht es nicht weiter?« rief Reid von unten herauf, und wenige Minuten später kam der Maat Kirby an Deck: »Warum fahren wir nicht?«

Das Warten machte die Mannschaft unruhig. Dabei sprach nichts, aber auch gar nichts gegen das Warten. Vielleicht drifteten die Schiffe sogar zusammen mit dem Eisfeld in die richtige Richtung? Aber da kam schon das Signal von der *Dorothea*. Buchan befahl: »Eis aufhakken, Schiff schleppen!«

Zehn Männer versuchten mit Äxten und Spaten das Eis vor dem Bug zu öffnen, zehn weitere stemmten sich ins Seil, gut zwei Schiffslängen voraus. Nach einigen Stunden waren alle so erschöpft, daß sie am Ende der Wache grundlos kicherten, um nicht zu heulen. Und doch geschah die ganze Anstrengung nur, um ihre und Buchans Ungeduld zu besänftigen. Sie taten auch das Unsinnigste, wenn sie dadurch das Gefühl hatten, daß es weiterging.

Und wenn das Eisfeld nun nach Süden driftete statt nach Norden? Dann war erst einmal fraglich, ob Buchan es überhaupt merkte. Er fuhr gern »nach Gefühl«.

John befahl, daß die Zugmannschaft wenigstens durch Musik aufzuheitern sei. Der Matrose Gilbert ging vorneweg und fiedelte. Er war dafür ganz der richtige Mann. Sein Saitenspiel verfügte zwar über eine gewisse Anzahl unterschiedlicher Töne, aber auch wieder nicht derart, daß man stehenbleiben und lauschen wollte.

Seltsam: je näher John dem Ziel kam, desto mehr spürte er, daß er es gar nicht mehr brauchte. Die völlige Stille, die absolute Zeitlosigkeit, was sollte er ernstlich damit? Er war Kapitän und hatte ein Schiff, er wollte kein Stück Küste mehr sein, kein Uferfelsen, der in die Jahrtausende schaute und an nichts schuld war. Die Uhrzeit war nötig wie Maß und Gewicht, weil auf der Welt Güter und Arbeit gerecht verteilt werden mußten. Die Sanduhr mußte umgedreht werden, die Schiffsglocke alle halbe Stunde glasen, damit Kirby nicht länger zu pumpen hatte als Spink und Back nicht länger zu frieren als Reid. Das würde auch am Pol nicht anders sein, und John war damit zufrieden, weil er jetzt ohnehin mit allem zufrieden war, außer vielleicht mit Buchans Oberkommando.

Es zog ihn zum Pol, unbedingt, aber nicht, weil er von dort her alles neu anfangen wollte. Es hatte ja schon angefangen! Das Ziel war wichtig gewesen, um den Weg zu erreichen. Den hatte er nun, auf dem ging er, und der Pol wurde wieder zum geographischen Begriff. Er hatte nur die Sehnsucht, unterwegs zu bleiben, genau wie jetzt, auf Entdeckungsreise, bis das Leben vorbei war. Ein Franklinsches System des Lebens und des Fahrens.

Buchan hatte Sterne geschossen und gerechnet. Franklin auch. Buchan kam auf 81 Grad 31 Minuten, Franklin auf 80 Grad 37 Minuten. Buchan rechnete mit etwas dunklerer Gesichtsfarbe noch einmal nach und kam John bis auf einige Minuten entgegen, die nur seiner Ehre dienten. Das Eis driftete offenbar schneller südwärts, als man sich nordwärts voranhacken konnte.

Und dann schlichen zwei riesige Eisfelder aufeinander zu, nahmen die *Dorothea* in die Mitte und klemmten sie ein, daß die Spanten krachten. Sie wurde sogar ein Stück emporgehoben. Wenig später ging es der *Trent* ähnlich, wenn auch glimpflicher. Jetzt saßen sie fest wie angenietet. Wie zum Hohn kam von achtern ein Eisberg immer näher herangerückt.

»Möchte wissen, wie er das macht«, sagte Spink, »vielleicht zieht ihn jemand dort unten.« Er wies in die See und meinte es im Spaß, aber alle dachten wieder an den Narwal und schwiegen.

Es war ohnehin so still wie nie zuvor, denn das Schiff rührte sich keinen Zoll mehr. Plötzlich stürmte Gilfillan, der Schiffsarzt, aus seiner Kammer und rief: »Ich glaube, unter meinem Bett rinnt es!«

Franklin ging mit dem Zimmermann hinunter und ließ sich die Stelle zeigen. Unterhalb von Gilfillans Koje war der Raum mit den geistigen Getränken. »Da darf nichts rinnen«, beschloß der Kommandant. Sie horchten in die Rumkammer hinein: ja, da rann etwas! Der Proviantmeister prüfte die Bestände, es fehlte nichts. So fanden sie das Leck.

Ein Werftarbeiter hatte einen verfaulten Bolzen herausgenommen und, statt den neuen einzusetzen und zu sichern, die Lücke nur mit einem Batzen Teer überschmiert. Der hielt zwar kein Wasser ab, verhinderte aber die Sicht auf das Loch.

Als die *Trent* wieder dicht war, rann nur noch einiges durch die Kehlen. Stunden später kamen alle wieder auf die Beine und stellten fest, daß das Schiff im offenen Wasser schwamm.

Das Eis tat, was es wollte.

Eissturmvögel sahen sie, die auf Fischjagd in den Wellentälern entlangflogen, so dicht, schien es, wie eine Kugel durch den Lauf. Dorsche, schimmernd wie Goldkristalle, lagen im niedrigen Licht auf die Decksplanken gebreitet wie ein gehobener Schatz. Bären sahen sie, weiße Fellhaufen, unaufhaltsam angelockt vom brennenden Tran, wie sie über die Schneehügel und durch die Wassertümpel immer näher heranwalzten, nichts konnte sie aufhalten.

Einmal, als sie mit dem Boot unterwegs waren, versuchte eine Herde Walrosse es mit Stoßzähnen und Rundschädeln zum Kentern zu bringen, ein wütender gemeinsamer Angriff. Als sie wenig später auf einer Eisscholle standen, versuchten die Tiere mit ihrem Gewicht das andere Ende herunterzudrücken, sie luden zu einer Rutschpartie ein, die auf ihren Stoßzähnen geendet hätte. Die Seeleute schossen ihre Musketen ab, aber erst als der schwere Leitbulle tot war, schwamm die Herde endgültig davon.

Die nächste Fußwanderung wurde noch gefährlicher, weil dicker Nebel aufkam, jeder Mann mußte den anderen an der Jacke fassen. Auf den eigenen Spuren wollten sie zum Schiff zurückwandern, John Franklin kontrollierte die Richtung mit dem Kompaß. Aber an den Spuren fiel auf, daß sie merkwürdig frisch waren, zudem wurden sie immer zahlreicher. Dem Kompaß und der Zeit nach hätte die Gruppe schon längst wieder beim Schiff sein müssen.

Sie hatten sich verirrt und waren im Kreis gelaufen.

John befahl, ein Notlager aus Eisplatten zu bauen. Reid machte keinen Hehl daraus, daß er lieber weitergegangen wäre, einfach querab von der bisherigen Richtung.

»Dabei bleiben wir warm, und irgendwo müssen wir ja ankommen!«

»Ich nehme mir Zeit, bevor ich einen Fehler mache«, entgegnete Franklin freundlich.

Er befahl, daß sich alle so warm wie möglich einpackten und um die Tranlampe setzten. Die Musketen waren für den Fall, daß sich ein Eisbär hier umsah, gut geladen.

John kauerte und überlegte. Was die anderen ihm auch sagten, Vorschläge, Theorien, Fragen – er nickte nur und überlegte weiter.

Selbst als Reid zu Back hinüberraunte: »Du hattest recht mit ›Handicap‹«, schob John alle Fragen, die sich stellen ließen, weit weg. Er brauchte jetzt nur Zeit.

Eine Weile später fragte Reid: »Wollen wir hier einfach nur warten, Sir?« Aber John war immer noch nicht fertig. Mochte auch der Tod bevorstehen, das war kein Grund, eine Überlegung vorzeitig zu beenden. Schließlich stand er auf:

»Mr. Back, Sie schießen alle drei Minuten eine Muskete ab, insgesamt dreißigmal. Danach schießen Sie alle zehn Minuten, drei Stunden lang, danach zu jeder Stunde einmal, zwei Tage lang. Wiederholen Sie!«

»Sind wir dann nicht tot, Sir?«

»Möglich. Aber bis dahin schießen wir. Bitte, die Bestätigung!«

Back wiederholte stotternd. Als niemand mehr mit einer Erklärung rechnete, sagte John: »Das ganze Eisfeld dreht sich. Es ist die einzige Lösung. Deshalb gehen wir im Kreis, auch wenn wir nach dem Kompaß immer in derselben Richtung marschieren. Bei Wind hätten wir es sofort gemerkt.«

Vier Stunden später hörten sie dünn einen Schuß durch den Nebel, und dann immer wieder Antworten auf die ihrigen. Eine Stunde danach vernahmen sie rufende Stimmen, schließlich wurden Männer mit Seilen sichtbar, und hinter ihnen, kaum hundert Fuß entfernt, das ragende Heck der *Trent*.

»Sie haben ein Schweineglück, Sir!« bemerkte Back erleichtert und frech, aber von Geringschätzung war nichts zu spüren, im Gegenteil. Reid verzog das Gesicht. Zu ihm sagte Back: »Wenn wir auf dich gehört hätten, wären wir jetzt sonstwo, und zwar als Eiszapfen!« Reid schwieg. Er gab sich plötzlich einen Ruck und trat heftig nach einer Schneeflocke. John wunderte sich. Wie konnte man nach einer Schneeflocke treten? War da noch etwas anderes?

Im hellen Licht und aus dem Großtopp ließ sich anderntags der ganze Irrgarten gut überblicken. Von dort, wo sie gewesen waren, hätten sie auch in der »richtigen« Richtung das Schiff bei weitem verfehlt. Sie wären auf der entgegengesetzten Seite irgendwo hingekommen, wo keiner sie gesucht hätte. Es war eine Todesfalle ersten Ranges gewesen, und John Franklin war nicht hineingegangen.

Ich habe es leichter jetzt, dachte er, und mit Back gibt es kein Problem mehr. Die Könige des Schulhofs lernen es, auf mich zu hören. Kaum hatte er das gedacht, wußte er: Back erinnerte ihn an Tom Barker, seinen Mitschüler vor zwanzig Jahren.

Nicht einmal den 82. Breitengrad hatten sie erreicht, und doch wollte Buchan schon wieder umkehren. »Wir sollten einen geschützten Hafen finden und alles reparieren.«

»Wir sollten« – John registrierte den ungewohnten Wortlaut. Er fühlte sich zum Widerspruch geradezu aufgefordert.

»Der Polarsommer wird vorbei sein, bevor wir damit fertig sind. So groß sind die Schäden ja nun doch nicht. Machen wir einen letzten Versuch.«

»Wollen Sie den Draufgänger spielen?«

»Sir, wir haben noch nichts entdeckt und noch nichts bewiesen.«

»Ich will Ihnen mal etwas sagen!« entgegnete Buchan. »Ich glaube, was Sie beweisen wollen, ist etwas Persönliches. Ich habe Sie beobachtet. Sie wollen beweisen, daß Sie nicht feige sind. Vielleicht ist Feigheit Ihr Problem.«

John fand, daß er über solche Bemerkungen nicht nachdenken müsse. »Ein einziger Versuch, Sir. Wir haben nicht mehr viel Zeit, aber die offene Polarsee kann nicht sehr weit sein.«

»Ach, hol Sie der Teufel! Und wenn ein Sturm kommt?«

»Dann sind wir sicher schon in einer Fahrrinne und geschützt. Wir müssen es weiter westlich versuchen.«

Buchan schwankte. Der Sommer ging zu Ende, das war ein Faktum.

»Ich werde das entscheiden.«

Fünf Tage fuhren sie an der Packeismauer entlang nach Nordwesten, voraus die *Trent*, eine Viertelmeile dahinter die *Dorothea*. John blickte durchs Glas: »Die segeln zu nah am Festeis. Wenn der Wind aufhört, treiben sie mit der Dünung auf Legerwall.« Beechey nickte: »Langeweile haben sie! Den Robben wollen sie zusehen. Dabei sieht es auf der Wetterseite gar nicht so gut aus.« John befahl, die Segelfläche auf ein Minimum zu reduzieren. Nur zur Vorsicht.

»Und wißt ihr, was das Beste ist?« rief Gilbert. »Auf den Sandwich-Inseln sollen wir in sechs Wochen ankommen, die Berichterstatter warten schon!«

»Und die Mädchen«, fügte Kirby hinzu. Weiß Gott, er redete immer über Mädchen, kein gnädiger Sturm riß ihm das Wort vom Munde.

Der Sturm sprang so plötzlich heran, als habe er im Hinterhalt gelegen. Über den daherjagenden Wetterwolken lächelte ein ruhiger, silbriger Himmel weiter. Um so mehr erschien die Sturmbö als eine bösartige Attacke.

Aufregung. Kursänderung auf: »Hart am Wind, weg vom Eis!« Kommen wir davon? Schnelle Gebete. Da schrien gleich mehrere: »Mann über Bord!« Gilfillan, der Arzt, mit einem Schlag ins Meer geweht. Was jetzt? Zwei Grundregeln setzten einander matt: Niemals auf eine Küste zutreiben im Sturm, und: Mann im Auge behalten bei Mann über Bord. John entschied, daß er hier nur blind entscheiden konnte, er hatte sich auch solche Fälle überlegt. Er behielt den Mann im Auge. Leeboot zu Wasser, beidrehen! Ein schrecklicher Verlust an Zeit und Höhe. Einer wies zur Eisküste: die *Dorothea* lag bereits hilflos an der Mauer, rollend und stoßend zwischen den Eisblöcken. Die kam nicht mehr davon, sie wurde schon zermahlen. In wenigen Stunden nur noch zerfaserte Holzteile, Amen. Gegen den Sturm kam sie nicht weg.

Gilfillans Körper gerettet, aber lebte er noch? Spink hatte sich, am Seil hängend, auf ihn geworfen und ihn hereingeholt, immerfort lachend. Jedem gab etwas anderes Kraft. Spink mußte, wenn er sein Leben riskierte, lachen. Gilfillan atmete wieder. So, und was weiter?

Mit dem Boot zur *Dorothea*? Purer Selbstmord. Nein, auf und davon, so lange es noch geht, so schrien sie. Aber John Franklin kannte seine eigenen Merksätze. »Niemals sich schämen müssen wie Kapitän Palmer.« Fünfzehn Jahre war das her. Und die *Bridgewater* war damals alsbald spurlos verschwunden, kein Überlebender. Die

Gerechtigkeit der See war grauenhaft, und man mußte mit ihr rechnen.

Es kamen Fragen, immer mehr, immer dringlicher. Franklin dachte nach und gab keine Antwort. Die daherjagenden Seen waren nicht einfach nur Seen: sie enthielten Eistrümmer, groß wie Barkassen, sie schlugen das Schiff quer zur Sturmrichtung. Bald war klar: wenn die *Trent* noch wegkam, war es ein Wunder. Und an Wunder glaubte John nicht, das war etwas für Kinder.

Die Situation war da, sogar Beechey wurde nervös: mit dem langsamen Kapitän scheiterte das ganze Schiff. Aber warum blieb Franklin so ruhig? Was glaubte er eigentlich? Warum starrte er zur Küste, was suchte er mit dem Glas?

»Da!« rief John. »Da müssen wir hinein, Mr. Beechey!«

Was meinte er? Ins Packeis? Freiwillig?

»Genau das!« John faßte Beechey an den Schultern und hielt ihn fest: »Logik!« brüllte er gegen den Sturm an. »Logik! Im festen Eis sind wir sicher. Die einzige Lösung!«

Da öffnete sich wirklich eine Einfahrt, ein Fjord, kaum breiter als das Schiff. Das hatte der Kommandant gesehen, so viel Ruhe hatte der noch. Aber jetzt hieß es hineinkommen. Davon konnte natürlich nicht die Rede sein. Zwei Schiffslängen vor der Einfahrt zerschlug ein riesiger Eisblock das Ruder, und direkt am Ziel drehte ein schwerer Brecher die *Trent* quer zur See. Sofort darauf krachte schon die Steuerbordseite ins massive Packeis. Alle Männer purzelten hin, keiner konnte sich festhalten, es war, als zöge man unter ihnen einen Teppich weg. Dazu ein furchtbarer Laut, ein Totensignal: die Schiffsglocke schlug an. John krallte sich wieder empor, zeigte zum Vortopp hinauf und rief: »Nehmt die Reffs heraus!«

Alle sahen ihn an, als bemerkten sie erste Anzeichen einer Geisteskrankheit. Die nächste See donnerte daher und schlug das Schiff erneut in die Wand wie ein Ei in die Pfanne. Die Masten bogen sich, als seien sie Pflanzenstengel. Und da sollte nun einer aufentern und – was hatte er gemeint? – »die Reffs herausnehmen«? Die Schiffsglocke läutete wie besessen. Natürlich tat sie das! Es war ja auch alles zu Ende! Die würde nicht aufhören, bevor sie tot waren. Die Männer krampften sich fest, keiner rührte sich mehr. Die nächste See, dasselbe Spiel. Dieses Schiff war verloren.

John Franklin erschien immer sonderbarer. Jetzt griff er mit der rechten Hand zur linken Schulter, packte zu und riß mit aller Kraft daran. Wollte er sich degradieren oder gar in zwei Stücke reißen? Jedenfalls war er verrückt geworden, hier der Beweis! Gilbert fluchte, Kirby betete, alle beteten. Ob Kirby noch einmal von Mädchen sprechen würde?

Franklin hatte sich den Ärmel von der Uniformjacke gerissen, krabbelte zur Schiffsglocke und sagte zwischen zwei Sturmschlägen zum Ersten Offizier: »Mr. Beechey, seien Sie bitte so gut und lassen Sie auf dem Vormast die Reffs herausnehmen.« Dann schlang er das dicke Uniformtuch um den Klöppel der Glocke, machte einen Knoten und zog so fest zu wie einer, der einen Elefanten erdrosseln wollte. »Jetzt ist Ruhe!« sagte er zufrieden, als sei der Sturm gleich mitgeknebelt. Und mit einem

Male fühlten alle wieder so etwas wie Sicherheit. Die Tapfersten wagten sich in den Vortopp und nahmen die Reffs heraus. Sie sahen von oben, was John wußte: der Bug der *Trent* ragte ein Stückchen in die Einfahrt, mit Vollzeug am Vormast konnte es gelingen, sie hineinzuschmuggeln, wenn sie zwischen zwei Brechern von der Eismauer wegschwojte. Andere nahmen auf dem Großmast das verbliebene Tuch weg, keiner verlor den Halt. Und als die See zurückwich, um wieder einen furchtbaren Anlauf zu nehmen, bog sich die *Trent* auch ohne Ruder hübsch folgsam herum und schlüpfte dem Sturm davon. Er trieb sie ins Eisgebirge hinein, warf noch einige Trümmer gegen ihr splitterndes Heck und riß die Segel in Fetzen. Mit lautem Knirschen verkeilte sich der Bug zwischen den gläsernen Wänden und biß sich immer weiter fort. Schließlich lag das Schiff still. Kaum war noch Seegang zu spüren, vom Wind kein Hauch. Wo war denn der geblieben?

Jetzt wurden die vorbereiteten Fender klargemacht, dick ausgestopfte Walroßhäute, die das Schiff vor weiteren Reibungen und Stößen schützten.

Der Koch, ein Mensch mit Holzbein, humpelte aus der Kombüse und erschien mit blasser Gesichtsfarbe an Deck: »Sind wir an Land? Müssen wir aussteigen?«

Wie konnte man der *Dorothea* helfen? Erst einmal hinaufkommen über die Glaswände! Der erste sprang von der vorderen Bramrah auf die Eiskante hinüber, Spink natürlich, laut lachend. Er schlug eine Talje an, mit der Menschen, Gerät, loses Tauwerk und vor allem das gesamte Ankertau der *Trent* hinaufgehievt werden konnten. John Franklin hatte wieder einen Plan, daran gab es keinen Zweifel. Niemand hielt es für nötig, irgendwelche Fragen zu stellen. Nur Beechey, der beim Schiff bleiben mußte, sagte kurz: »Viel Glück, Sir! Ich wette, Sie kriegen alle aus dem Wrack.« »Aber nein«, antwortete John, »wir kriegen das Schiff in Sicherheit. Hundert Schritte vor ihrem Bug ist eine Einfahrt wie die unsrige.« Back hatte zugehört: »Woher wissen Sie das?«

»Sir. Ich werde mit Sir angeredet«, antwortete John betont langsam. »Die Einfahrt habe ich gesehen.«

Eine halbe Stunde lang kämpften sie sich über die zerklüftete Hochfläche des Eises, dann waren sie auf der Klippe über der *Dorothea*. Tief unten wälzte sie sich noch immer gegen die Eiswand, längst umgeben von den Trümmern ihrer Rahen und Spieren und eines ihrer Boote – wie viele mochten bereits umgekommen sein?

In großer Eile wurde das Ende des Ankertaus zur *Dorothea* gefiert und einige Zeit später ein Widerlager rund um die mächtige Kuppe jenseits des Fjords ins Eis gehackt. Gut, daß Buchan rasch verstand. Die Ankerseile wurden zu einem verspleißt, am Fuß des Fockmastes belegt und droben im Eis durch die Führung des Widerlagers gezogen. Der Sturm ließ etwas nach, aber die Dünung war furchtbar wie zuvor.

Fünfundzwanzig Mann standen in den vorgehackten Trittlöchern und stemmten sich ins Seil. Das Schiff rührte sich kaum von der Stelle. Allenfalls zollweise. John teilte zwei Schichten ein und zog die Uhr aus der Tasche. Jede Gruppe schuftete zehn Minuten, dann war die andere dran. Wer das Seil losließ, sank um wie bewußtlos, einige erbrachen sich. Vermutlich wurde das Schiff durch das einströmende Wasser immer schwerer. John ließ alles vorbereiten, um die Überlebenden vom Wrack zu holen, und die erschöpfte Mannschaft fand, man sollte lieber gleich damit anfangen.

»Schon zwei Stunden!« keuchte Kirby mit fahlem Gesicht. »Wir müssen sie aufgeben.«

»Er hat kein Zeitgefühl!« keuchte Reid zurück. Wenn er Atem gehabt hätte, hätte er noch mehr gesagt. Eine Stunde später konnte er auch den ersten Satz nur noch denken, reden war keinem mehr möglich. Die ganze Zeit zog John mit am Seil, obwohl es sich für einen Offizier nicht schickte. Aber ihn fror an seinem nackten Arm.

Mit einem Mal kam das Schiff! Länge um Länge schob es unter der Klippe weiter voran. Jetzt ließ Buchan vorn die Segel klarmachen und, als die *Dorothea* vor der Lükke lag, entfalten. Mühsam schlurfte die halbzerschlagene Brigg in die Einfahrt, einem vollgesogenen Schwamm ähnlicher als einem Schiff Seiner Majestät.

Gerettet! Ein einziges Boot verloren, aber zwei Schiffe gerettet und alle Mann wohlauf.

Back ging zu John Franklin und sagte: »Sir, ich bitte Sie um Entschuldigung. Wir verdanken Ihnen das Leben.« John sah ihn an und bekam nach all der Anstrengung die Kapitänsfalten nicht so schnell aus dem Gesicht. Wofür bat Back um Entschuldigung? Für Tom Barker, dachte er. Seltsamer Gedanke.

Als Kommandant brauchte er nicht immer nachzufragen, wenn er etwas nicht verstanden hatte. Er konnte sich aussuchen, was er wissen mußte, und Backs Beweggründe zählten nicht dazu. Back wurde unsicher und wollte sich wieder abwenden. Aber da nahm ihn John einfach statt jeder Gegenrede um die Schultern und umarmte ihn.

Beechey hatte inzwischen mit nur fünf Mann die *Trent* gesichert und die ersten Lecks abgedichtet. John umarmte auch ihn.

Der Segelmacher wollte Johns Jackenärmel aus der Schiffsglocke lösen, um ihn wieder anzunähen. Aber das mit dem Knoten hatte er sich leichter vorgestellt. Er brauchte fast eine Viertelstunde.

Was so ein Sturm alles ändern konnte! Reid sprach plötzlich nicht mehr mit Back, oder wenn, dann kühl und ironisch. Manchmal zog er sich zurück, und wenn er wiederkam, sah er aus, als hätte er geweint. Spink schien ihn zu verstehen. Er erzählte dem jungen Mann eine lange Geschichte, ihm ganz allein. Es ging um seine Erlebnisse bei den Patagoniern, jenen riesenhaften Menschen im Süden Südamerikas, die mehrere Stiere zugleich bei den Hörnern packen konnten und bei denen Gleichheit in der Liebe herrschte. Es gebe dort keine Bevorzugungen, die Liebe sei allgemein wie die Luft zum Atmen. Aber gerade das schien ein Punkt zu sein, der Reid Kummer machte, da hatte er doch wirklich Tränen in den Augen! Das Leben gerettet, die Schiffe, die Kameraden – und da weinte er, weil er mit Bestimmtheit glaubte, daß irgendein Jemand einen anderen liebte.

»Bei den Midshipmen kenne sich einer aus!« sagte Beechey.

»Geben Sie ihm einen Haufen Arbeit«, antwortete Franklin, »er soll nicht weinen, sondern seinen Beruf lernen.«

Die Positionsbestimmung ergab, daß sie den 82. Breitengrad überschritten hatten. John legte sich Dr. Ormes Abhandlung über den Schüler F. zurecht. Er war jetzt kein Schüler mehr, er konnte das lesen.

Er war sogar gespannt darauf. »Die Entstehung des Individuums durch Geschwindigkeit« – er hatte immer befürchtet, in der Schrift könne stehen, wie es mit ihm weitergehen würde. Jetzt hoffte er das sogar, denn etwas Schlechtes konnte es nicht mehr sein.

Dr. Orme gebrauchte schwierige Wendungen wie: »Die Verschiedenheit der Menschen, insofern sie sich, gemessen an einer beliebigen Menge wahrnehmbarer Einzelerscheinungen, durch den Grad der Vollständigkeit ihres Sehens unterscheiden.« Die Verschiedenheit begründete Dr. Orme nicht etwa mit mechanischen Eigenschaften des Auges oder des Ohrs, sondern mit einer Einstellung des Gehirns: »Langsam ist der Schüler F., weil er alles, was ihm einmal aufgefallen ist, sehr lang ansehen muß. Das ins Auge gefaßte Bild bleibt zur gründlichen Erforschung stehen, nachfolgende gleiten unbesehen vorüber. Schüler F. opfert die Vollständigkeit zugunsten der Einzelheit. Für die letztere wird der ganze Kopf gebraucht, und es dauert seine Zeit, bis für eine nächste wieder Platz ist. Daher kann der Langsame keine schnellen Entwicklungen verfolgen –«

Aber ich habe die Blindheit und den starren Blick, dachte John, warum hat er das nicht erwähnt?

» – kann aber alles Einzigartige und die allmählichen Entwicklungen besser erfassen.«

Danach schrieb Dr. Orme über die »fatale Beschleunigung des Zeitalters«: er schlug vor, die Geschwindigkeit aller Individuen mit Geräten zu messen und dann zu entscheiden, wofür jedes sich besonders eigne. Es gebe »Überblicksberufe« und »Einzelheitsberufe«. Viele sinnlose Anstrengungen und Leiden erübrigten sich bei rechtzeitigem Messen der Geschwindigkeit. Schon in der Schule könne man Abteilungen für schnelle und für langsame Kinder einrichten.

»Man lasse die Schnellen schnell und die Langsamen langsam sein, jeden nach seinem aparten Zeitmaß. Die Schnellen können in Überblicksberufe gebracht werden, die der Beschleunigung des Zeitalters ausgesetzt sind: sie werden das gut vertragen und als Kutscher oder Parlamentsabgeordnete beste Dienste tun. Langsame Menschen hingegen lasse man Einzelheitsberufe wie Handwerk, Arztgewerbe oder Malerei lernen. Aus dieser Zurückgezogenheit werden sie auch den allmählichen Wandel am besten verfolgen können und die Arbeit der Schnellen und Regierenden vom Ergebnis her sorgsam beurteilen.«

Flora Reed würde vor Zorn ganz leise werden, dachte John. Von Gleichheit keine Spur! Aber das hatte er zu früh gedacht, denn nur wenige Zeilen später kam Dr. Orme gerade von dieser seiner Theorie her zum allgemeinen Wahlrecht. Alle vier Jahre sollte die Bevölkerung Englands, und vielleicht sogar nur die Langsamen – auch die Frauen! –, unter den bewährtesten Schnellen die Besten aussuchen und so eine neue Regierung wählen.

»Gerade der Langsame«, argumentierte Dr. Orme, »weiß nach vier Jahren treffend zu beurteilen, was sich geändert hat und wie ihm mitgespielt worden ist.«

John überlegte sehr lange, dann schob er die Schrift beiseite. »Nein!« sagte er stolz und zugleich traurig. »Er hat sich da etwas ausgedacht!«

Wenn der Lehrer noch erfahren hätte, was John jetzt konnte und tat, er hätte alles anders geschrieben. Wenn ein Langsamer es entgegen den Voraussagen schaffte, mit einem schnellen Beruf zu leben, dann war er besser als die anderen.

Er wandte sich wieder dem Franklinschen System zu. Erste Gesichtspunkte standen schon im Strafenbuch:

»Ich bin der Kommandant und lasse daran nie einen Zweifel, vor allem nicht bei mir selbst. Meiner Geschwindigkeit müssen sich, weil sie die langsamste ist, alle anderen anpassen. Erst wenn in diesem Punkt Respekt geschaffen ist, können Sicherheit und Aufmerksamkeit einkehren. Ich bin mir selbst ein Freund. Ich nehme ernst, was ich denke und empfinde. Die Zeit, die ich dafür brauche, ist nie vertan. Dasselbe gestehe ich auch den anderen zu. Ungeduld und Angst werden nach Möglichkeit ignoriert, Panik ist streng verboten. Bei Schiffbruch müssen immer zuerst gerettet werden: KARTEN, BEOBACHTUNGEN UND BERICHTE, BILDER.«

Fast jeden Tag trug er jetzt weitere Sätze dazu ein. Der letzte hieß: »Die langsame Arbeit ist die wichtigere. Alle normalen, schnellen Entscheidungen trifft der Erste Offizier.«

Sie fuhren nach England zurück mit mühsam ausgebesserten Schiffen und waren froh, überhaupt noch anzukommen. Die Arbeit an den Pumpen war härter als auf der Hinfahrt.

Vielleicht war das offene Meer am Pol ein Märchen. John hielt das aber noch nicht für bewiesen.

London empfing sie mit großem Jubel. Tatsächlich glaubten hier alle, sie kämen direkt von den Sandwich-Inseln.

Buchan und Franklin erstatteten Sir John Barrow in der Admiralität einen ersten Bericht. Buchan lobte John sehr, und der wußte kaum, wo er dabei hinsehen sollte.

»Und nun, Mr. Buchan?« fragte Barrow. »Sie wollen sicher möglichst bald wieder ins Eis.«

»Nicht unbedingt«, entgegnete Buchan. »Um in dieser Gegend eine halbe Ewigkeit herumzukreuzen, muß man Männergesellschaft mehr lieben als ich.«

»Und Sie, Mr. Franklin?«

John dachte über Buchans letzte Bemerkung nach und war etwas erschrocken, weil Barrows Frage nun noch eine Nebenbedeutung bekommen hatte, für die er mehr Zeit brauchte. Verwirrt brachte er daher nur heraus: »O doch. Ich ja!«

»Gut«, meinte Barrow gedehnt und belustigt, »dann habe ich wahrscheinlich ein neues Kommando für Sie.«

Noch am selben Nachmittag erschien John Franklin bei Eleanor Porden und machte ihr in gut vorbereiteten Sätzen einen Heiratsantrag. Sie fühlte sich bedrängt und geschmeichelt, wechselte aber zunächst das Thema und fragte nach dem polaren Magnetismus. »Eigentlich«, sagte sie, »habe ich nur darüber Neuigkeiten erwartet.«

Was John in puncto Magnetismus zu bieten hatte, erschien ihm selbst nicht als befriedigend. Er kam daher auf seinen Antrag zurück. Eleanor sah ihn plötzlich so erwachsen an. Sie sagte: »Ich glaube, Sie wollen irgend etwas beweisen.«

Sie lehnte, »aus Langsamkeit«, wie sie sagte, vorerst ab. John dachte nach und beschloß, daß ihm das ganz gut gefiel. Abends fand er sich bei einer nicht eben billigen Hafenhure wieder, die von John, statt ihn sofort sein Wichtigstes beweisen zu lassen, erst alles über Kamtschatka und ihre dortigen Kolleginnen wissen wollte.

»Klar warst du dort!« drängte sie immer wieder. »Klar warst du dort, du willst bloß nichts erzählen! Stur wie alle Offiziere!«

Christoph Ransmayr
Die Schrecken des Eises und der Finsternis

Freitag, 21. August: Kurs Nordost. Heftige Böen am Morgen. Dann Windstille und Treibeis. Nach langwierigen Manövern in schwerem Eis passiert die *Cradle* wiederum den achtzigsten Grad nördlicher Breite. Das Nordostland bleibt nahe. Vor Kap Laura rasseln die Ankerketten.

Samstag, 22. August: Der Tag des Funkspruchs. Ein japanischer Vogelkundler hat genug. Er hat auf der Insel Kvitøya sechs Wochen im Zelt verbracht und will abgeholt werden. Man werde das übernehmen, läßt Kapitän Andreasen senden, Kvitøya müsse ohnedies angelaufen werden.

Kurs Ost. Nebelbänke und turmhohe Eisberge. Vor den Radarschirmen der Brücke gespannte Aufmerksamkeit.

Am frühen Abend wird vor der Küste Kvitøyas ein Schlauchboot mit fünf Mann Besatzung, darunter Fyrand und Mazzini, zwischen die Schollen gesetzt. Durchnäßt von der Gischt, erreicht Josef Mazzini einen traurigen Strand – Geröll und Treibholz, die mächtigen Skelettfragmente eines Wals und Flechten; Vogelschwärme über kotverschmierten Klippen. Zwischen Strandgut und Ausrüstungsgegenständen steht Naomi Uemura, der Vogelforscher, und verbeugt sich.

Allein? Sechs Wochen allein in dieser Verlassenheit?

fragt Mazzini den Japaner. Nicht immer, sagt Uemura, nicht die ganze Zeit; ein schwedisches Filmteam sei dagewesen, Jan Troell, der Regisseur, ein äußerst liebenswerter Mensch, habe hier an einem Epos über den Polflug des Ballonpiloten Salomon Andrée gedreht: Mister Troell habe dabei sehr viel Rücksicht auf die Vögel genommen.

Nach der Wartung einer automatischen Wetterstation, kaum einer Stunde Arbeit für die Mannschaft, schlägt die Gischt wieder ins Schlauchboot. Der Ornithologe aus Nagoja redet und redet, erzählt von Revierkämpfen, Nistplätzen und Zugvogelrouten. Kvitøya sinkt in den Nebel zurück.

Im August des Jahres 1930 hatte die Besatzung des norwegischen Robbenschlägerschiffes *Bratvaag* auf dieser Insel die Leichen des Ballonfliegers Salomon Andrée und seiner Gefährten Strindberg und Fraenkel gefunden; dreiunddreißig Jahre lang hatten die drei Piloten als *verschollen* gegolten. Andrées Tagebücher, sogar die belichteten fotografischen Platten (sie zeigten die Todgeweihten vor ihrem niedergegangenen Fesselballon), waren unversehrt gewesen, und die arktisuntaugliche Wollkleidung des schwedischen Ingenieurs war immer noch von Erbrochenem verklebt, als man ihn fand.

»Ich verstehe Sie nicht«, fällt Josef Mazzini dem Vogelforscher ins Wort, der, von Schwingen und Gleitflügen redend, das Fallreep der *Cradle* hochklettert, »ich verstehe Sie nicht; seien Sie doch endlich still.«

Man hatte Andrée gewarnt, hatte ihn beschworen, doch von seinem lange geplanten und mehrmals verschobenen *Nordpolflug* zu lassen: der Gasdruck seines

Ballons werde unter den Bedingungen der Arktis rasch fallen, die seidene Hülle werde vereisen und der Wahnsinn im Packeis enden. Aber nein, da *mußte* doch etwas flattern am Nordpol, da mußte doch etwas knallen und schlagen im Wind der völligen Abgeschiedenheit, eine Flagge!, und sei sie noch so klein, die schwedische Flagge! mußte den Pol zieren. Durch alle kommenden Jahrhunderte sollte die Geschichtsschreibung leiern: Salomon Andrée, schwedischer Ingenieur. Salomon Andrée, der Eroberer des Nordpols. Salomon Andrée, der Erste.

Am 11. Juli des Jahres 1897 stiegen Salomon Andrée und seine gutgläubigen, ergebenen Gefährten in einem in Paris genähten Fesselballon aus den Niederungen Spitzbergens zum Flug an den Pol auf. Noch am Abend dieses Tages flatterten aus dem Tragkorb Brieftauben mit zuversichtlichen Botschaften, die nirgendwo ankamen. Und schon am vierten Tag nach dem Aufstieg erfüllte sich auch die letzte der bösen Prophezeiungen und der längst unlenkbare Ballon sank jenseits des dreiundachtzigsten Grades nördlicher Breite, unendlich weit vom Pol, unendlich weit von den Menschen, ins Packeis.

Nach sieben Tagen der Ratlosigkeit, in denen sie ihr Unglück auf fotografische Platten bannten, beschlossen die Schiffbrüchigen, nach dem nächstgelegenen Festland aufzubrechen; ihr Ziel war das verlassenste Land der Erde – das *Kaiser-Franz-Joseph-Land*.

Wie Hunde spannten sich die Ballonflieger vor ihre für den Notfall mitgeführten Schlitten und quälten sich über das ragende, starrende Eis, setzten mit einem Segeltuchboot über Wacken und Kanäle, brachen oft ein und zerrten ihre Last doch immer weiter – ins Nirgendwo. Denn die Eisdrift trieb und scheuchte sie von ihrem Weg. Nach einem Monat der Tortur war ihnen schließlich Svalbard näher als das *Franz-Joseph-Land*, sie änderten ihre Marschrichtung, plagten sich nun auf Spitzbergen zu und erreichten im Spätherbst die Insel Kvitøya. Aber dort war nur der Tod. Strindberg starb. Dann der von einem Eisbären verstümmelte Fraenkel und als letzter – Salomon Andrée. Salomon Andrée, der Letzte. Dreiunddreißig Jahre später sollte man seine besudelte Kleidung untersuchen und befinden, daß der gescheiterte Eroberer des Nordpols wohl an verseuchtem Bärenfleisch gestorben war. »Es ist doch recht sonderbar, hier über dem Polarmeer zu schweben«, lasen die Nachlaßverwalter in Andrées Tagebuch. »Wir sind nun die ersten, die hier im Ballon umherfliegen. Wann es uns wohl jemand nachtun wird? Werden uns die Menschen für verrückt halten oder unserem Beispiel folgen? Ich kann nicht leugnen, daß uns alle drei ein Gefühl des Stolzes beherrscht. Wir Ich finden, daß wir getrost sterben können, nachdem wir das geleistet haben.«

Es mag in einem jener flüchtigen, großen Augenblicke der Unterscheidung zwischen Wirklichkeit und Wahn gewesen sein, in dem Salomon Andrée dieses *Wir finden* ausgestrichen und durch sein *Ich finde* ersetzt hatte. Und so war es auch gut.

Nach dem Aufstieg und Verschwinden des schwedischen Ingenieurs blieb der Nordpol noch für mehr als ein Jahrzehnt unbetreten; für ein Jahrzehnt, in dem eine lange Reihe von *Polgängern* dem Ingenieur im Namen der Wissenschaft oder irgendeines Vaterlandes ins Eis nachfolgte und verschwand... die Gefährten des Herzogs Amadeo degli Abruzzi etwa, dessen *Erste Italienische Arktisexpedition* im März des Jahres 1900, nach einer Überwinterung auf dem *Franz-Joseph-Land*, die unerhörte nördliche Breite von 86° 34′ erreichte und so den bis dahin gültigen Breitenrekord Fridtjof Nansens um 36 Kilometer überbot. Ein Drittel der herzoglichen Mannschaft starb in den Eisstürmen dieses triumphalen Breitengrades. Amadeo, sein unbeugsamer Kapitän Cagni und der Rest der Mannschaft kehrten noch im August 1900 mit ihrem Rekord und einer Liste von Toten und Verschollenen nach Italien zurück.

Als schließlich am 21. April 1908 Frederic Albert Cook, ein Arzt aus dem Staate New York, und am 6. April 1909 auch sein Konkurrent, der Armeeoffizier Robert Edwin Peary aus Pennsylvania, nach monatelangen Gewaltmärschen und Hundeschlittenfahrten das Eis des Nordpols (oder was sie dafür hielten) endlich betraten, war nicht viel mehr erreicht, als daß der Pol als Fluchtpunkt der Eitelkeiten an Bedeutung zu verlieren begann. Der höchste Norden war *erobert*. Und der Eroberung folgte die Peinlichkeit; folgte ein wütender Streit um die Ehre des Erstrechts.

Cook hatte den Triumph mit seinen Begleitern, den grönländischen Eskimos Awelah und Etukishuk geteilt, war auf dem Rückmarsch vom Pol mit der Eisdrift westwärts abgetrieben und erst nach einer einjährigen Odyssee im Eis aus der Wildnis zurückgekehrt. Inzwischen hatte aber auch Peary mit vier Eskimos und seinem schwarzen Diener Matt Henson in einer Packeiswüste Aufstellung genommen, die nach seinen Berechnungen die unmittelbare Umgebung des Pols sein mußte. Peary hatte auf diesem Vorstoß keine weißen Begleiter geduldet, um den Sieg nicht mit *gleichwertigen Menschen* teilen zu müssen, hatte auf seinem Rückmarsch Glück mit der Eisdrift, konnte so etwa zur gleichen Zeit wie Frederic Cook mit *seinem* Sieg an die Weltöffentlichkeit treten – und das Geraufe um die Ehre begann.

Robert Edwin Peary setzte alles daran, um mit dem Ruhm allein zu bleiben, schrieb in der *New York Times* erbitterte Kolumnen und nannte Cook einen erbärmlichen Betrüger, der sich bloß für ein Jahr in der Wildnis verkrochen hätte, um mit einer maßlosen Lüge daraus zurückzukehren. Cook sei ein Scharlatan, ein Hochstapler, ein Wahnsinniger, alles, alles, nur nicht der Eroberer des Pols.

Frederic Albert Cook wies alle Anschuldigungen als blindes Gestammel zurück und bezog im *New York Herald* Stellung: Er werde unerschütterlich bei seinem Anspruch bleiben, ein Jahr vor Peary im äußersten Norden gewesen zu sein; Peary sei ein unwürdiger Verlierer, ein Fanatiker, ein Verleumder... Und so ging es fort. Kommissionen und Sympathisantenlager formierten sich um die Frage, wem nun das Ansehen des Ersten wirklich gebührte, Lehrmeinungen kreuzten sich, immer neue Feindschaften entstanden, und die Zeitungen verlängerten die Front in die Jahre. Sooft die Frage nach der Glaubwürdigkeit der beiden Eroberer auch alle Instanzen der Prüfung passierte – sie blieb ungelöst. Die Verwirrung der Lexikonschreiber und Chronisten hielt an. Je nach Lager und Auftraggeber schrieb man einmal Peary und dann wieder Cook den Sieg zu, nannte den einen nie ohne anzügliche Hinweise auf den jeweils anderen und verwandelte so die beiden Feinde in siamesische Zwillinge der Kosmographie.

Als Josef Mazzini am späten Abend die Messe betritt, sitzt Naomi Uemura rasiert, lächelnd und mit frischer Pomade im Haar am *Tisch der Wissenschaft*, den ein am Bambusgerüst hochgezogener Philodendronstrauch vom Tisch Andreasens und der Mannschaft trennt. Odmund Jansen steht mit erhobenem Glas vor dem Grenzstrauch zwischen den Tafeln, zeigt, daß er seinen Toast auf das Wohl des Vogelforschers im Namen der gesamten Besatzung ausbringt: Uemura habe mit seiner einsamen Arbeit auf Kvitøya seinem Namensvetter alle Ehre gemacht, der noch im Jahr 1978 den Nordpol, wie Peary, Cook und alle die anderen, aus eigener Kraft erreicht hätte; er, der strapazenscheue Jansen, wünsche dem japanischen Kollegen die Anerkennung der Fachwelt und trinke auf ihn als den beharrlichen Freund der Vögel Kvitøyas.

Diesseits und jenseits des Philodendron folgt Beifall.

Sarah Kirsch
Wintermusik

Bin einmal eine rote Füchsin ge-
Wesen mit hohen Sprüngen
Holte ich mir was ich wollte.

Grau bin ich jetzt grauer Regen.
Ich kam bis nach Grönland
In meinem Herzen.

An der Küste leuchtet ein Stein
Darauf steht: Keiner kehrt wieder.
Der Stein verkürzt mir das Leben.

Die vier Enden der Welt
Sind voller Leid. Liebe
Ist wie das Brechen des Rückgrats.

Margaret Atwood
Das Bleizeitalter

Der Mann ist einhundertfünfzig Jahre lang begraben gewesen. Sie gruben ein Loch in das gefrorene Geröll, tief in den Dauerfrostboden, und legten ihn dort hinein, damit die Wölfe nicht an ihn herankamen. Jedenfalls nimmt man das an.

Als sie das Loch gruben, war der Dauerfrostboden der Luft ausgesetzt, die wärmer war. Das taute ihn auf. Aber nachdem der Mann zugedeckt war, gefror er wieder, so daß er, als er an die Oberfläche gebracht wurde, völlig in Eis eingeschlossen war. Sie nahmen den Deckel von dem Sarg, und es war wie bei diesen Maraschinokirschen, die man für tropische Drinks in Eisfächern einfriert: eine verschwommene Form, die hinter einer festen Wolke undeutlich zu erkennen ist.

Dann schmolzen sie das Eis, und er kam ans Licht. Er ist fast noch genauso wie damals, als er begraben wurde. Das gefrierende Wasser hat seine Lippen von den Zähnen weggedrückt, es ist ein erstauntes Fletschen, und er ist beige wie ein Fleck Bratensoße auf Leinen, anstatt rosa, aber es ist noch alles da. Er hat sogar Augäpfel, nur, daß sie nicht weiß sind, sondern hellbraun wie Milchtee. Mit diesen teegefärbten Augen sieht er Jane an: ein nicht zu entziffernder Blick, unschuldig, wild, überrascht, aber nachdenklich, wie ein meditierender Werwolf, eingefangen in einem Blitzschlag genau in dem Sekundenbruchteil seiner turbulenten Verwandlung.

Jane sieht nicht sehr viel fern. Früher hat sie sich mehr angesehen. Früher hat sie sich an den Abenden Komikserien angesehen, und als sie auf die Universität ging, hat sie sich nachmittags Seifenopern über Krankenhäuser und reiche Leute angesehen, um das Arbeiten hinauszuzögern. Für eine Weile, vor noch gar nicht so langer Zeit, hat sie sich die Abendnachrichten angesehen, hat die Katastrophen mit untergeschlagenen Beinen auf dem Sofa zur Kenntnis genommen, mit einer Decke über den Beinen und einer heißen Milch mit Rum, um sich vor dem Schlafengehen zu entspannen. Es war alles eine Form von Flucht gewesen.

Aber was man im Fernsehen sieht, ganz gleich, zu welcher Tageszeit, rückt jetzt zu nah an ihr eigenes Leben heran; wenn auch in Janes Leben nicht alles so ordentlich in Schubläden verteilt ist wie im Fernsehen, Komik hier, schäbige Romanzen und sentimentale Tränen dort, Unfälle und gewaltsame Tode in Dreißig-Sekunden-Clips, in kleinen Häppchen, als wären es Schokoladenriegel. In ihrem eigenen Leben ist alles miteinander vermischt. *Ich dachte, ich sterb' vor Lachen*, hatte Vincent vor sehr langer Zeit mit einer Stimme gesagt, welche die Banalität von Müttern nachahmte; so wird es allmählich tatsächlich. Und wenn sie dieser Tage das Fernsehen andreht, dann schaltet sie es bald wieder ab. Selbst die Werbung mit ihrer surrealen Alltäglichkeit beginnt unheimlich auszusehen, Bedeutungen hinter ihrem Rücken anzudeuten, hinter der Fassade von Sauberkeit, Köstlichkeit, Gesundheit, Macht und Geschwindigkeit.

Heute abend läßt sie den Fernseher an, denn was sie sieht, ist dem, was sie gewöhnlich sieht, so gar nicht ähnlich. An diesem Bild von dem gefrorenen Mann ist nichts unheimlich. Es ist völlig es selbst. *Was man sieht, ist was man kriegt*, wie Vincent immer sagte, während er schielte, die Zähne an einer Seite entblößte, die Nase zu einem Horrorfilm-Rüssel hochschob. Obwohl das bei ihm niemals so war.

Der Mann, den sie ausgegraben und aufgetaut haben, war ein junger Mann. Oder ist es noch immer: Es läßt sich schwer sagen, welches Tempus ihm zugeordnet werden sollte, er ist so beharrlich gegenwärtig. Trotz der Entstellungen, die durch das Eis und die Auszehrung seiner Krankheit verursacht wurden, sieht man, daß er jung ist, keine Verhärtung, keine Abnutzung. Nach den Daten, die sorgfältig in sein Namensschild gemalt sind, ist er erst zwanzig Jahre alt gewesen. Sein Name war John Torrington. Er war, oder ist, ein Matrose, ein Seemann. Er war aber kein einfacher Seemann, sondern eine Art Unteroffizier, ein Maat, einer, der unbedeutendere Befehlsbefugnis besaß.

Er war einer der ersten, die starben. Das ist der Grund, warum er einen Sarg und ein metallenes Namensschild bekam, und ein tiefes Loch im Permafrost – weil sie anfangs noch die Kraft hatten für solche Dinge und die Pietät. Es wird eine Begräbnisrede gegeben haben, und Gebete. Als die Zeit voranschritt und alles verschwamm und die Dinge nicht besser wurden, müssen sie ihre Kräfte für sich selbst bewahrt haben; und auch die Gebete. Die Gebete werden nicht mehr Routine gewesen sein, sondern verzweifelt geworden sein, und dann hoffnungslos. Die späteren Toten bekamen Steinhaufen aus übereinandergeschichteten Steinen, und die noch viel späteren nicht einmal das. Sie endeten als Knochen und als Schuhsohlen und gelegentlich als Knopf, die auf dem gefrorenen steinigen baumlosen harten Boden verstreut waren und deren Spur nach Süden führte. Wie die Spuren in Märchen, aus Brotkrumen und Samenkörnern oder weißen Steinen. Aber hier war nichts aus dem Boden gesprossen oder hatte im Mondschein geleuchtet und einen wundersamen Pfad zum Leben gebildet; es war niemand gekommen, um sie zu retten. Es dauerte zehn Jahre, bis auch nur die spärlichsten Ansätze dessen bekannt wurden, was mit ihnen geschehen war.

Alle zusammen waren sie die Franklin-Expedition. Jane hat sich selten mit Geschichte befaßt, außer wenn sie mit ihrem Wissen über antike Möbel und Immobilien zusammenfiel – »Erntetisch aus Kiefer, 19. Jahrhundert« oder »Georgianisches Herrenhaus, beste Lage, einwandfrei renov.« –, aber sie weiß, was die Franklin-Expedition war. Die Schiffe mit den Unglücksnamen waren auf Briefmarken abgedruckt – die *Terror*, die *Erebus*. Auch in der Schule hatte sie es, zusammen mit einer ganzen Reihe anderen untergegangenen Expeditionen, durchgenommen. Nicht viele von diesen Forschern schienen gut davongekommen zu sein. Immer kriegten sie Skorbut oder verirrten sich.

Die Franklin-Expedition hatte nach der Nordwestpassage gesucht, einem offenen Seeweg quer durch die Arktis, damit die Menschen, Kaufleute, von England nach Indien gelangen konnten, ohne erst um ganz Südamerika herum zu müssen. Das war bei weitem nicht so exotisch wie Marco Polo oder die Quellen des Nils; trotzdem, der

Gedanke der Erforschung hatte ihr damals gefallen: auf ein Schiff zu gehen und einfach irgendwo hinzufahren, ins Kartenlose, hinaus ins Unbekannte. Sich selbst der Furcht ausliefern; Dinge herausfinden. Das war irgendwie kühn und edel, trotz all der Verluste und Mißerfolge, oder vielleicht gerade deswegen. Es war wie Sex in der High-School, damals, vor der Pille, selbst wenn man sich vorsah. Das heißt, wenn man ein Mädchen war. Wenn man ein Junge war, für den ein solches Risiko ziemlich gering war, mußte man andere Dinge tun: mit Waffen oder großen Mengen Alkohol oder sehr schnellen Wagen; was in ihrer High-School in einem Vorort von Toronto damals zu Beginn der sechziger Jahre Springmesser bedeutete, Bier und am Samstagabend Autorennen auf den Hauptstraßen.

Während Jane jetzt auf den Fernseher sieht, während das rautenförmige Eis langsam schmilzt und die Körperumrisse des jungen Seemanns klar und scharf werden, erinnert sich Jane an Vincent, mit sechzehn und noch mit mehr Haaren, der spöttisch eine Augenbraue hochzieht, und die Lippen in nachgeahmten Spott verzogen, sagt: »Franklin, mein Lieber, das ist mir scheißegal.« Er sagte es laut genug, um gehört zu werden, aber der Geschichtslehrer ignorierte ihn, weil er nicht wußte, was er sonst hätte tun sollen. Es war für die Lehrer schwer, Vincent unter Kontrolle zu halten, weil er sich vor nichts zu fürchten schien, das ihm zustoßen konnte.

Selbst damals war er hohläugig gewesen; oft sah er aus, als wäre er die ganze Nacht lang aufgewesen. Selbst damals ähnelte er einem sehr jungen alten Mann, oder einem frühverdorbenen Kind. Die dunklen Ringe unter seinen Augen waren das Alte an ihm, aber wenn er lächelte, hatte er hübsche kleine weiße Zähne, wie die Werbeanzeigen für Babynahrung in den Illustrierten. Er machte sich über alles lustig und wurde bewundert. Er wurde nicht auf die gleiche Art bewundert, wie andere Jungen bewundert wurden, jene Jungen mit mürrisch verzogener Unterlippe und fettigen Haaren und einer einstudierten schwelenden Bedrohlichkeit. Er wurde wie ein Schoßtier bewundert. Nicht ein Hund, sondern eine Katze. Er ging, wohin er wollte, und gehörte niemandem. Niemand nannte ihn Vince.

Seltsam, aber Janes Mutter mochte ihn. Gewöhnlich mochte sie die Jungen, mit denen Jane ausging, nicht. Vielleicht ließ sie ihn deshalb durchgehen, weil ihr klar war, daß Jane keinen Schaden davontragen würde, wenn sie mit ihm ausging: kein gebrochenes Herz, keine Schwere, nichts Belastendes. Nichts von dem, was sie *Folgen* nannte. Folgen: die Schwere des Körpers, das wachsende Fleisch, das wie ein Bündel herumgeschleppt wurde, der kleine rüschenumsäumte Wichtelkopf im Kinderwagen. Babys und Hochzeit, in dieser Reihenfolge. So verstand sie die Männer und ihre verstohlenen, plumpen, bedrohlichen Wünsche, denn Jane war selbst eine Folge gewesen. Sie war ein Fehler gewesen, sie war ein Kriegskind gewesen. Sie war ein Verbrechen gewesen, für das immer wieder und wieder hatte gezahlt werden müssen.

Mit sechzehn hatte Jane schon so viel davon gehört, daß es für mehrere Leben reichte. In den Darstellungen ihrer Mutter über die Art und Weise, wie es zuging im Leben, war man eine kurze Zeit jung, und dann fiel man.

Man plumpste runter wie ein reifer Apfel und wurde am Boden zu Brei zerquetscht; man fiel, und alles um einen herum fiel ebenfalls. Man kriegte Senkfüße, und die Gebärmutter senkte sich auch, und Haare und Zähne fielen aus. Das hatte man vom Kinderkriegen. Man wurde den Gesetzen der Schwerkraft unterworfen.

So sieht sie ihre Mutter noch immer vor sich: in baumelnder, sinkender, erschlaffender Bewegung. Ihre hängenden Brüste, die nach unten gezogenen Mundwinkel. Jane beschwört sie herauf: da ist sie, sitzt wie gewöhnlich mit einer Tasse abkühlenden Tees am Küchentisch, erschöpft von ihrer Arbeit als Verkäuferin im Kaufhaus Eaton, wo sie den ganzen Tag hinter dem Schmucktresen steht, den Hintern in einem Hüftgürtel verpackt und die geschwollenen Füße in die vorgeschriebenen halbhohen Schuhe gequetscht, lächelt ihr neidisches, mißbilligendes Lächeln über die verwöhnten Kunden, die hochnäsig auf den glitzernden Trödelkram blicken, den sie sich selbst nie würde leisten können. Janes Mutter seufzt, pickt in den Spaghetti herum, die Jane für sie in der Dose aufgewärmt hat. Stumme Worte steigen von ihr auf wie schales Talkumpuder: *Was kann man schon erwarten*, immer eine Feststellung, nie eine Frage. Aus der Ferne versucht Jane es mit Mitleid, bringt aber keins zustande.

Was Janes Vater angeht, der war von zu Hause weggelaufen, als Jane fünf wurde, er hat ihre Mutter im Stich gelassen. So drückte es ihre Mutter aus – »von zu Hause weggelaufen«, wie ein verantwortungsloses Kind. Ab und zu kam Geld, aber das war auch die Summe dessen, was er zum Familienleben beitrug. Jane war ihm deswegen böse, aber die Schuld gab sie ihm nicht. Ihre Mutter weckte in jedem, der ihr begegnete, ein wildes Fluchtverlangen.

Jane und Vincent saßen immer draußen in dem engen Garten hinter Janes Haus, einem jener mit Gipsmörtel verputzten Kriegsbungalows mit blinzelnden kleinen Fenstern, die am Fuß des Hügels standen. Oben auf dem Hügel waren die reicheren Häuser und die reicheren Leute: die Mädchen, die Kaschmirpullis besaßen, wenigstens einen, und nicht die aus Orlon und Lambswool, die Jane so vertraut waren. Vincent wohnte etwa auf halber Höhe den Hügel hinauf. Er hatte noch einen Vater, theoretisch.

Sie saßen an den hinteren Zaun gelehnt, bei den spindeldürren Schmuckkörbchenblumen, die als Garten durchgingen, so weit vom Haus entfernt, wie sie nur konnten. Sie tranken Gin, den Vincent aus dem Alkoholvorrat seines Vaters abgefüllt und in einer alten Militärtaschenflasche, die er irgendwo aufgelesen hatte, hierher geschmuggelt hatte. Sie machten ihre Mütter nach.

»Ich hetz' rum und spare und arbeite mir die Finger wund, und wie dankt man es mir?« sagte Vincent zänkisch. »Du bist auch keine Hilfe, Sonny Boy. Du bist genauso wie dein Vater. Frei wie ein Vogel, die ganze Nacht unterwegs, tust, was dir gefällt, ohne dich auch nur im geringsten um die Gefühle anderer zu kümmern. Und jetzt bring den Müll raus.«

»Das kommt von der Liebe, die tut dir das an«, erwiderte Jane dann mit der resignierten schweren Stimme ihrer Mutter. »Wart nur ab, mein Mädchen. Eines Tages wirst du schon noch runterkommen von deinem hohen

Roß.« Während Jane es sagt, und obwohl sie Spaß macht, konnte sie sich LIEBE vorstellen, in Großbuchstaben, die wie ein riesiger Fuß vom Himmel auf sie herabstieg. Das Leben ihrer Mutter war eine Katastrophe gewesen, aber ihrer eigenen Ansicht nach eine unvermeidliche Katastrophe, wie in Liedern und Filmen. Es war die LIEBE, die dafür verantwortlich war, aber was konnte man tun, angesichts der LIEBE? Liebe war wie eine Dampfwalze. Man konnte ihr nicht ausweichen, sie walzte über einen hinweg, und am Ende war man plattgedrückt.

Janes Mutter wartete, ängstlich und Warnungen ausstoßend, aber auch mit einer Art Schadenfreude, daß es Jane genauso erging. Jedes Mal, wenn Jane sich mit einem neuen Jungen traf, betrachtete ihre Mutter ihn als einen potentiellen Gesandten des Untergangs. Sie mißtraute den meisten dieser Jungen; sie mißtraute ihren mürrisch aufgeworfenen Mündern, ihren im aufsteigenden Rauch ihrer Zigaretten halb geschlossenen Augen, ihrer langsamen, schlendernden Art zu gehen, ihrer Kleidung, die zu eng saß, zu voll war, zu voll von ihren Körpern. Sie sahen selbst dann noch so aus, wenn sie die Rolle des verdrossenen Helden ablegten, wenn sie sich vor Janes Mutter bemühten, aufmerksam zu gucken und geschäftig und höflich zu sein, und sich an der Haustür verabschiedeten, in ihren Hemden und Krawatten und ihren gebügelten Anzügen für besondere Anlässe. Sie konnten nichts dafür, wie sie aussahen, wie sie waren. Sie waren hilflos; ein Kuß in einer dunklen Ecke ließ sie in Sprachlosigkeit versinken; sie waren Schlafwandler in ihren eigenen flüssigen Körpern. Jane indessen war hellwach. Jane und Vincent gingen eigentlich nicht richtig aus. Sondern sie machten sich über das Ausgehen lustig. Wenn die Luft rein war und Janes Mutter nicht zu Hause war, erschien Vincent mit knallgelb angemaltem Gesicht an der Tür, und Jane zog ihren Bademantel verkehrt herum an, und sie bestellten sich chinesisches Essen und erschreckten den Lieferjungen und aßen mit gekreuzten Beinen auf dem Fußboden, unbeholfen mit Stäbchen hantierend. Oder Vincent kreuzte in einem fadenscheinigen, dreißig Jahre alten Anzug und einem Bowlerhut und einem Spazierstock auf, und Jane wühlte in den Schränken nach einem abgelegten Kirchganghut ihrer Mutter, mit zerdrückten Stoffveilchen und einem Schleier, und dann gingen sie in die Stadt und spazierten umher, machten laute Bemerkungen über die Passanten, taten so, als wären sie alt oder arm oder verrückt. Das war gedankenlos und schlechter Geschmack, genau das, was ihnen so gut daran gefiel.

Vincent lud Jane zur High-School-Abschlußfeier ein, und sie suchten ihr Kleid gemeinsam in einem der Secondhand-Kleiderläden aus, die Vincent ständig aufsuchte, kicherten über den Schock und die Bewunderung, die sie beide auszulösen hofften. Sie schwankten zwischen einem flammendroten mit abfallenden Ziermünzen und einem rückenfreien engen schwarzen mit tiefem Ausschnitt, und wählten das schwarze, weil es zu Janes Haaren paßte. Vincent schickte eine giftig aussehende lindgrüne Orchidee, die Farbe ihrer Augen, wie er sagte, und Jane malte sich die Augenlider und die Fingernägel dazu passend an. Vincent trug eine weiße Krawatte und einen weißen Schwalbenschwanz und einen Zylinder, alles durchgescheuerte alte Sachen und lächerlich groß für ihn. Sie tanzten Tango in der Turnhalle, obwohl es keine Tangomusik war, unter den Blumen aus Seidenpapier, zogen einen schwarzen Schnitt durch die Schwaden aus pastellfarbenem Tüll, todernst, stellten eine übertriebene Sexualität zur Schau, Vincent, indem er Janes lange Perlenkette in den Zähnen hielt.

Der Applaus galt vor allem ihm, weil er bewundert wurde. Wenn auch vor allem von den Mädchen, denkt Jane. Aber auch unter den Jungen schien er sehr beliebt zu sein. Wahrscheinlich erzählte er ihnen in der Kabine der Sporthalle schmutzige Witze. Er kannte ja genügend.

Als er Jane nach hinten bog, ließ er die Perlen los und flüsterte ihr ins Ohr: »Kein Gürtel, keine Nadeln, keine Binden, kein Scheuern.« Das war aus einer Reklame für Tampons, aber es war auch ihr Leitmotiv. Es war, was sie beide wollten: Freiheit von der Welt der Mütter, der Welt der Vorsorge, der Welt der Lasten und des Schicksals und der schweren weiblichen Beschränkungen des Fleischs. Sie wollten ein Leben ohne Folgen. Bis vor kurzem hatten sie das geschafft.

Die Wissenschaftler haben jetzt die gesamte Länge des jungen Seemanns aufgetaut, wenigstens die obere Schicht. Sie haben warmes Wasser über ihn geschüttet, vorsichtig und geduldig; sie wollen ihn nicht zu plötzlich auftauen. Es ist, als schliefe John Torrington, und als wollten sie ihn nicht aufschrecken.

Jetzt sind seine Füße sichtbar. Sie sind nackt und eher weiß als beige; sie sehen aus wie die Füße von jemandem, der an einem Wintertag über einen kalten Fußboden gegangen ist. Ein solches Licht reflektieren sie: winterliches Sonnenlicht am frühen Morgen. Das Fehlen von Socken empfindet Jane als ausgesprochen schmerzhaft. Sie hätten ihm seine Socken lassen können. Aber vielleicht haben die anderen sie gebraucht. Seine großen Zehen sind mit einem Stoffstreifen zusammengebunden; der Mann, der spricht, sagt, das sei geschehen, damit sein Körper für die Beerdigung ordentlich verpackt war, aber Jane ist nicht überzeugt. Seine Arme sind an seinen Körper gebunden, seine Knöchel sind zusammengebunden. Das tut man, wenn man nicht will, daß jemand herumläuft.

Dieser Teil ist fast zuviel für Jane, er weckt zu viele Erinnerungen. Sie greift nach der Fernsteuerung, aber zum Glück wechselt die Sendung (es ist nur eine Sendung, es ist nur eine weitere Sendung) zu den beiden historischen Experten über, welche die Kleidung analysieren. Es gibt eine Großaufnahme von John Torringtons Hemd, ein einfaches hochgeschlossenes Nadelstreifenhemd aus weißblauer Baumwolle mit Perlmuttknöpfen. Die Streifen sind aufgedruckt, nicht gewebt; Weben wäre teurer gewesen. Die Hosen sind aus grauem Leinen. Ah, denkt Jane. Garderobe. Ihr ist jetzt wohler: davon versteht sie was. Ihr gefällt die Feierlichkeit, die Ehrerbietung, mit der die Streifen und Knöpfe diskutiert werden. Interesse an der Kleidung der Gegenwart ist eine Frivolität, Interesse an der Kleidung der Vergangenheit ist Archäologie; eine Unterscheidung, die Vincent fasziniert hätte.

Nach der High-School bekamen beide, Jane und Vincent, ein Stipendium für die Universität, obwohl Vincent anscheinend weniger gelernt und dennoch besser abgeschnitten hatte. In jenem Sommer machten sie alles gemeinsam. Sie kriegten im selben »Hamburger Heaven« einen Sommerjob, sie gingen nach der Arbeit zusammen ins Kino, auch wenn Vincent nie für Jane bezahlte. Gelegentlich zogen sie noch alte Sachen an und gingen in die Stadt und taten so, als wären sie ein verrücktes Paar, aber es war nicht mehr dasselbe unbekümmerte und von absurden Phantasien erfüllte Gefühl. Manchmal ging ihnen nun durch den Kopf, daß sie möglicherweise am Ende wirklich so aussehen könnten.

In ihrem ersten Jahr an der Universität hörte Jane auf, mit anderen Jungen auszugehen: Sie brauchte einen Teilzeitjob, um finanziell zurechtzukommen, und der und die Hausaufgaben und Vincent nahmen ihre ganze Zeit in Anspruch. Sie dachte, daß sie vielleicht in Vincent verliebt sei. Sie dachte, daß sie vielleicht miteinander schlafen sollten, um es herauszufinden. So etwas hatte sie noch nie richtig getan; dazu hatte sie viel zuviel Angst vor Männern gehabt, denen man nicht trauen konnte, vor der Schwerkraft der Liebe, zuviel Angst vor den Folgen. Allerdings dachte sie, daß sie Vincent vielleicht trauen könnte.

Aber so liefen die Dinge nicht. Sie hielten Händchen, aber sie umarmten sich nicht; sie umarmten sich, aber sie wurden nicht zärtlich; sie küßten sich, aber sie schmusten nicht. Vincent sah sie gern an, aber es gefiel ihm so gut, daß er niemals die Augen schloß. Sie machte die Augen zu und dann wieder auf, und da war Vincent, und seine Augen glänzten im Licht der Straßenlampe oder des Mondes und sahen sie fragend an, als warteten sie darauf zu sehen, welch merkwürdiges weibliches Benehmen sie wohl als nächstes an den Tag legen würde, um ihn zu amüsieren. Mit Vincent zu schlafen, schien ganz und gar unmöglich.

(Später, nachdem sie sich kopfüber in die Meinungsströmung geworfen hatte, die bis Ende der sechziger Jahre zu einem breiten Fluß angeschwollen war, sagte sie nicht mehr »schlafen«; sie sagte »Sex haben«. Aber es lief auf dasselbe hinaus. Man hatte Sex, und daraus war Liebe gemacht, ob man nun wollte oder nicht. Man wachte in einem Bett auf – oder eher auf einer Matratze – im Arm eines Mannes, und man fragte sich, wie es wohl wäre, wenn man das mit ihm immer weitermachte. An diesem Punkt begann Jane auf die Uhr zu sehen. Sie hatte nicht die Absicht, auf irgendeine Weise sitzengelassen zu werden. Sie wollte es selbst sein, die verließ. Und das tat sie auch.)

Jane und Vincent zogen in verschiedene Städte. Sie schrieben einander Postkarten. Jane tat dies und das. Sie leitete einen Coop-Lebensmittelladen in Vancouver, kümmerte sich um die Finanzen eines kleinen Theaters in Montreal, arbeitete als Geschäftsführerin für einen kleinen Verlag, machte die Öffentlichkeitsarbeit für eine Tanzgruppe. Sie hatte einen Kopf fürs Detail und war gut im Addieren kleiner Summen – sich durchs Studium schlagen zu müssen, war lehrreich gewesen –, und solche Jobs gab es viele, wenn man nicht allzuviel Geld dafür verlangte. Jane sah keinen Grund, warum sie sich binden sollte, warum sie gegenüber irgendwas oder irgendwem irgendwelche seelenverrenkenden Verpflichtungen eingehen sollte. Es war Anfang der siebziger Jahre; die alte beschwerliche Frauenwelt der Hüftgürtel und Vorsichtsmaßnahmen und Folgen war weggefegt worden. Eine Menge Fenster gingen auf, eine Menge Türen: Man konnte hineinsehen, dann hineingehen, dann wieder herauskommen.

Sie lebte mit verschiedenen Männern zusammen, aber in jeder Wohnung standen Pappkartons, die ihr gehörten und nie ausgepackt wurden. Machte nichts, weil es so viel einfacher war, wieder auszuziehen. Als sie dreißig war, kam sie zu dem Schluß, daß es vielleicht schön wäre, ein Kind zu haben, irgendwann, später. Sie versuchte sich etwas einfallen zu lassen, wie sie das anstellen konnte, ohne Mutter zu werden. Ihre eigene Mutter war nach Florida gezogen und schickte langatmige, nörgelnde Briefe, die Jane nur selten beantwortete.

Jane zog wieder nach Toronto und fand es zehnmal interessanter als früher, bevor sie es verlassen hatte. Vincent war schon da. Er war aus Europa zurück, wo er Film studiert hatte; er hatte ein Designstudio. Er und Jane trafen sich zum Lunch, und es war noch immer genauso: dieselbe verschwörerische Atmosphäre, dasselbe Gefühl, zu jeder Unverschämtheit fähig zu sein. Genausogut hätten sie noch immer in Janes Garten sitzen können, neben den Schmuckkörbchen, verbotenen Gin trinkend und herumalbernd.

Jane merkte, wie sie in Vincents Kreise geriet – oder waren es Umlaufbahnen? Vincent kannte sehr viele Leute, Leute jeder Art; manche waren Künstler, und manche wollten gern welche sein, und manche wollten die kennenlernen, die welche waren. Manche hatten von vornherein Geld, manche machten Geld; alle gaben es aus. Es wurde dieser Tage sehr viel mehr über Geld gesprochen, oder jedenfalls unter diesen Leuten. Die wenigsten von ihnen wußten, wie sie damit umgehen sollten, und Jane begann, ihnen dabei zu helfen. Sie brachte eine kleine Firma auf die Beine, indem sie sich um ihr Geld kümmerte. Sie hielt es zusammen, brachte es für sie in Sicherheit, sagte ihnen, wieviel sie ausgeben konnten, gewährte ihnen »Taschengeld«. Jane verfolgte mit großem Interesse, was sie sich kauften, wenn sie ihre Rechnungen beglich: welche Möbel, welche Kleider, welche »Objekte«. Sie freuten sich über ihr Geld, waren entzückt. Es war für sie wie Milch und Plätzchen nach der Schule. Wenn Jane ihnen zusah, wie sie mit ihrem Geld spielten, fühlte sie sich verantwortlich und nachsichtig, und ein wenig matronenhaft. Ihr eigenes Geld sparte sie sorgfältig an und kaufte damit ein Stadthaus.

Während der ganzen Zeit war sie mehr oder weniger mit Vincent zusammen. Sie hatten es ausprobiert, ein Liebespaar zu sein, aber es hatte nicht geklappt. Vincent hatte mitgemacht, weil Jane es wollte, aber er blieb ausweichend, erklärte nichts. Was mit anderen Männern funktionierte, mit ihm funktionierte es nicht: Appelle an seine Beschützerinstinkte, vorgespielte Eifersucht, die Bitte, festsitzende Deckel von Gläsern zu entfernen. Mit ihm war Sex wie eine Aerobic-Übung. Er konnte ihn nicht ernst nehmen und machte ihr den Vorwurf, zu feierlich zu sein. Sie fragte sich, ob er vielleicht schwul war, wagte aber nicht, ihn zu fragen; sie hatte Angst davor, sich überflüssig zu fühlen, ausgeschlossen zu sein. Sie brauchten Monate, bis alles wieder beim alten war.

Er war jetzt älter, beide waren sie älter. An den Schläfen und über der Stirn lichteten sich seine Haare, Geheimratsecken, und seine hellen forschenden Augen versanken noch tiefer in ihren Höhlen. Was zwischen ihnen ablief, sah immer noch aus wie Liebeswerben, war es aber nicht. Er brachte ihr immer etwas mit: irgend etwas neues Ungewöhnliches zum Essen, irgendein neues groteskes Stück zum Anschauen, eine Klatschgeschichte, die er ihr wie eine Blume zu einem besonderen Anlaß überreichte. Und sie wußte ihn zu schätzen. Es war wie eine Yoga-Übung, Vincent zu schätzen; es war, als würde man eine Sardelle schätzen, oder einen Stein. Er war nicht jedermanns Geschmack.

Auf dem Fernsehschirm ist ein Schwarzweißbild, dann noch eins: das 19. Jahrhundert in seiner eigenen Version, in Stichen. Sir John Franklin, älter und dicker, als Jane angenommen hatte; die *Terror* und die *Erebus*, eingeschlossen im drückenden Eis. In der hohen Arktis, vor hundertfünfzig Jahren, im tiefsten Winter. Da ist keine Sonne, kein Mond; nur die knisternden Nordlichter, wie elektronische Musik, und die harten kleinen Sterne.

Was war mit der Liebe, auf einem solchen Schiff, in einer solchen Zeit? Verstohlene, einsame Handhabungen, verworrene und klagende Träume, die Sublimierung der Romane. Das übliche für jene, die einsam geworden sind.

Unten im Laderaum, umgeben von dem Knarren des hölzernen Rumpfs und den muffigen Gerüchen von

Männern, die schon viel zu lange eingeschlossen sind, liegt John Torrington im Sterben. Er muß es gewußt haben; man kann es an seinem Gesicht sehen. Er wendet Jane seinen teefarbenen Blick fragenden Vorwurfs zu.

Wer hat seine Hand gehalten, wer hat ihm vorgelesen, wer hat ihm Wasser gebracht? Wer, falls überhaupt jemand, hat ihn geliebt? Und was haben sie ihm gesagt, warum er sterben mußte, was immer es war, das ihn umbrachte? Schwindsucht, Gehirnfieber, die Erbsünde. All die viktorianischen Gründe, die nichts zu bedeuten hatten und falsch waren. Aber sie müssen tröstlich gewesen sein. Wenn man stirbt, will man wissen, warum.

In den achtziger Jahren gerieten die Dinge ins Rutschen. Toronto war nun nicht mehr so lustig. Da waren zu viele Menschen, zu viele arme Menschen. Man sah sie auf den Straßen betteln, die von Auspuffschwaden und Autos erfüllt waren. Die billigen Künstlerateliers wurden abgerissen oder in modernen Büroraum umgewandelt, die Künstler waren irgendwoanders hingezogen. Ganze Straßenzüge wurden auf- oder abgerissen. Die Luft war voll von körnigem Staub.

Leute starben. Sie starben zu früh. Einer von Janes Klienten, ein Mann, dem ein Antiquitätengeschäft gehörte, starb fast über Nacht an Knochenkrebs. Jemand anders, eine Frau, die Anwältin in der Unterhaltungsbranche war, probierte in einer Boutique ein Kleid an und hatte einen Herzanfall. Sie fiel um, und man rief die Ambulanz, und als die kam, war sie schon tot. Ein Theaterproduzent starb an AIDS, und ein Fotograf; der Liebhaber des Fotografen erschoß sich, entweder aus Kummer oder weil er wußte, daß er der nächste sein würde. Ein Freund eines Freundes starb an einem Emphysem, ein anderer an Lungenentzündung, ein anderer an Hepatitis, die er sich bei einem Urlaub in den Tropen geholt hatte, ein anderer an Hirnhautentzündung. Es war, als wären sie durch irgendeine geheimnisvolle Kraft geschwächt worden, etwas wie ein farbloses Gas, geruchlos und unsichtbar, so daß jeder Krankheitserreger, der zufällig vorbeikam, in ihren Körper gelangen und ihn sich unterwerfen konnte.

Jane begannen bestimmte Nachrichten aufzufallen, über die sie früher hinweggelesen hatte. Ahornwälder, die am sauren Regen starben, Hormone im Rindfleisch, Quecksilber in den Fischen, Pestizide im Gemüse, Gift, das auf Obst gesprüht war, Gott weiß was im Trinkwasser. Sie bestellte bei einer Lieferfirma Quellwasser in Flaschen und fühlte sich ein paar Wochen lang besser, dann las sie in der Zeitung, daß es ihr nicht viel nützen würde, denn was immer es war, es war in alles eingedrungen. Jedes Mal, wenn man Luft holte, atmete man etwas davon ein. Sie dachte daran, wegzuziehen aus der Stadt, dann las sie von Giftmüllhalden, radioaktivem Abfall, der hier und da auf dem Land verborgen und unter dem üppigen, trügerischen Grün der sich im Wind wiegenden Bäume getarnt war.

Vincent ist noch kein Jahr tot. Er wurde nicht in den Dauerfrostboden gelegt oder in Eis gefroren. Er kam auf den Necropolis, den einzigen Friedhof in Toronto, dessen allgemeines Ambiente er billigte; er kriegte Blumenzwiebeln über sich gepflanzt, von Jane und anderen. Vor allem von Jane. Im Augenblick sieht John Torrington, der gerade nach hundertfünfzig Jahren aufgetaut worden ist, wahrscheinlich besser aus.

Eine Woche vor Vincents dreiundvierzigstem Geburtstag ging ihn Jane im Krankenhaus besuchen. Er war zu Untersuchungen hier. Von wegen. Er war wegen des Unaussprechlichen, des Unbekannten hier. Er war wegen eines mutierten Virus hier, das noch nicht mal einen Namen hatte. Es kroch seine Wirbelsäule rauf, und wenn es sein Gehirn erreichte, würde es ihn töten. Es reagierte nicht auf Medikation, wie sie sagten. Er war auf Dauer hier.

In seinem Zimmer war es weiß, winterlich. Er lag in Eis verpackt da, wegen der Schmerzen. Ein weißes Laken hüllte ihn ein, seine dünnen weißen Füße ragten darunter hervor. Sie waren so blaß und kalt. Jane sah ihn an, wie er dalag, wie ein Lachs auf Eis, und begann zu weinen.

»Ach, Vincent«, sagte sie. »Was soll ich bloß ohne dich tun?« Es klang schrecklich. Es klang, als würden sich Jane und Vincent über veraltete Bücher, veraltete Filme, ihre veralteten Mütter lustig machen. Es klang auch egoistisch: da stand sie und dachte nur an sich und ihre Zukunft, obwohl es doch Vincent war, der krank im Bett lag. Aber es stimmte. Alles in allem würde es eine ganze Menge weniger zu tun geben ohne Vincent.

Vincent sah zu ihr auf; unter seinen Augen lagen höhlenartige Schatten. »Na, komm schon«, sagte er, nicht sehr laut, denn er konnte jetzt nicht sehr laut sprechen. Sie hatte sich hingesetzt, beugte sich über ihn; sie hielt seine Hand. Die war dünn wie eine Vogelkralle. »Wer sagt denn, daß ich sterbe?« Er dachte einen Moment darüber nach, verbesserte sich. »Du hast recht«, sagte er. »Sie haben mich erwischt. Das waren die ›Body-Snatcher‹* aus dem Weltraum. ›Ich will nichts als deinen Body‹, sagten sie.«

Jane weinte noch mehr. Es war schlimmer, weil er komisch zu sein versuchte. »Aber was *ist* es?« sagte sie. »Wissen sie das schon?«

Vincent setzte sein altes unbekümmertes Lächeln auf, distanziert, amüsiert. Da waren seine wunderbaren Zähne, jugendlich wie eh und je. »Wer weiß?« sagte er. »Es muß was gewesen sein, das ich gegessen habe.«

Jane saß da, und die Tränen rannen ihr übers Gesicht. Sie fühlte sich trostlos: zurückgelassen, gestrandet. Ihre Mütter hatten sie schließlich doch noch eingeholt, hatten recht behalten. Es gab letztlich doch Folgen; aber sie waren die Folgen auf Dinge, von denen man nicht einmal wußte, daß man sie getan hatte.

Die Wissenschaftler sind wieder auf dem Bildschirm. Sie sind aufgeregt, ihre ernsten Münder zucken, man könnte sie fast fröhlich nennen. Sie wissen, warum John Torrington gestorben ist; endlich wissen sie, warum die Franklin-Expedition ein so schreckliches Ende nahm. Sie haben John Torrington ein paar Stückchen abgeschnipselt, einen Fingernagel, eine Haarlocke, sie haben sie durch Maschinen laufen lassen und die Antworten erhalten.

Dann kommt eine Aufnahme von einer alten Blechdose, sie ist aufgerissen, um die Naht zu zeigen. Sie sieht

* ›Body-Snatcher‹ stammen aus einer amerikanischen Fernsehserie, in der Außerirdische Menschen töten und sich ihrer Körper bemächtigen. A. d. Ü.

aus wie eine Bombenhülle. Ein Finger weist darauf: es waren die Dosen, damals eine neue Erfindung, die neue Technologie, der endgültige Schutz vor dem Verhungern und dem Skorbut. Die Franklin-Expedition war vorzüglich mit Blechdosen ausgerüstet, die mit Fleisch und Suppe vollgestopft und mit Blei zugelötet worden waren. Die ganze Expedition kriegte Bleivergiftung. Niemand wußte es. Niemand konnte es schmecken. Es breitete sich in ihren Knochen aus, ihren Lungen, ihren Gehirnen, schwächte sie und verwirrte ihre Köpfe, so daß sich am Ende alle, die noch nicht auf den Schiffen gestorben waren, zu einem idiotischen Treck über den steinigen, eisigen Boden aufmachten, ein Rettungsboot ziehend, das vollgepackt war mit Zahnbürsten, Seife, Taschentüchern und Pantoffeln, völlig nutzlosem Zeug. Als man sie zehn Jahre später fand, waren sie Skelette in zerfallenen Mänteln, sie lagen dort, wo sie zusammengebrochen waren. Sie waren auf dem Weg zurück zum Schiff. Was sie gegessen hatten, war das, was sie getötet hatte.

Jane schaltet den Fernseher ab und geht in ihre Küche – völlig weiß, im vorletzten Jahr neu eingerichtet, die Fleischertresen aus den siebziger Jahren, die aus der Mode gekommen waren, rausgerissen und weggekarrt –, um sich heiße Milch mit Rum zu machen. Dann überlegt sie es sich anders; sie kann sowieso nicht schlafen. Alles hier drin sieht aus, als gehörte es niemandem. Ihr Toaster, so perfekt für ein Soloessen, ihre Mikrowelle für das Gemüse, ihre Espressomaschine –, sie stehen herum und warten auf ihren Abgang, für diesen Abend oder für immer, um ihre endgültige reale Erscheinung zweckfreier

Objekte anzunehmen, die durch die physische Welt dahintreiben. Genausogut könnten sie Stücke von einem explodierten Raumschiff sein, die den Mond umkreisen.

Sie denkt an Vincents Wohnung, so sorgfältig eingerichtet mit den schönen oder absichtlich häßlichen Sachen, die er einmal geliebt hat. Sie denkt an seinen Kleiderschrank mit den schrulligen, eigentümlichen Kleidungsstücken, jetzt ohne seine Arme und Beine darin. Es ist alles aufgelöst, verkauft, weggegeben worden.

Zunehmend ist jetzt der Gehsteig, der an ihrem Haus vorbeiführt, mit Plastikbechern, zusammengedrückten Getränkedosen, benutzten Papptellern übersät. Sie hebt sie auf, räumt sie weg, aber über Nacht sind sie wieder da, wie eine Spur, die eine Armee auf dem Marsch oder die flüchtenden Bewohner einer bombardierten Stadt hinterlassen, die Gegenstände abwerfen, welche früher für notwendig gehalten wurden, aber jetzt zu schwer zum Tragen sind.

Das Tatsachenmaterial über die Franklin-Expedition und die Ausgrabung von John Torrington ist aus Frozen in Time *von Owen Beattie und John Geiger, Western Producer Prairie Books, 1987. Es hat zu diesem Thema ein Fernsehprogramm gegeben, aber die Sendung in dieser Geschichte ist erfunden.*

Glossar

Aërostat: Synonym für: Ballon.

Amundsen, Roald: Norwegischer Polarforscher, * 16. 7. 1872 Borge, † 1928. Durchfuhr als erster die Nordwestpassage 1903 - 1906. Im Wettlauf mit Scott erreichte Amundsen als erster den Pol am 14. 12. 1911. Ist seit einem Rettungsflug (Juni 1928) für den mit dem Luftschiff ›Italia‹ abgestürzten Nobile verschollen.

Andrée, Salomon: Schwedischer Polarforscher. Salomon Andrée, * 18. 10. 1854 Gränna, † 1897. Zusammen mit den Schweden Knut Fraenkel und Nils Strindberg startete er am 11. Juli 1897 von Spitzbergen aus mit seinem Ballon ›Adler‹, der sie zum Pol bringen sollte. Im August 1930 entdeckte eine norwegische Expedition auf der 80 Kilometer östlich von Spitzbergen (Nordostland) gelegenen Insel Kvitøya zufällig die sterblichen Überreste der Verschollenen, Teile ihrer Ausrüstung und das Tagebuch Andrées. Spätere medizinische Untersuchungen ergaben die Todesursache der Gescheiterten: trichinöses Eisbärfleisch.

Aspirationsthermometer: Aspirometer, ein Gerät zur Bestimmung der Luftfeuchtigkeit.

Batavia: Das heutige Djakarta (auch Jakarta), das bis 1950 Batavia hieß, ist heute die Hauptstadt der Republik Indonesien.

Cook, Frederic Albert: Amerikanischer Polarforscher, * 10. 6. 1865 Callicoon (N. Y.), † 5. 4. 1940 New Rochelle. Schärfster Rivale Pearys. Behauptete, im Jahr 1908 als erster den Nordpol erreicht zu haben.

Danskö: Auch: Danskøja (Däneninsel), Abflugsort der Andrée-Expedition.

De Long, George Washington: Amerikanischer Polarforscher. * 22. 8. 1844 New York, † 1881 im Lena-Delta. Machte sich auf die Suche nach der Nordenskiöld-Expedition. Verlor sein Schiff ›Jeanette‹ durch Eispressung im Juni 1881 und starb auf dem Rückmarsch.

Erebus und Terror: HMS ›Erebus‹ und HMS ›Terror‹: Die beiden Schiffe John Franklins, die bereits James Clark Ross für seine Antarktisexpedition von 1839 - 1843 benutzte.

Fort Conger: Im August 1881 von den USA erbaute Forschungsstation in der Lady-Franklin-Bucht, Nordkanada.

Franklin, Jane: Frau des Polarforschers John Franklin. Hatte maßgeblichen Anteil an der unermüdlichen Suche nach der Expedition ihres Mannes.

Franklin, John: Sir John Franklin, englischer Polarforscher. * 16. 4. 1786 Spilby (Lincolnshire), † 11. 6. 1847. Leitete von 1845 an die bestausgestattete Expedition des 19. Jahrhunderts, zu der 2 Schiffe, die HMS ›Erebus‹ und HMS ›Terror‹ mit insgesamt 129 Mann Besatzung gehörten. Die Suche nach der Nordwestpassage endete mit einer Katastrophe: Die beiden Schiffe mußten aufgegeben werden; alle Expeditonsteilnehmer kamen ums Leben. Siehe auch Torrington, John.

Hansa: Die ›Hansa‹ ist neben der ›Germania‹ eines der beiden Schiffe, das Mannschaften und Ausrüstungsgegenstände der zweiten Deutschen Nordpolarexpedition von 1869 bis 1870 transportierte.

Heinrich von Ofterdingen: Hauptwerk des frühromantischen Dichters Friedrich Leopold Frhr. von Hardenberg (1772-1801), genannt Novalis.

Italia, Norge: Zwei von Nobile konstruierte Luftschiffe. Die ›Norge‹ überflog als erstes Luftschiff den Nordpol am 12. Mai 1926. Die ›Italia‹, ein Schwesterschiff, erreichte ihn am 24. Mai 1928. Beide Luftschiffe hatten jeweils eine Länge von 104 Metern, waren max. 26 Meter hoch, und wiesen eine maximale Breite von 19,5 Meter auf.

Marco Polo: * 1254 Venedig, † 1323 Venedig. Als venezianischer Kaufmann bereiste er Asien und stieß bis nach China vor.

Nansen, Fridtjof: Norwegischer Polarforscher. * 10. 10. 1861 Gut Store-Fröen, † 13. 5. 1930 Lysaker. Durchquerte als erster das Inlandeis Grönlands (1888) und driftete vom Packeis eingeschlossen mit seinem Schiff ›Fram‹ von 1893 bis 1896 an der Küste Nordrußlands entlang. Erfand einen Ausweis für Staatenlose, der auch heute noch als Nansen-Paß bezeichnet wird. Erhielt 1922 den Friedensnobelpreis.

Neu-Holland: Australien.

Nobile, Umberto: Italienischer Polarforscher, * 21. 1. 1885 Lauro, † 30. 7. 1978 Rom. Konstrukteur der Luftschiffe ›Italia‹ und ›Norge‹. Verunglückte mit der ›Italia‹ 1928 auf dem Rückflug vom Nordpol. Arbeitete 1931 bis 1936 auf ausdrücklichen Wunsch Stalins als Luftfahrtberater für die Sowjetunion.

Nordostpassage: Seeweg, der an der Nordküste Europas und Asiens vorbeiführt. Wurde vom schwedischen Polarforscher Nils Adolf Erik Nordenskiöld (1832-1901) 1878/79 erstmals durchfahren.

Nordwestpassage: Die Nordwestpassage führt an der Küste des nordamerikanischen Kontinents vorbei. Sie wurde zuerst von Amundsen 1903-06 durchfahren.

Nunatak: Eine Bergspitze, die aus Gletschern oder Inlandeisflächen herausragt.

Odysseus' letzte Fahrt: Im Unterschied zu Homers Odyssee, in der Odysseus nach langer Irrfahrt in seine Heimat zurückkehrt, schreibt Dante dem epischen Helden eine letzte verwegene Fahrt zu, die zum Südpol und damit ins Verderben führt.

Parry, William Edward: Englischer Polarforscher. * 19. 12. 1790 Bath, † 8. 7. 1855 Bad Ems. Beteiligte sich an der Suche nach der Nordwestpassage und erreichte 1827 zusammen mit James Clark Ross 82° 45' nördlicher Breite.

Payer, Julius von: Österreichischer Polarforscher. * 2. 9. 1841 Schönau (bei Teplitz), † 29. 8. 1915 Veldes (Bled). War Teilnehmer der zweiten Deutschen Nordpolarexpedition von 1869-70 und leitete zusammen mit Karl Weyprecht die österreichisch-ungarische Nordpolarexpedition von 1872-74.

Peary, Robert Edwin: Amerikanischer Polarforscher. * 6. 5. 1856 Cresson Springs (Pasadena), † 20. 2. 1920 Washington. Soll den Nordpol 1909 vor seinem Erzrivalen Cook als erster erreicht haben. Nahm die Hilfe von Inuit in Anspruch, die mit ihren Überlebenstechniken den Erfolg seiner Expedition erst ermöglichten.

Petermann, August: Geograph und Kartograph. * 18. 4. 1822 Bleicherode, † 25. 9. 1878 Gotha. 1855 gründete er die heute noch erscheinende Zeitschrift Petermanns Geographische Mitteilungen.

Plinius: Gaius P. Secundus, der Ältere, * 23 n. Chr. Novum Como (heute Como), † Pompeji beim Ausbruch des Vesuv. Sein bekanntestes Werk ist die Naturkunde (Naturalis Historia) in 37 Büchern, in der er die naturwissenschaftlichen Erkenntnisse seiner Zeit zusammenträgt.

Pomponius: Rechtsgelehrter im 2. Jh. v. Chr. Verfaßte eine Geschichte der römischen Rechtswissenschaft.

Ptolemäus: Claudius Ptolemäus, einer der größten Astronomen der Antike. * um 100 n. Chr. in Ägypten, † um 170 n. Chr. Seine Lehre vom geozentrischen Weltsystem, die die Erde im Zentrum der Sonnen- und Planetenbewegungen sah, wurde erst von Nikolaus Kopernikus (1473-1543) widerlegt. Dieser begründete mit seinen Arbeiten das heliozentrische Weltsystem.

Ross, James Clark: Englischer Polarforscher. * 15. 4. 1800 London, † 3. 4. 1862 Aylesbury. Unternahm mit der ›Erebus‹ und ›Terror‹ eine Südpolarexpedition (1839-43), auf der er das nach ihm benannte Ross-Meer und Schelfeis entdeckte.

Samum: Das Wort ist arabischen Ursprungs und bezeichnet einen heißen, sandführenden Wüstenwind in Nordafrika und Mesopotamien.

Sankt-Elms-Feuer: Elektrische Entladung an hervorragenden Metallgegenständen insbesondere auf Schiffen. Benannt nach dem heiligen Elmo = Erasmus (4. Jh. n. Chr.).

Skorbut: Mangel an Vitamin C. Eine der häufigsten Todesursachen von Polfahrern.

Taifun: Tropischer Wirbelstrom im Nordpazifik.

Thule: Siedlung an der grönländischen Nordwestküste. Militärbasis der USA. In der Antike wurde unter Thule (auch: Ultima Thule) ein im hohen Norden gelegener, sagenumwobener Ort verstanden.

Torrington, John: Unteroffizier an Bord der HMS ›Terror‹, eines der Schiffe, mit denen John Franklin die Nordwestpassage bezwingen wollte. Wie die meisten Expeditionsteilnehmer kam Torrington ums Leben, weil die zusätzlich in Konserven mitgeführten Nahrungsmittel eine tödliche Konzentration Blei enthielten.

Vasco da Gama: Portugiesischer Seefahrer. * 1469 Sines, † 24. 12. 1524 Kotschin (Indien). Entdeckte den Seeweg nach Indien und umsegelte das Kap der Guten Hoffnung.

Weltenesche: Auch: Yggdrasil (altnordisch, »Odins Pferd«). Nach altnordischer Sage eine Esche, deren drei Wurzeln sich über die Welt erstrecken.

Zeittafel

Die Entdeckung der Nordpolarregion

4. Jh. v. Chr. Pytheas von Marseille, Seefahrer und Geograph, erreicht Thule – wahrscheinlich die Shetland-Inseln, Island oder Norwegen.

6. Jh. n. Chr. Irische Mönche besiedeln Island.

800-1200 Die Wikinger entdecken Grönland (ca. 920) und Spitzbergen (Svalbard, dt.: die kalte Küste; ca. 1194).

1827 William Edward Parry erreicht zusammen mit James Clark Ross 82° 45' nördlicher Breite.

1829-33 John Ross entdeckt den magnetischen Pol (70° 5' N 96° 46' W).

1845-48 John Franklin sucht im Auftrag der britischen Admiralität mit seinen Schiffen ›Erebus‹ und ›Terror‹ nach der Nordwestpassage. Die Expedition scheitert. In den Jahren 1848-70 werden über 40 Rettungsexpeditionen unternommen, ohne auf Überlebende zu stoßen.

1869-70 Die 2. Deutsche Nordpolarexpedition soll der Erforschung Nordostgrönlands dienen. Eines der beiden Schiffe, die ›Hansa‹, fällt einer Eispressung zum Opfer. Die Besatzung rettet sich auf eine Eisscholle und überlebt.

1872 Die österreichisch-ungarische Polarexpedition unter der Leitung von Julius Payer und Carl Weyprecht entdeckt eine Inselgruppe, der sie den Namen Franz-Joseph-Land gibt.

1878-79 Nils Adolf Erik Nordenskiöld (1832-1901) durchfährt als erster mit seinem Schiff ›Vega‹ die Nordostpassage.

1879-81 George Washington De Long macht sich auf die Suche nach der Nordenskiöld-Expedition, die als verschollen gilt. De Long stirbt auf dem Rückmarsch, nachdem er die ›Jeanette‹ aufgeben mußte.

1888 Der noch nicht 27jährige Fridtjof Nansen durchquert als erster das Inlandeis Grönlands.

1893-96 Fridtjof Nansens ›Fram‹ (dt.: vorwärts) driftet drei Jahre durch das Nordpolarbecken. Die Expedition ist ein voller Erfolg.

1897 Salomon August Andrée startet von der Däneninsel (Westspitzbergen) aus mit zwei Begleitern in einem Heißluftballon Richtung Nordpol. Erst 1930 werden die sterblichen Überreste der Verschollenen entdeckt.

1903-06 Roald Amundsen bezwingt mit der ›Gjöa‹ als erster die Nordwestpassage.

1908/09 Frederic A. Cook behauptet, am 21. 4. 1908 den Pol erreicht zu haben. Robert E. Peary gibt den 7. 4. 1909 als Entdekkungsdatum an.

1926 Richard E. Byrd behauptet, am 8. Mai als erster den Nordpol überflogen zu haben – wenige Wochen später gelingt es Amundsen, Nobile und Ellsworth, den Pol mit dem Luftschiff ›Norge‹ zu überfliegen.

1928 Nobile überfliegt ein zweites Mal den Nordpol mit dem Luftschiff ›Italia‹. Seine Bruchlandung löst spektakuläre Hilfsaktionen aus, bei denen u. a. Amundsen zu Tode kommt.

1955/56 Die USA entsenden zwei U-Boote in die Arktis. Die ›Nautilus‹ fährt unter dem Pol hindurch; sechs Monate später gelingt es der ›Skate‹, die Eisschicht zu durchstoßen und am Pol aufzutauchen.

1977 Im August erreicht der atomgetriebene sowjetische Eisbrecher ›Arktika‹ den Nordpol.

Die Entdeckung der Südpolarregion

ca. 650 n. Chr. Die Polynesier erreichen den südlichen Treibeisrand.

17.-18. Jh. Engländer und Franzosen entdecken eine Reihe von kleinen Inseln im Südpolarmeer: Südgeorgien, die Bouvet-Insel, die Kerguelen, die Süd-Shetland- und Süd-Sandwich-Inseln. James Cook überquert auf seiner zweiten großen Reise mit seinen Schiffen ›Resolution‹ und ›Adventure‹ den südlichen Polarkreis und dringt bis 71° 10' südlicher Breite vor.

1839-43 James Clark Ross unternimmt einen Vorstoß an die nach ihm benannte Schelfeiskante mit der ›Erebus‹ und der ›Terror‹, die später John Franklin bei seiner Suche nach der Nordwestpassage benutzen wird.

1901-04 Robert Falcon Scott erforscht das Ross-Schelfeis.

1907-09 Ernest H. Shackleton (1874-1922) erreicht den Magnetpol im Januar 1909. Er muß 150 Kilometer vor dem geographischen Südpol umkehren.

1910-12 Roald Amundsen und Robert Falcon Scott liefern sich das Wettrennen des Jahrhunderts. Amundsen gewinnt: Am 14. Dezember 1911 erreicht er den Südpol, während Scott mit seiner Mannschaft erst am 17. Januar 1912 dort eintrifft und beim Rückmarsch in den ersten Winterstürmen umkommt.

1929 Richard E. Byrd überfliegt am 29. November den Südpol.

1959 Am 1. Dezember wird in Washington der Internationale Antarktis-Vertrag zum Schutz der Antarktis geschlossen.

Erforschung der Arktis

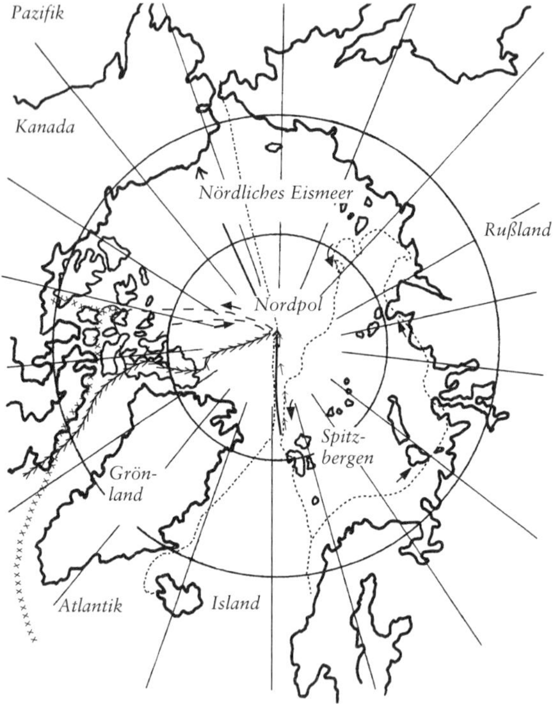

xxxxxx	Die Franklin-Expedition 1845-48
	Nansens Driftfahrt 1893-96 mit der *Fram*
>>>>>>>	R. E. Peary erreicht 1909 als erster den Nordpol
- - - - - -	F. Cooks Nordpolroute 1908/1909
→ → → →	R. E. Byrd überquert 1926 den Nordpol mit dem Flugzeug
——→	Amundsen überquert 1926 den Pol mit dem Luftschiff *Norge*
·-·-·-·-·-·	Unterwasserfahrt der *Nautilus* 1955

Erforschung der Antarktis

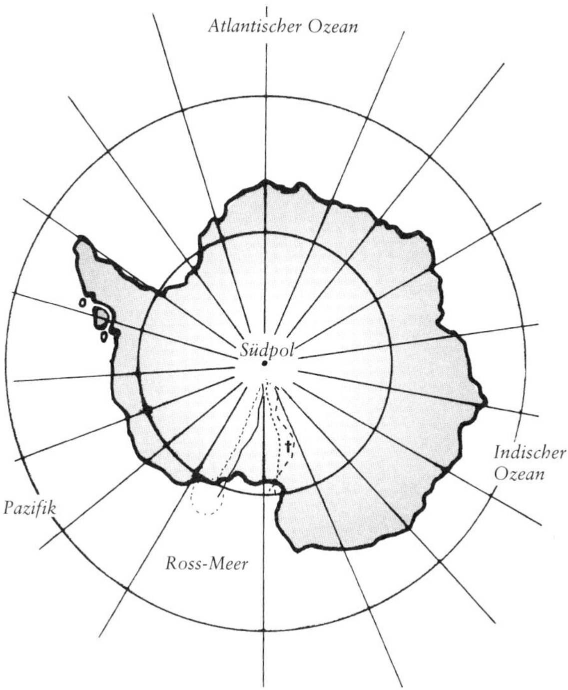

············ Shakleton erreicht 1909 88° 23' südl. Breite
——— Amundsen erreicht 1911 als erster den Südpol
·············· Scott erreicht 1912 als zweiter den Südpol
† Scotts Todeslager (Feb. 1912)
-·-·-·-·-·- Byrd überfliegt 1929 als erster den Südpol

Reisen ans Ende der Welt

> Du bist ins Magazin der Zeit gedrungen
> und blickst auf Stapel unbenutzter Tage,
> die sich die Erde vor Jahrtausenden auf
> dies Eis legte.
>
> Walter Benjamin, Nordische See

In der griechischen Mythologie ist es Herakles, Sohn des Zeus und der Alkmene, der die Grenzen der Welt absteckt. Kein anderer mythischer Held dringt so weit ins Unbekannte vor. Nur Herakles gelingt es, den Oceanos zu befahren, jenen Weltstrom, der den Erdkreis umfließt. An der Grenze zwischen Mittelmeer und Ozean, der heutigen Meerenge von Gibraltar, errichtet er zwei Säulen, die für die Antike das Ende der bewohnbaren Welt markieren. »Was darüber hinaus ist, ist Weisen/wie Nicht-Weisen unzugänglich. Dem will ich nicht nachgehen. Eitel wäre ich«, schreibt der griechische Dichter Pindar im 5. Jahrhundert v. Chr.

Durch die Säulen des Herakles

Ungeachtet dieser Warnung verschieben die Seefahrer der Antike die Grenzen des Unbekannten immer weiter ins offene Meer. Bereits im 6. Jh. v. Chr. berichtet der Karthager Hanno von einer Fahrt durch die Säulen des Herakles zu den libyschen Teilen Afrikas; Pytheas von Marseille will gut 200 Jahre später nach sechstägiger Fahrt auf offener See das sagenumwobene ›Thule‹ erreicht haben; die Römer schließlich deuten die Tat des Herakles als Ansporn zur Entdeckung weiterer unbekannter Länder um:

»Kein Markstein verbleibt. In Neuland verlegt
nun manch eine Stadt ihrer Mauern Ring.
Nichts läßt, wo es war, die erschlossene Welt.
[...] Es wird kommen die Zeit,
wenn die Jahre vergehn, wo des Oceans Strom
den Erdenring sprengt und ein riesiges Land
sich weithin erstreckt, [...] – das Ende der Welt
ist Thule nicht mehr.«

prophezeit der Chor in Senecas Tragödie ›Medea‹.

Das Bewußtsein, daß Fahrten auf die offene See hinaus Strafe und Verderben nach sich ziehen, wird durch die fortschreitende Eroberung neuer Länder allerdings nicht widerlegt. Das christliche Mittelalter schließt sich weniger der Verherrlichung der Seefahrt, als der Warnung Pindars vor menschlicher Vermessenheit an. In diesem Zeichen steht auch die erste imaginäre Fahrt zum Pol. Der Italiener Dante (1265-1321) eröffnet die Reihe literarischer Polarfahrer, indem er dem Sagenhelden Odysseus eine Fahrt zum Südpol zuschreibt. In der ›Göttlichen Komödie‹ (1321) kehrt Odysseus nicht – wie bei Homer – von seinen Irrfahrten nach Hause zurück, sondern überredet seine Gefährten zu einer letzten verwegenen Unternehmung: Gemeinsam segeln sie durch die Säulen des Herakles hindurch auf den Südpol zu. Nach fünf Monden erblicken sie am anderen Ende der Welt einen geheimnisvollen Berg, – doch bevor sie ihn erreichen, wird ihr Schiff von einem Wirbelstrom eingesogen. Von diesem unrühmlichen Ende berichtet der Schiffbrüchige in der ›Göttlichen Komödie‹ selbst: Odysseus brennt im achten Kreis der Hölle, der zur Bestrafung der falschen Ratgeber dient. Aus dem ewigen Feuer gibt er dem von Vergil geleiteten Dante Auskunft über seine letzte Tat.

Dante läßt offen, worin der falsche Rat bestand, den der Schiffbrüchige in der Hölle abbüßt. Dem Homerischen Epos zufolge dachten sich Odysseus und Diomedes die List des Trojanischen Pferdes aus und leiteten so die Zerstörung Trojas ein: Grund genug für Dante, beide in die Hölle zu verbannen. Nicht weniger fatal erscheint in der ›Göttlichen Komödie‹ allerdings jene Fahrt zum Südpol, von der Odysseus berichtet. Dantes Polarfahrer verkörpert eine Weltneugierde, die dem theologischen Denken des Mittelalters zutiefst fragwürdig ist: Nicht auf die Welt solle der Mensch sein Augenmerk richten, sondern auf Gott und die eigene Seele, schreibt Augustinus.

Im zweiten Teil der ›Göttlichen Komödie‹ erweist sich der geheimnisvolle Berg, den Odysseus aus der Ferne erblickt, als Berg des Fegefeuers: Dante beschreitet ihn mit gebotener Demut und markiert damit den Unterschied zwischen seiner religiös inspirierten Reise und der vermessenen Unternehmung des Odysseus.* Dennoch wird der Abenteuerlust des Seefahrers verdeckte Sympathie zuteil. Odysseus ist der einzige Insasse des Danteschen ›Infernos‹, der sich offensichtlich keiner Schuld bewußt

* Hans Blumenberg: Der Prozeß der theoretischen Neugierde. 4. Auflage. Frankfurt/Main 1988. S. 138-142.

ist; auch die Höllenqualen bewegen ihn nicht zur Selbstanklage. Die Geschichte des Odysseus – deutet Dante an – spiegelt die Tätigkeit des Dichters selbst: Die Abfassung eines Werkes, das Hölle, Fegefeuer und Paradies ausleuchten will, ist nicht weniger vermessen als eine Fahrt ans Ende der Welt.*

Neue Welten

Was Dante 1321 noch als *imaginäre* Überschreitung der letzten verbliebenen Grenze schildert, wird spätestens mit der Entdeckung Amerikas im Jahr 1492 von der Realität eingeholt. In der Literatur treten Christoph Kolumbus, Bartolomeo Diaz und Vasco da Gama als Entdeckergestalten einer neuen Epoche die Nachfolge des schiffbrüchigen Odysseus an. Die Epen des 16. Jahrhunderts feiern die Entgrenzung der Welt. Der italienische Dichter Torquato Tasso (1544-1595) etwa weist in seinem Kreuzzugsepos ›Das befreite Jerusalem‹ (1575) auf die Entdeckungsfahrten des Kolumbus voraus, indem er sie mit den Taten des Herkules und des Odysseus vergleicht:

> […] Als Herkules die Ungeheuer
> Von Libyen und Spanien überwunden
> Und aller eurer Küsten Meister wurde,
> Getraute er sich nicht ins offne Meer.

* Jorge Luis Borges: Die letzte Reise des Odysseus. Vorträge und Essays 1978-1982. Übers. von Gisbert Haefs. Frankfurt/Main 1992. S. 222-226.

Er setzte hier die Marken und beschränkte
Den Mut der Menschen auf zu engen Umkreis.
Doch die gesetzten Marken – zu erfahren,
Zu sehn erpicht – verachtete Ulysses.

Er ließ die Säulen hinter sich und wagte
Ins offne Meer den kühnen Flug der Ruder.
Der Wogen Kenntnis aber half ihm nichts.
Verschlang ihn doch der gier'ge Ozean.
[...]

Die Zeit wird kommen, da erfahrne Schiffer
Der Säulen Herkules' als eine Fabel spotten,
Da ferne Meere, heute ohne Namen,
Und unbekannte Reiche sich erschließen.
Der kühnste aller Schiffer wird das Meer,
So weit es reicht, befahren und erforschen
Und wird im Wettstreit mit der Sonne siegreich
Der Erde ungeheuren Raum ermessen.

Als »kühnster aller Schiffer« vollendet Kolumbus, was den mythischen Helden Herkules und Odysseus nicht gelang. Die theologischen Bedenken Dantes sind längst obsolet geworden, denn die neu entdeckten Landstriche werden im Namen Gottes annektiert – und verheißen den Eroberern ungeahnten Reichtum.

Ganz ähnlich zeichnet auch der portugiesische Dichter Luis de Camões (1524-1580) in seinem National-Epos ›Die Lusiaden‹ (1572) Vasco da Gama als glücklicheren Nachfolger der mythischen Grenzgänger Herkules und Odysseus. Vascos Umsegelung der Südspitze Afrikas

(1497/98) wird von Camões als Gegenbild zur Danteschen Reise des Odysseus gestaltet: Wie dieser erblickt Vasco da Gama fünf Mondumläufe nach der Abfahrt einen geheimnisvollen Berg am Horizont. Die Landung der Neugierigen wird von keinem Wirbelstrom verhindert, – Gefahr hingegen droht von Eingeborenen, denen Vascos Mannschaft mit knapper Not entflieht. Um so unverhoffter erscheint auf See wenig später Adamastor, der Geist des Kaps, der den Frevel des Unternehmens in Erinnerung ruft. Der Kapwächter mahnt die Seefahrer, daß es dem Menschen nicht zukomme, ins Ungewisse hinauszusegeln. Doch der Geist, der das Ende »von all den weiten Landen, die zum Südpol weisen«, verteidigt, vermag gegen die Entschlossenheit der Entdecker nichts auszurichten. Vasco da Gama umschifft das Kap und erreicht Indien. Daß Camões die epische Verherrlichung Vascos durch Gegenstimmen wie die des Kap-Geistes ausbalanciert, verleiht den ›Lusiaden‹ ihren literarischen Rang.

»Heilige Pole«

Der Rationalismus des 18. Jahrhunderts nimmt sich vor, die »beste aller möglichen Welten« (Leibniz) in ihrer Gesamtheit dem Menschen erfahrbar zu machen. Der aufgeklärte Mensch sei einem Steuermann vergleichbar, der nach sicheren Prinzipien, die aus der Kenntnis des Globus gezogen seien, mit einer vollständigen Seekarte und einem Kompaß versehen, das Schiff sicher führen könne, wohin es ihm gut dünke, schreibt Kant. Literarische Fabelwesen und Ungeheuer, wie sie sich noch in Camões' ›Lusiaden‹ finden, gelten den Aufklärern dementsprechend als unwahrscheinlich und unzeitgemäß. Nicht wenige literarische Texte scheinen jedoch gegen das Programm einer ungebremst rationalistischen Welterkundung Einspruch zu erheben. Die noch immer unbetretenen Pole sind in der Literatur weiterhin von einer geheimnisvoll-heiligen Aura umgeben. Einer der populärsten Romane des 18. Jahrhunderts, Johann Gottfried Schnabels ›Wunderliche Fata einiger Seefahrer‹ (1731-43), gibt hierfür ein Beispiel. Schauplatz des Romans ist die in der Nähe des Südpols gelegene, imaginäre Insel Felsenburg. Hier gründet der (wie Robinson Crusoe) gestrandete Albertus Julius eine Kolonie, die sich sehr bald zu einem der europäischen Zivilisation überlegenen Refugium der Anständigkeit entwickelt. Die wenigen auf die Insel Verschlagenen stehen dem Altvater an Redlichkeit nicht nach; alle Untugenden des verderbten Europa haben sie hinter sich gelassen – bis auf jene Entdeckungslust, die für die Epoche der Aufklärung charakteristisch ist. Der Romanausschnitt schildert eine Expedition zur Nachbarinsel, bei der man in geringer Entfernung »gegen den Süder-Pol zu« unbekanntes Land entdeckt. Der Altvater rechnet die Erkundung dieses Terrains unter »die eitlen Lüste« und verbietet die Südpol-Expedition: Aufklärerische Neugierde hat im Idealstaat der Felsenburger keinen Raum. Im weiteren Verlauf des Romans gewinnt die unbekannte Insel eine nahezu mysteriöse Bedeutung. Man beobachtet heilige Vögel, die allabendlich über die Insel hinweg zum Südpol fliegen. Als die Insulaner einige dieser Vögel mutwillig erschießen, wird wenig später fast die ganze Insel zerstört. Die fatalen Folgen der Tabuverletzung, die dem Leser bei Coleridge, Poe und Gide in ähnlicher Form wiederbegegnen wird, geben der Warnung des Altvaters nachträglich recht.

Eine gleichermaßen geheimnisvolle Funktion schreibt Friedrich Gottlieb Klopstock (1724-1803) dem *Nordpol* zu: Im ersten Gesang des biblischen Epos ›Der Messias‹ (1748) dient der Nordpol den Engeln als Einstieg in die Abgründe der Erde:

In dem stillen Bezirk des unbetrachteten Nordpols
Ruhet die Mitternacht einsiedlerisch, säumend; und [Wolken
Fließen von ihr, wie ein sinkendes Meer, unaufhörlich [herunter.
[...]
Niemals hat noch ein Auge, von kleineren Himmeln umgrenzet,
Diese Gefilde gesehn, die in nächtlicher Stille ruhen
Unbewohnet, und wo von des Menschen Stimme kein [Laut tönt,
Wo sie keinen Toten begruben, und keiner erstehn [wird.
[...]
Mitten in diesen Gefilden erhebt sich die englische [Pforte,
Die der Erde Beschützer zu ihrem Heiligtum einführt.

Klopstocks Nordpol zeichnet sich vor allem dadurch aus, daß er von Menschen »unbetrachtet«, unbewohnt und ungestört ist. Einem derartig heiligen Ort vermag sich nur die dichterische Imagination zu nähern.

Grenzenlose Fahrt

In der Literatur der Romantik rücken die Pole deutlich näher – ohne dabei an mysteriöser Qualität einzubüßen. Da das Reisen zur romantischen Lebensform avanciert, entwickeln die polaren Marksteine äußerster Ferne eine geradezu magnetische Anziehungskraft. In Friedrich Hölderlins Elegie ›Der Wanderer‹ (1796) führt die Lebensreise in Afrikas Wüsten und zum Eispol des Nordens. Von der Lebensfeindlichkeit dieser Sphären gezeichnet und vom Nordpol »gebleicht«, kehrt der Wanderer in die Heimat zurück. Gelingt hier noch die frühromantische Aufhebung der Gegensätze im Bild der Heimat, so stellt die zweite Fassung des Gedichts von 1800 die Rückkehr radikal in Frage: Der Wanderer verliert sein Ziel und kommt nicht mehr zur Ruhe.

In Samuel Coleridges Ballade ›Der alte Seemann‹ von 1798 schlägt das Motiv grenzenloser Fahrt nunmehr eindeutig ins Negative um: Von einem Sturm zum Südpol getrieben, tötet der Seemann mutwillig einen Albatros, das einzige Lebewesen, das Rettung aus den Eiswüsten zu versprechen schien. Der »Fluch der bösen Tat« läßt nicht auf sich warten. Der Seemann wird zu ewiger Einsamkeit und Unrast verurteilt; erst nach langen Jahren der Buße sieht er seine Heimat wieder. Daß die Reise die fiktiven Helden – wie schon bei Hölderlin – immer häufiger ins Eis führt, liegt nur scheinbar daran, daß die geographischen Kenntnisse der Epoche rasch wachsen. In der romantischen Dichtung steht das Eis der Polarregionen für Einsamkeit und Herzenserkaltung, – die selbst Byrons ›Don Juan‹ zu spüren bekommt. Dessen amouröse Abenteuer vergleicht Byron mit der Suche nach der Nordwestpassage, die William E. Parry in den zwanziger Jahren des 19. Jahrhunderts erfolglos abbricht.* Die Pole dienen den Dichtern zunehmend als Spiegelbild einer kalten, innerlich und äußerlich erstarrten Gegenwart.

Auch die Geschichte vom Chemiker Frankenstein wird sozusagen in eisiger Kälte erzählt. In Mary Shelleys Roman ›Frankenstein oder Der moderne Prometheus‹ (1818) nimmt der Polarforscher Robert Walton im Eismeer den schiffbrüchigen Wissenschaftler Frankenstein an Bord. Dieser gibt dem Polarfahrer mit letzter Kraft sein Geheimnis preis: Resultat langjähriger Experimente mit künstlichem Leben sei ein monströses Wesen, das nach zahlreichen Morden nun ihn selbst, seinen Schöpfer, töten wolle. Wie Dantes Odysseus bezahlt Frankenstein seine maßlose wissenschaftliche *curiositas* mit dem Leben. In der letzten Szene des Romans treibt das Monster auf einer Eisscholle in Richtung Norden. Walton, der Zeuge dieses schaurigen Finales wird, ist dem skrupellosen Wissenschaftler Frankenstein nicht unähnlich. Er werde schon keinen arglosen Albatros töten, schreibt er seiner Schwester, das Schicksal von Coleridges ›Altem Seemann‹ werde ihn nicht ereilen. Mary Shelley läßt al-

* Vgl. Manfred Frank: Kaltes Herz – Unendliche Fahrt – Neue Mythologie. Motiv-Untersuchungen zur Pathogenese der Moderne. Frankfurt/Main 1989.

lerdings keinen Zweifel daran, daß Walton sich auf andere Weise schuldig macht. Von wissenschaftlicher Neugierde getrieben, setzt der Polarforscher alles daran, den Nordpol zu erreichen. Der Unmut der Besatzung, vor allem aber die Begegnung mit seinem Spiegelbild Frankenstein bringen ihn von diesem Vorhaben ab.

Es bleibt einem Märchenhelden der Romantik vorbehalten, den Pol lebend zu erreichen: Adelbert von Chamissos Peter Schlemihl dringt mit Siebenmeilenstiefeln ins ewige Eis vor – allerdings erst nachdem er seinen Schatten und beinahe auch seine Seele dem Teufel verkauft hat.

Gescheiterte Hoffnung

Caspar David Friedrich gibt der seelenlosen Polarregion ihr Bild: Das Gemälde ›Gescheiterte Hoffnung‹ von 1823 zeigt ein Schiff, das von bizarren Eisbergen nahezu erdrückt ist – und womöglich den sprechenden Namen »Hoffnung« führt. Die literarische Chronologie des Scheiterns im Eis wird von Edgar Allan Poe (1809 - 1849) fortgesetzt. In seinen Erzählungen ›Die Flaschenpost‹ (1833), ›Umständlicher Bericht des Arthur Gordon Pym von Nantucket‹ (1838) und ›Ein Sturz in den Mahlstrom‹ (1841) tauchen die unheilvollen Motive früherer literarischer Polarfahrten auf: der Dantesche Wirbelstrom, Camões' Polargeist und geheimnisvolle Vögel, von denen schon Schnabel und Coleridge erzählten. Die ›Flaschenpost‹ ist von einem jungen Mann abgefaßt, der – von »nervöser Unrast« befallen – die ganze Welt bereist. Das

Fernweh der Romantik erscheint hier schon pathologisch verzerrt. Auf dem Weg zu den Sunda-Inseln wird der Erzähler von einem Sturm überrascht und weiter Richtung Süden getrieben, als je ein Seefahrer zuvor – weiter also auch als Coleridges ›Alter Seemann‹, dem es ähnlich erging. Ein Wirbelstrom reißt das Schiff in die Tiefe. Kurz vor dem Untergang kann sich der Erzähler auf ein größeres Schiff retten, das allerdings gleichfalls (und unter vollen Segeln) auf den Abgrund zusteuert. Wäre dieser Segler nicht erkennbar spanischen Ursprungs, könnte es sich um den »Fliegenden Holländer« handeln: An Bord befindet sich eine vom Alter zermürbte, unheimliche Mannschaft, die nur noch auf den Untergang zu hoffen scheint. Der Schiffbruch im Wirbelstrom, den Dante in der ›Göttlichen Komödie‹ dem Odysseus als Strafe verhängt, wird von Poe zu einer endlosen, gespenstischen Fahrt in die Tiefe erweitert. Gedankenverloren schreibt der Erzähler dem Schiff den Namen »discovery« zu – und faßt damit den Entdeckungsdrang der Epoche in ein unheilvolles Bild. Nicht weniger abschreckend als Poes Gespensterschiff »Entdeckung« ist das von Hermann Lingg 1857 beschriebene Totenschiff am Nordpol (›Nordpol und Südsee‹).

Am Ende des Jahrhunderts knüpft der junge André Gide (1869-1951) mit seinem symbolistischen Roman ›Die Reise Urians‹ (1892/93) an Poes phantastische Fahrten an. Nach einer Reise durch teils betörende, teils widerwärtige Traumlandschaften des Südens gelangen Urian und seine Gefährten ins Eis. Nur oberflächlich gibt sich der Roman als authentischer Reisebericht aus: Das »Tagebuch« hält phantastische und vor allem er-lesene

Eindrücke des Erzählers fest: Poes Gespensterschiff kreuzt den Weg, und Eric, einer der Gefährten, tötet Vögel in blinder Wut. Die Strafe folgt nicht – wie noch bei Poe – in Gestalt des Untergangs: Die Expedition läuft auf das eisige Grab eines Menschen zu, der nichts als einen leeren Zettel in den erstarrten Händen hält. Obwohl jenseits des Grabes wärmere Regionen auftauchen, verliert die Neugier der Reisenden schlagartig ihr Ziel. Gides imaginäre Reise endet im Nichts.

Wirklichkeit und Imagination

Zur gleichen Zeit sind zahlreiche reale Polarexpeditionen im Begriff, die düsteren Imaginationen der Literatur zu überprüfen. 1845 unternimmt John Franklin im Auftrag der britischen Admiralität den Versuch, mit den Schiffen ›Erebus‹ und ›Terror‹ die Nordwestpassage zu entdecken. Von der 129-köpfigen Besatzung kehrt nicht ein einziger lebend zurück. Ungeachtet dieses Rückschlags nimmt die Eroberung der Polarregionen im 19. Jahrhundert an Rasanz zu. Die Expeditionsberichte von Ross, McClure, Nordenskiöld u.a. lassen den Eindruck entstehen, daß es am Pol nicht so unheimlich zugehen kann, wie es die Polarfahrer der Literatur behaupten.*

Gegen Ende des Jahrhunderts scheint der letzte buchstäblich weiße Fleck der Weltkarte in greifbarer Nähe zu

* Vgl. Joachim Metzner: Persönlichkeitszerstörung und Weltuntergang. Das Verhältnis von Wahnbildung und literarischer Imagination. Tübingen 1976. S. 31.

liegen. In seinem Roman ›Die Abenteuer des Kapitän Hatteras‹ verbindet Jules Verne (1828-1905) dementsprechend die wissenschaftlichen Neuigkeiten aus dem Eis mit der »phantastischen« Tradition der Polar-Literatur: Wie viele Eismeerfahrer vor ihm vernimmt Hatteras unheimliche Vogelstimmen und gerät in einen bedrohlichen Wirbelstrom. Je befremdlicher die Eindrücke des Polarfahrers werden, desto beflissener klärt allerdings der Erzähler die Rätsel auf: Der Leser erfährt beiläufig, wie Polarstürme entstehen, und erhält eine Lektion in »polarer Kosmographie«, die dem Kenntnisstand der Epoche entspricht. Jules Verne feiert die energische Willenskraft seines Kapitäns – und verleiht ihr Züge des Wahnsinns: Hatteras wird mit knapper Not daran gehindert, sich in den brodelnden Vulkan zu stürzen, der auf dem geographischen Nordpol liegt. Entseelt kehrt er in die Heimat zurück – um dort bei seinen Spaziergängen immer wieder nördliche Richtungen einzuschlagen. Zu den verdeckten Vorbehalten des Romans gegenüber der Entdeckungseuphorie der Epoche zählt auch, daß die Polarexpedition erstmals als Wettlauf nationaler Geltungssucht geschildert wird.

Deutlicher noch ist Kurd Laßwitz' Erfolgsroman ›Auf zwei Planeten‹ von zeitgenössischen Polarexpeditionen inspiriert: Im Jahr 1897, dem Erscheinungsjahr des Romans, unternimmt der schwedische Ingenieur Salomon Andrée zum zweiten Mal einen Nordpolflug im Heißluftballon. Laßwitz schickt seine fiktiven Ballonfahrer Torm, Grunthe und Saltner mit einer Ausrüstung zum Pol, die der der Andrée-Expedition vollkommen entspricht – und nutzt damit das Sensationsinteresse der zeitgenössischen Leser aus. Im Unterschied zu Andrée, dessen Expedition tödlich endete, erreichen Laßwitz' Forscher den Nordpol und entdecken eine seltsame Insel. Der Ballon wird von einem geheimnisvollen Kraftfeld in schwindelnde Höhen gezogen. Was sich wie eine weitere Reminiszenz an Dantes Wirbelstrom ausnimmt, erweist sich sehr bald als Konstruktion außerirdischer Wesen. Grunthe und Saltner werden von überaus intelligenten Marsmenschen gerettet, die sich anschicken, die Erdbewohner zur Humanität zu erziehen. Spätestens an dieser Stelle wechselt der Roman ins Genre der Science-fiction über. Die Polarfahrt dient gewissermaßen als Einstieg in eine abenteuerliche Romanhandlung, die nach knapp 900 Seiten mit einem utopischen Weltfrieden endet.

Weniger spekulativ konzentriert sich Georg Heym (1887-1912) in seiner Erzählung vom Jahr 1911 auf die inneren Konflikte einer Polarexpedition. Obwohl der Ehrgeiz der ›Südpolfahrer‹ längst auf der Strecke geblieben ist und das Heimweh übermächtig wird, setzt sich die Anziehungskraft des Pols durch: Die Gefährten ziehen ohne Hoffnung auf Rückkehr ins polare Verderben: »(...) ferne von ihnen, am weißlichen Himmel tanzte ein kleiner schwarzer Punkt nicht größer wie ein Nadelkopf, das war der Pol. Das war das Geheimnis.« In einer zweiten postum veröffentlichten Erzählung (›Das Tagebuch Shakletons‹) malt Heym das Ende einer solchen Expedition aus, indem er die Tagebücher des historischen Polarforschers Ernest H. Shakleton umschreibt: Die entkräfteten Polfahrer gelangen – wie schon bei André Gide – durch Eis und Schnee in wärmere Gefilde – um dort von geheimnisvollen Polarmenschen entseelt und golemisiert zu werden. Die apokalyptische Imagination des Expressionisten Heym steht allerdings quer zu den profanen Nachrichten, die im Winter 1911/12 aus der Antarktis in die zivilisierte Welt dringen.

Die Entdeckung der Pole

Am 14. Dezember 1911 erreicht der Norweger Roald Amundsen den Südpol. Zwei Jahre zuvor bereits hatten sich Frederic Cook und Robert E. Peary einen bizarren Wettlauf zum Nordpol geliefert. Knapp 600 Jahre nach der ersten imaginären Polarfahrt des Odysseus sind die letzten unbekannten Regionen der Erde entdeckt und somit entzaubert: »Das zwanzigste Jahrhundert blickt nieder auf geheimnislose Welt«, schreibt Stefan Zweig. Die Entdeckung der Pole bestätigt zwar nicht die apokalyptischen Visionen der Literatur, bietet jedoch neuen Stoff zur Auseinandersetzung. Daß sowohl Cook als auch Peary die Eroberung des Nordpols für sich in Anspruch nehmen und vor gegenseitiger Verleumdung nicht zurückschrecken, ja daß der Kampf um den Nordpol nicht in der Arktis, sondern in den internationalen Medien entschieden wird, trifft auf den Spott der zeitgenössischen Satiriker. Edgar Steigers Gedicht ›Selbsterkenntnis‹, das im Mai 1909 im »Simplicissimus« erscheint, gibt hierfür ebenso ein Beispiel wie der Essay ›Die Entdeckung des Nordpols‹ von Karl Kraus (1874-1936). Mit unnachgiebiger Schärfe entlarvt Kraus die Entdeckung des Nordpols als sinnloses Unternehmen. Auch noch die »Ultima Thule der Neugier« erobern zu wollen, sei ein Zeichen blinden Fortschrittswillens: »die Dummheit war es, die den Pol erreicht hatte.«

Stefan Zweig (1881-1942) distanziert sich auf andere Weise vom Entdeckungsfieber der Epoche. Gegen das geläufige Urteil der Menschheit, »für die der erste alles ist und der zweite nichts«, beschreibt er die Entdeckung des Südpols aus der Perspektive des Verlierers. Zu den ›Sternstunden der Menschheit‹ (1927) zählt nicht die Pioniertat Amundsens, sondern die Ankunft des Zweiten: Robert Scott, der den Pol nur wenige Wochen nach dem Norweger erreicht und auf dem Rückweg stirbt, wird zum tragischen Helden der Geschichte.

In seinem Roman ›Erfolg‹ (1930), der ein kritisches Panorama der frühen zwanziger Jahre entwirft, schildert Lion Feuchtwanger (1884-1958) ein weiteres Beispiel tödlicher Rivalität im Eis: Hinter dem Nord- und dem Südländer der in den Roman eingeschobenen Erzählung »Polfahrt« werden die Biographien Roald Amundsens und Umberto Nobiles erkennbar; beide sind vom Ehrgeiz besessen, erster zu sein, und zugleich aufeinander angewiesen. Mit sachlicher Distanz beschreibt Feuchtwanger den rücksichtslosen Kampf um die Gunst der Öffentlichkeit: Amundsen stirbt bei dem Versuch, seinen Rivalen zu retten; Nobile überlebt, um als Feigling und Mörder diskreditiert zu werden. In der literarischen Bewertung der Nord- und Südpolfahrten überwiegen Aspekte des Scheiterns. Auch Gottfried Benn (1886-1956) deutet den scheinbaren Erfolg der Welterkundung zu einem Vorspiel des Untergangs um: In seinem ›Fazit der Perspektiven‹ von 1930 sieht er die Epoche der weißen Rasse am Ende. Allenfalls jungen Völkern könnte gelingen, wovon schon Hölderlins ›Wanderer‹ träumte: am Pol Rosen zu ziehen. »Das Unaufhörliche besucht den Pol, streut Erde auf Scotts Grab, bald werden die Feuerländer dort Rosen ziehn. Das Unaufhörliche, von Meer zu Meer, mondlose Welten überfrüht, hinan, hinab.«

»Nachrichten von der Grenze«

In der unmittelbaren Nachkriegszeit nimmt die Auseinandersetzung der Dichter mit den spektakulären Polarfahrten der Zeitgenossen spürbar ab. Ins Grundsätzliche gesteigert und dementsprechend ort- und zeitlos erscheint die Eismeerfahrt, von der Hans Erich Nossack (1901-1977) im fünften Teil seines Romans ›Spirale‹ (1956) erzählt. Eine imaginäre Expeditionsgruppe stößt in endlosen Schneewüsten auf einen stehend erfrorenen, geheimnisvoll lächelnden Mann. Die Begegnung wird zum Wendepunkt einer Reise, der Entdeckungslust und Heimweh längst abhanden gekommen sind. Unter dem Eindruck des französischen Existentialismus erweitert Nossack das Motiv der Polarfahrt zu einer existentiellen Grenzerfahrung. Am Ende der Erzählung erweist sich gerade das Scheitern als angemessene Lebensform des Schriftstellers.

Während Nossacks Eismeerfahrt deutlich an die literarische Tradition André Gides anknüpft – die Tagebuchform, die irreale Kulisse und die Entdeckung des mysteriösen Grabes erinnern an ›Die Reise Urians‹ –, stellen andere Autoren eigene Eindrücke in den Vordergrund. Zahlreiche Schriftsteller des 20. Jahrhunderts haben selbst Nordmeererfahrungen gesammelt und beschrieben: Max Dauthendey etwa, Walter Benjamin in seinem Essay ›Nordische See‹ (1930), Ernst Jünger in seinen ›Reisetagebüchern‹ und Alfred Andersch. An die Stelle der mythischen Unzugänglichkeitschiffren, die die literarischen Polarfahrten von Dante bis Poe in Gestalt von Wirbelströmen und Polargeistern prägen, tritt der schlichte Reiz von Einsamkeit und Stille. In dem Reisebuch ›Hohe Breitengrade oder Nachrichten von der Grenze‹ (1969) zeichnet Andersch (1914-1980) nach, was er bei einer Spitzbergen-Exkursion im Jahr 1965 wahrnahm: befremdliche Überreste ehemaliger Expeditionsstationen und Spuren brutaler Naturzerstörung inmitten von karger, eisiger Schönheit.

Der (nicht in dieser Anthologie vertretene) schwedische Dichter Lars Gustavsson (geb. 1936) beschreibt die Polarregion als Spiegelbild und Traumlandschaft der Seele. In der ›Geschichte des Grönlandfahrers‹ von 1962 korrespondiert dem grönlandischen Inlandeis ein ebenso furchtbarer wie verlockender Seelenzustand der Entrükkung. Vollends verinnerlicht erscheinen Eis und Schnee in den Gedichten von Paul Celan und Sarah Kirsch. Als Metaphern elementarer Gegensätze verlegt Celan die Pole ins Innere, wo nur »Schneetrost« wartet. Sarah Kirschs Gedicht ›Wintermusik‹ vergleicht die Aussichtslosigkeit der Liebe mit einer Fahrt an das eisige Ende der Welt.

Aus der Distanz mehrerer Jahrzehnte gewinnen gegen Ende der sechziger Jahre die Expeditionen des 19. und 20. Jahrhunderts wieder an Bedeutung: Mit Per Olof Sundmans ›Ingenieur Andrées Luftfahrt‹ erscheint 1967 der erste historische Roman unseres Sujets. Sundman schildert die spektakuläre Ballonfahrt des Schweden Andrée im Jahr 1897 aus der Perspektive des mitreisenden Ingenieurs Knut Fraenkel. Als Material dienen ihm Tagebuchaufzeichnungen und letzte Photographien, die 1930 auf der östlich von Spitzbergen gelegenen Insel Kvitøya gefunden wurden – mehr als 30 Jahre nach dem verhängnisvollen Aufstieg des Ballons »Adler«. Daß Andrée schon am zweiten Tag notiert: »Ich kann nicht leugnen, daß uns alle drei ein Gefühl des Stolzes beherrscht. Wir finden, daß wir nun sterben können, nachdem wir dies geschafft haben«, bringt die ganze Hoffnungslosigkeit der Unternehmung zum Ausdruck. Sundmans Andrée nimmt von Anfang an den Tod in Kauf.

In Guntram Vespers Gedichtzyklus ›Nordwestpassage‹ von 1980 bildet Andrées gescheiterter Ballonflug nur *ein* Kapitel aus der düsteren Geschichte der Polarfahrten: Der 1941 geborene Vesper reiht die Franklin-Expedition von 1845-47, die fehlgeschlagene Eismeerfahrt des deutschen Polarschiffs »Hansa« (1869-70), die tödliche Nordpolexpedition unter George De Long (1879-81), die Versorgungskatastrophe in der Polarstation Fort Conger (1881-84) und andere Beispiele zu einer Chronologie des Scheiterns im Eis. Die lebensfeindliche, entlegene Welt der Eiswüsten ist allerdings so fremd und andersartig nicht, daß die Geschichte ihrer Entdecker nicht auch als unsere eigene Geschichte erscheinen könnte. In der Beschreibung der Polarfahrer, die dem Phantom eines grenzenlosen Fortschritts nachjagen und durchweg Schiffbruch erleiden, gewinnt die Epoche, in der wir leben, bedenkliche Konturen. Neben der fortschrittskritischen Vergegenwärtigung der Expeditionen deckt das Poem zugleich Analogien zur Tätigkeit des Dichtens auf: Der Aufbruch ins Unbekannte, die illusionären Ziele und die Gefahr des Scheiterns verbinden die Polarfahrer und das schreibende Ich.*

Sten Nadolny (geb. 1942) wendet sich auf andere Weise gegen die »fatale Beschleunigung des Zeitalters«. Sein Roman ›Die Entdeckung der Langsamkeit‹ (1983) porträtiert den britischen Polarfahrer John Franklin (1786-1847) als notorisch langsamen Menschen, der erst in der Arktis die ihm angemessene Umgebung findet. Die erste Nordpolexpedition im Jahr 1818 hinterläßt bei Franklin eine dauerhafte Sehnsucht: »Hier war es friedlich. Weit hinten, irgendwo im Süden, sorgte die Menschheit für das Elend der Menschheit.« Nur im Eis ist die herkömmliche Zeitrechnung derartig außer Kraft gesetzt, daß Schnelligkeit und Hast der Langsamkeit unterliegen.

Christoph Ransmayrs Roman ›Schrecken des Eises und der Finsternis‹ von 1987 verbindet Aufzeichnungen der Österreichisch-Ungarischen Polarexpedition von

* Vgl. Friedhelm Marx: Leben im Eis: Guntram Vespers Gedichtzyklus ›Nordwestpassage‹. In: Spuren der Identitätssuche in zeitgenössischen Literaturen. Hrsg. von J. Kamm, N. Schaffeld und M. Spies. Trier 1994. S. 137-155.

1872-74 mit einer erfundenen Geschichte. Durch die Lektüre der Expeditionsakten von Julius Payer und Carl Weyprecht inspiriert, bricht Ransmayrs Romanheld Josef Mazzini im Jahr 1981 nach Spitzbergen auf. Das Nordmeer, »auf dem sich Helden in Lumpengestalten, Kapitäne in Menschenfresser und Luftschiffe in eisige Fetzen verwandelten«, übt eine unwiderstehliche Anziehungskraft auf den Spätgeborenen aus. Mit melancholischer Distanz vergegenwärtigt sich Mazzini die bizarren Berichte seiner Vorgänger. Am Ende des Romans hat er seinen Ort gefunden; Mazzinis Spur verliert sich im Eis.

Die kanadische Autorin Margaret Atwood (geb. 1939) spiegelt ihre Gegenwart im Schicksal der Franklin-Expedition von 1845. Jane, die Protagonistin der Erzählung ›Das Bleizeitalter‹ (1991), sieht zufällig im Fernsehen eine Reportage, in der die Ursachen der größten Expeditionskatastrophe des 19. Jahrhunderts aufgedeckt werden. Dieser Hintergrund ist authentisch: 1987 war ein kanadisches Forschungsteam mit spektakulären Neuigkeiten über den Untergang der 129köpfigen Franklin-Expedition an die Öffentlichkeit getreten. Die Autopsie von John Torrington, einem früh verstorbenen Seemann der HMS »Terror«, hatte ergeben, daß die Franklin-Expedition ausgerechnet an einer zivilisatorischen Errungenschaft ihrer Zeit zugrunde gegangen war: Die Verlötung der Konserven, von denen sich Franklins Mannschaft ernährte, führte offenbar zu einer schleichenden Bleivergiftung, zuletzt zu einer Störung des Nervensystems. Damit ließ sich erklären, warum die letzten Überlebenden der Expedition mit vollkommen nutzlosem Gepäck in die falsche Richtung marschiert waren. John Torrington und all die anderen Betroffenen wußten nichts von dieser tödlichen Krankheit.* Im Verlauf der Reportage vergleicht Jane ihr eigenes Leben mit der Geschichte John Torringtons an Bord der HMS »Terror«. Jane sieht sich gleichfalls von Symptomen einer allgemeinen Vergiftung umgeben, deren Ursachen nicht erkennbar und nicht greifbar sind. Was sich vor 140 Jahren an Bord der Franklin-Schiffe abgespielt haben muß, scheint sich in der Gegenwart in großem Maßstab zu wiederholen. Gift liegt in der Nahrung, in der Luft, und der Untergang steht kurz bevor.

Obwohl die Polarregionen in geographischer Hinsicht längst entzaubert sind und in letzter Zeit vor allem durch bedrohlich niedrige Ozonwerte von sich reden machen, kommt dem literarischen Motiv der Eismeerfahrt immer noch eine paradigmatische Qualität zu: Seit Dantes ›Göttlicher Komödie‹ hat die Kritik einer ungefesselten, maßlosen und zerstörerischen Neugier an Aktualität nichts eingebüßt: Im Bild der teils imaginären, teils historischen Polarfahrer der Literatur wird sie anschaulich. Wie keine andere Metapher vermag das Eismeer die wachsende Isolation, Entfremdung und Erstarrung innerhalb unserer Gesellschaft zu spiegeln. Zugleich avancieren die Polarregionen in vielen Texten zu einem außerordentlichen und faszinierenden Fluchtraum. Spätestens seit Friedrich Nietzsche, der die Einsamkeit des »Im-Eise-Lebens« zur existentiellen Voraussetzung klaren Denkens erklärte, kommen der polaren Kälte auch posi-

* Owen Beattie, John Geiger: Der eisige Schlaf. Das Schicksal der Franklin-Expedition. Köln 1989.

tive Eigenschaften zu: Das Eis habe uns denken gelehrt, schreibt Ernst Jünger 1959. In der Literatur erscheinen die Eiswüsten der Arktis und Antarktis zunehmend als Orte von magischer Anziehungskraft.

Ein Ende der literarischen Eismeerfahrten ist nicht in Sicht: In den neunziger Jahren sind gleich mehrere Bücher erschienen, die sich vor der Kulisse der Polarregion abspielen: der Roman des kanadischen Autors Mordecai Richler ›Solomon Gursky war hier‹ (1991), Bernd Späths ›Robbenfraß. Ein Roman aus der Arktis‹ (1992), Libuše Moníkovás Roman ›Treibeis‹ (1992), J. Bernlefs Roman ›Zwischen Eisbergen‹ (dt. 1993) und nicht zuletzt der Kriminalroman des Dänen Peter Høeg ›Fräulein Smillas Gespür für Schnee‹ (dt. 1994). Diese »Konjunktur« verdankt sich wohl auch der Tatsache, daß die unzugänglichste Region der Erde inzwischen vom Massentourismus nahezu erschlossen ist. Wenn man diesen Büchern Glauben schenken will, führen sowohl Mordspuren als auch Selbsterfahrungstrips zivilisationsmüder Europäer immer häufiger in die Arktis. Für weitere Eismeerlektüre ist gesorgt.

Friedhelm Marx

Textquellennachweis

Alfred Andersch: Hohe Breitengrade oder Nachrichten von der Grenze. Copyright © 1969 by Diogenes Verlag AG Zürich. S. 141-144.

Margaret Atwood: Das Bleizeitalter. In: M. Atwood: Tips für die Wildnis. Short Stories. © 1991 by O. W. Toad, Ltd. Deutsch von Charlotte Franke. © S. Fischer Verlag GmbH, Frankfurt am Main 1991. S. 175-194.

Luis de Camões: Die Lusiaden (Auszug: 37-50). Aus dem Portugiesischen von F. Boock-Arkossy. Leipzig: Arnoldische Buchhandlung 1854. S. 181-185.

Paul Celan: Die Pole. In: P. C.: Gesammelte Werke in 5 Bänden. Hrsg. von Beda Allemann und Stefan Reichert. Bd. 3. © Suhrkamp Verlag Frankfurt am Main 1983. S. 105.

Samuel T. Coleridge: Der alte Seemann. In: William Wordsworth: Gedichte / S. T. Coleridge: Der alte Seemann und Kubla Khan. Deutsch von Wolfgang Breitwieser. Heidelberg: Verlag Lambert Schneider 1959. S. 111-132.

Dante: Die Göttliche Komödie: Die Hölle, 26. Gesang, Vers 90-142 (Auszug). Deutsch von F. Freiherrn von Falkenhausen. © Insel Verlag Frankfurt am Main, 1974. S. 118 f.

Lion Feuchtwanger: Erfolg. Drei Jahre Geschichte einer Provinz. Roman (Auszug). Berlin: Aufbau Taschenbuch-Verlag 1994. S. 685-691.

André Gide: Die Reise Urians. Aus dem Französischen von Andrea Spingler. In: A. G.: Gesammelte Werke in zwölf Bänden. Hrsg. von Raimund Theis und Peter Schnyder. Bd. VII. Hrsg. von Raimund Theis (Auszug). Stuttgart: Deutsche Verlagsanstalt 1991. S. 208-222.

Georg Heym: Die Südpolfahrer. In: G. H.: Dichtungen und Schriften. Gesamtausgabe in vier Bänden. Hrsg. von Karl Schneider. Bd. 2: Prosa und Dramen. Hamburg, München: Verlag Heinrich Ellermann 1962. S. 120-123. © C. H. Beck'sche Verlagsbuchhandlung, München.

Friedrich Hölderlin: Der Wanderer (Erste Fassung). In: F. Hölderlin: Sämtliche Werke. Bd. 1: Gedichte 1796-1798. Herausgegeben von Jochen Schmidt. Deutscher Klassiker Verlag Frankfurt am Main 1989. S. 184-187.

Sarah Kirsch: Wintermusik. In: S.K.: Schneewärme. Gedichte. Deutsche Verlags-Anstalt, Stuttgart 1989. S. 47.

Karl Kraus: Die Entdeckung des Nordpols. In: K. Kraus: Die chinesische Mauer. Schriften. Bd. 2. Herausgegeben von Christian Wagenknecht. © Suhrkamp Verlag Frankfurt am Main 1987. suhrkamp taschenbuch 1312. S. 263-274.

Kurd Laßwitz: Auf zwei Planeten. Roman in zwei Büchern (Auszug). Frankfurt am Main: Verlag Zweitausendeins 1979. S. 7-22.

Hermann Lingg: Nordpol und Südsee. In: H.L.: Gedichte. Dritte vermehrte Auflage. Stuttgart, Augsburg: Cotta 1857. S. 168 f.

Sten Nadolny: Die Entdeckung der Langsamkeit (Auszug). Roman. © R. Piper & Co. Verlag, München 1983. S. 185-211.

Hans Erich Nossack: Spirale. Roman einer schlaflosen Nacht (Auszug). © Suhrkamp Verlag Frankfurt am Main 1956. suhrkamp taschenbuch 50. S. 282-294.

Edgar Allan Poe: Die Flaschenpost. In: E.A. Poe: Der Teufel im Glokkenturm. Aus dem Amerikanischen von Erika Gröger. © 1989 Insel-Verlag Anton Kippenberg, Leipzig. S. 107-119.

Christoph Ransmayr: Die Schrecken des Eises und der Finsternis. Roman (Auszug). Fischer Taschenbuch Verlag, Frankfurt am Main 1987. Abdruck mit freundlicher Genehmigung des Autors. S. 165-170.

Johann Gottfried Schnabel: Wunderliche Fata einiger Seefahrer [...]. 4 Bde. (Auszug) Nordhausen 1731-1743. Unveränderter Nachdruck Frankfurt am Main: Minerva 1973. Bd. 2. S. 455-458.

Mary Shelley: Frankenstein oder Der moderne Prometheus. Aus dem Englischen von K.B. Leder und G. Leetz (Auszug). © Insel Verlag Frankfurt am Main 1988. S. 21-25.

Edgar Steiger: Selbsterkenntnis. In: Simplicissimus. 31. Mai 1909. S. 5.

Per Olof Sundman: Ingenieur Andrées Luftfahrt. Aus dem Schwedischen von Udo Birckholz (Auszug). Benziger Verlag 1969. S. 170-176.

Jules Verne: Die Abenteuer des Kapitän Hatteras (Auszug). Bd. 2. Berlin, Herrsching: Pawlak Taschenbuch Verlag 1984. S. 178-191; 218-222.

Guntram Vesper: Nordwestpassage. Ein Poem (Auszug). In: G. Vesper: Die Illusion des Unglücks. Gedichte. Fischer Taschenbuch Verlag, Frankfurt am Main 1982. © 1980 Carl Hanser Verlag München Wien. S. 85-92.

Stefan Zweig: Der Kampf um den Südpol. In: St. Zweig: Sternstunden der Menschheit. Copyright by Bermann-Fischer Verlag A. B., Stockholm 1943. Abdruck mit Genehmigung der S. Fischer Verlag GmbH, Frankfurt am Main. S. 221-241.

Literatur und Reisen
im insel taschenbuch

Alt-Prager Geschichten. Gesammelt von Peter Demetz. Mit Illustrationen von Hugo Steiner-Prag. it 613

Alt-Wiener Geschichten. Gesammelt von Joseph Peter Strelka. Mit sechs farbigen Abbildungen. it 784

Das andere Ferienbuch. Herausgegeben von Vera Pagin und Hans-Joachim Simm. it 1174

Ernst Batta: Römische Paläste und Villen. Annäherung an eine Stadt. Mit zahlreichen Abbildungen. it 1324

Bodensee. Reisebuch. Herausgegeben von Dominik Jost. Mit zahlreichen Abbildungen. it 1490

Bonn. Ein Städte-Lesebuch. Herausgegeben von Doris Maurer und Arnold E. Maurer. Mit zahlreichen Abbildungen. it 1224

Dresden. Ein Reisebuch. Herausgegeben von Katrin Nitzschke. Unter Mitarbeit von Reinhard Eigenwill. Mit zahlreichen Abbildungen. it 1365

Das Ferienbuch. Literarische Souvenirs, aufgelesen von Vera Pagin und Hans-Joachim Simm. it 1082

Dominique Fernandez: Süditalienische Reise. Aus dem Französischen von Julia Kirchner. Mit farbigen Fotografien von Martin Thomas. it 1076

Florenz. Lesarten einer Stadt. Herausgegeben von Andreas Beyer. Mit zahlreichen Illustrationen. it 633

Florida. Reisebuch. Herausgegeben von Katharina Frühe und Franz Josef Görtz. Mit zahlreichen Abbildungen. it 1492

Theodor Fontane: Jenseit des Tweed. Bilder und Briefe aus Schottland. Mit zahlreichen Abbildungen und einem Nachwort herausgegeben von Otto Drude. it 1066

Georg Forster: Reise um die Welt. Herausgegeben und mit einem Nachwort von Gerhard Steiner. it 757

Manuel Gasser: Spaziergang durch Italiens Küchen. Mit Bildern von Manfred Seelow. it 391

Johann Wolfgang Goethe: Italienische Reise. Mit vierzig Zeichnungen des Autors. Herausgegeben und mit einem Nachwort versehen von Christoph Michel. it 175

– Tagebuch der Italienischen Reise 1786. Notizen und Briefe aus Italien. Mit Skizzen und Zeichnungen des Autors. Herausgegeben und erläutert von Christoph Michel. it 176

Johann Wolfgang Goethe: Kampagne in Frankreich 1792. Belagerung von Mainz. Herausgegeben von Jörg Drews. Mit zeitgenössischen Abbildungen. it 1525

158/1/11.93

Literatur und Reisen
im insel taschenbuch

– Tagebuch der ersten Schweizer Reise 1775. Goethes letzte Schweizer Reise. Mit den Zeichnungen des Autors und einem vollständigen Faksimile der Handschrift, herausgegeben und erläutert von Hans-Georg Dewitz. it 300/375

Hamburg. Ein Städte-Lesebuch. Herausgegeben von Eckart Kleßmann. it 1312

Victor Hehn: Olive, Wein und Feige. Kulturhistorische Skizzen. Herausgegeben von Klaus von See unter Mitwirkung von Gabriele Seidel-Leimbach. Mit farbigen Abbildungen. it 1427

Heidelberg-Lesebuch. Stadt-Bilder von 1800 bis heute. Herausgegeben von Michael Buselmeier. it 913

Heinrich Heine: Briefe aus Berlin. Herausgegeben von Joseph A. Kruse. it 1322

– Italien. Mit farbigen Illustrationen von Paul Scheurich. it 1072

Hermann Hesse: Mit Hermann Hesse durch Italien. Ein Reisebegleiter durch Oberitalien. Mit farbigen Fotografien. Herausgegeben von Volker Michels. it 1120

Mit Hermann Hesse reisen. Betrachtungen und Gedichte. Herausgegeben von Volker Michels. it 1242

– Tessin. Betrachtungen, Gedichte und Aquarelle des Autors. Herausgegeben von Volker Michels. it 1494

Istanbul. Herausgegeben von Esther Gallwitz. Mit Illustrationen von Thomas Allom. it 530

Erhart Kästner: Griechische Inseln. Aufzeichnungen aus dem Jahre 1944. Mit einem Nachwort von Heinrich Gremmels. it 118

– Kreta. Aufzeichnungen aus dem Jahre 1943. Mit einem Nachwort von Heinrich Gremmels. it 117

– Ölberge, Weinberge. Ein Griechenland-Buch. Mit Zeichnungen von Helmut Kaulbach. it 55

– Ölberge, Weinberge. Die Stundentrommel vom heiligen Berg Athos. 2 Bände in Kassette. it 55/56

– Die Stundentrommel vom heiligen Berg Athos. it 56

Harald Keller: Die Kunstlandschaften Italiens. Toskana. Florenz. Umbrien. Rom. Lombardei. Emilia. Venedig. Zwei Bände in Kassette. it 1576

London. Eine europäische Metropole in Texten und Bildern. Herausgegeben von Norbert Kohl. it 322

Doris Maurer / Arnold E. Maurer: Literarischer Führer durch Italien. Ein Insel-Reiselexikon. Mit zahlreichen Abbildungen, Karten und Registern. it 1071

158/2/11.93

Literatur und Reisen
im insel taschenbuch

Günter Metken: Reisen durch Europa. Mit zahlreichen Abbildungen. it 1572
– Reisen als schöne Kunst betrachtet. Erlebtes und Gesehenes aus fernen Ländern. Mit Photographien von Sigrid Metken. it 639
Mit Rilke durch das alte Prag. Herausgegeben von Hartmut Binder. Mit zahlreichen Abbildungen. it 1489
Michel de Montaigne: Tagebuch einer Reise durch Italien. Aus dem Französischen von Otto Flake. it 1074
Sigrun Bielfeldt: Moskau. Der literarische Führer. Von Sigrun Bielfeldt. Mit zahlreichen Abbildungen. it 1382
München. Ein Lesebuch. Herausgegeben von Reinhard Bauer und Ernst Piper. Mit zahlreichen Abbildungen. it 827
Fred Oberhauser / Gabriele Oberhauser: Literarischer Führer durch Deutschland. Ein Insel-Reiselexikon für die Bundesrepublik Deutschland und Berlin. Mit Abbildungen, Karten und Registern. it 527
Paris. Deutsche Republikaner reisen. Herausgegeben von Karsten Witte. it 389
Ernst Penzoldt: Sommer auf Sylt. Liebeserklärungen an eine Insel. Mit farbigen Zeichnungen des Verfassers. Herausgegeben von Volker Michels. it 1424
Potsdam. Ein Reise-Lesebuch. Herausgegeben von Doris Maurer und Arnold E. Maurer. Mit farbigen Abbildungen. it 1432
Reiseführer zu den Sieben Weltwundern. Philon von Byzanz und andere antike Texte. Zweisprachige Ausgabe von Kai Brodersen. Mit zahlreichen Abbildungen. it 1392
Rom. Ein Städte-Lesebuch. Herausgegeben von Michael Worbs. it 921
Salzburg. Ein Städte-Lesebuch. Herausgegeben von Adolf Haslinger. Mit zahlreichen Abbildungen. it 1326
Schwarzwald und Oberrhein. Der literarische Führer. Herausgegeben von Hans Bender und Fred Oberhauser. Mit zahlreichen Abbildungen. it 1330
Südtirol. Ein literarisches Landschaftsbild. Herausgegeben von Dominik Jost. it 1317
Toskana. Ein literarisches Landschaftsbild. Herausgegeben von Andreas Beyer. Mit Fotografien von Loretto Buti. it 926
Trier. Deutschlands älteste Stadt. Reisebuch. Herausgegeben von Michael Schroeder. Mit zahlreichen Fotografien. it 1574
Tübingen. Ein Städte-Lesebuch. Herausgegeben von Gert Ueding. Mit zahlreichen Abbildungen. it 1246
Umbrien. Reisebuch. Herausgegeben von Isolde Renner. Mit zahlreichen Abbildungen. it 1491

158/3/11.93

Literatur und Reisen im insel taschenbuch

Venedig. Herausgegeben von Doris Maurer und Arnold E. Maurer. Mit zahlreichen Abbildungen. it 626

Venedig. Literarischer Führer. Herausgegeben von Doris Maurer und Arnold E. Maurer. Mit farbigen Abbildungen. it 1413

Warum in die Ferne? Das Lesebuch vom Daheimbleiben. Eingerichtet von Hans Christian Kosler. it 1332

Die Welt der Museen. Herausgegeben von Joachim Rönneper. it 1493

Wien. Reisebuch. Herausgegeben von Joseph Peter Strelka. Mit farbigen Fotografien. it 1573

Wien im Gedicht. Herausgegeben von Gerhard C. Krischker. it 1488

Dietmar Grieser: Wiener Adressen. Ein kulturhistorischer Wegweiser. it 1203

158/4/11.93

Anthologien
im insel taschenbuch

Alle Jahre wieder. Ein Weihnachtsbuch mit Geschichten, Liedern und Bildern. Ausgewählt von Gottfried Natalis. it 1362

Alt-Prager Geschichten. Gesammelt von Peter Demetz. Mit Illustrationen von Hugo Steiner- Prag. it 613

Alt-Wiener Geschichten. Gesammelt von Joseph Peter Strelka. Mit sechs farbigen Abbildungen. it 784

Das andere Ferienbuch. Herausgegeben von Vera Pagin und Hans-Joachim Simm. it 1174

Arm und Reich. Geschichten und Gedichte. Ausgewählt von Ralf Borchers. it 1031

Bäume. Das Insel-Buch der Bäume. Gedichte und Prosa. Ausgewählt und herausgegeben von Gottfried Honnefelder. Mit sechzehn Farbtafeln. it 1041

Briefe berühmter Frauen. Von Liselotte von der Pfalz bis Rosa Luxemburg. Herausgegeben von Claudia Schmölders. it 1505

Das Buch der Liebe. Gedichte und Lieder, ausgewählt von Elisabeth Borchers. it 82

Ermutigungen. Das Insel-Buch der Tröstungen. Gedichte und Prosa. Ausgewählt von Rainer Malkowski. it 1053

Das Ferienbuch. Literarische Souvenirs, aufgelesen von Vera Pagin und Hans-Joachim Simm. it 1082

Das Frühlingsbuch. Gedichte und Prosa. Herausgegeben von Hans Bender und Nikolaus Wolters. it 914

Geheimnisse des Wassers. Märchen und Geschichten. Gesammelt von Felix Karlinger. it 1331

Geschichten aus dem alten Prag. Sippurim-Geschichten. Ausgewählt und mit einem Nachwort versehen von Peter Demetz. it 1519

Geschichten vom Sport. Gesammelt und in Form gebracht von Bernd Goldmann und Bernhard Schwank. it 1535

Das Gespensterbuch. Herausgegeben von Johann August Apel und Friedrich Laun. Ausgewählt von Robert Stockhammer. it 1388

Glück. Erkundigungen, eingeholt von Gottfried Honnefelder. it 1459

Der Golem. Geschichten um eine Legende. Herausgegeben von Franz-Heinrich Hackel. it 1036

Das Herbstbuch. Gedichte und Prosa. Herausgegeben von Hans Bender. it 657

Das Hundebuch. Geschichten und Gedichte von Hunden und ihren Herren. Gesammelt von Gottfried Honnefelder. it 785

Ich wollt in Liedern oft Dich preisen. Gedichte an den Lebensgefährten. Herausgegeben von Cordula Gerhard. it 1552

163/1/11.93

Anthologien
im insel taschenbuch

Imaginäre Reisen. Herausgegeben von Joseph Peter Strelka. it 1306

Die Insel-Weihnachtskassette. Das Weihnachtsbuch. Das Weihnachtsbuch für Kinder. Das Weihnachtsbuch der Lieder. 3 Bde. in Kassette. it 45/156/157

Gerhard Kaiser: Augenblicke deutscher Lyrik. Von Martin Luther bis Paul Celan. it 978

Das Katzenbuch. Von Katzen und ihren Freunden. Geschichten, Gedichte, Bilder. Gesammelt von Hans Bender und Hans Georg Schwark. it 567

Liebe Mutter. Eine Sammlung von Elisabeth Borchers. it 230

Liebe und Tod in Wien. Geschichten aus einer Stadt. Herausgegeben von Jean Gyory. it 815

Lieber Vater. Eine Sammlung von Gottfried Honnefelder. it 231

Mütter berühmter Männer. Zwölf biographische Portraits. Herausgegeben von Luise F. Pusch. it 1356

Friedrich Nietzsche: ›Wie man wird, was man ist.‹ Ermutigungen zum kritischen Denken. Herausgegeben von Ursula Michels-Wenz. it 1096

Das Poesiealbum. Verse zum Auf- und Abschreiben. Mit Bildern und Vignetten. Ausgewählt und zusammengestellt von Elisabeth Borchers. it 414

Schlimme Hexengeschichten. Herausgegeben von Franz Rottensteiner. it 1380

Schwestern berühmter Männer. Zwölf biographische Porträts. Herausgegeben von Luise F. Pusch. Redaktionelle Mitarbeit: Jutta Wasels. it 796

Das Sommerbuch. Gedichte und Prosa. Herausgegeben von Hans Bender. it 847

Sommerferien. Geschichten für den Reisekoffer gepackt von Götz Silatan. it 1415

Sommerreise. Geschichten für den Urlaubskoffer. Gepackt von Götz Silatan. it 1506

Die Spinne. Ein Lesebuch mit schaurigen und schönen Geschichten. Mit Überlegungen zur Spinnenfurcht. Herausgegeben von Hanne Kulessa. it 1338

Über die Liebe. Gedichte und Interpretationen aus der ›Frankfurter Anthologie‹. Herausgegeben von Marcel Reich-Ranicki. it 794

Valentinstag. Ein Liebesgruß zum 14. Februar. Geschichten, Gedichte und Bilder. Herausgegeben von Klaus Thiele-Dohrmann. it 1381

Der versiegelte Engel. Erzählungen zu Ikonen. Mit farbigen Abbildungen. Ausgewählt und mit einem Nachwort versehen von Angela Martini-Wonde. it 1132

163/2/11.93

Anthologien
im insel taschenbuch

Vom Abschied. Eine Gedichtsammlung. Herausgegeben von Margot Litten. Originalausgabe. it 694

Vom mönchischen Leben. Geschichte einer Sehnsucht. Herausgegeben von Johannes Werner. it 1473

Vom Tod. Ein Lesebuch für jedermann. Herausgegeben von Werner Koch. it 1037

Warum in die Ferne? Das Lesebuch vom Daheimbleiben. Eingerichtet von Hans Christian Kosler. it 1332

Weihnachten. Erzählungen aus alter und neuer Zeit. Ausgewählt von Gottfried Natalis. Mit zahlreichen Abbildungen und Initialen. it 946

Das Weihnachtsbuch. Mit alten und neuen Geschichten, Gedichten und Liedern. Ausgewählt von Elisabeth Borchers. it 46

Das Weihnachtsbuch der Lieder. Mit alten und neuen Liedern zum Singen und Spielen. Ausgewählt von Gottfried Natalis. Mit einem Nachwort von Ernst Klusen. it 157

Wien im Gedicht. Herausgegeben von Gerhard C. Krischker. it 1488

Das Wiener Kaffeehaus. Herausgegeben von Kurt J. Heering. Mit zahlreichen Abbildungen. it 1318

Das Winterbuch. Gedichte und Prosa. Herausgegeben von Hans Bender und Hans Georg Schwark. it 728

Wundersame Geschichten von Engeln. Gesammelt von Felix Karlinger. it 1226

163/3/11.93

Biographien, Leben und Werk
im insel taschenbuch

Lou Andreas-Salomé: Lebensrückblick. Grundriß einiger Lebenserinnerungen. Aus dem Nachlaß herausgegeben von Ernst Pfeiffer. Neu durchgesehene Ausgabe mit einem Nachwort des Herausgebers. it 54
– Rainer Maria Rilke. Mit acht Bildtafeln im Text. Herausgegeben von Ernst Pfeiffer. it 1044
Elizabeth von Arnim: Elizabeth und ihr Garten. Aus dem Englischen von Adelheid Dormagen. it 1293 und Großdruck. it 2338
Georg Bollenbeck: Theodor Storm. Eine Biographie. Mit neunzehn Abbildungen. it 1347
Bertolt Brecht. Leben und Werk im Bild. Mit autobiographischen Texten, einer Zeittafel und einem Essay von Lion Feuchtwanger. it 406
Bertolt Brecht. Sein Leben in Bildern und Texten. Mit einem Vorwort von Max Frisch. Herausgegeben von Werner Hecht. it 1122
Die Schwestern Brontë. Leben und Werk in Texten und Bildern. Herausgegeben von Elsemarie Maletzke und Christel Schütz. it 814
Robert de Traz: Die Familie Brontë. Eine Biographie. Mit zahlreichen Abbildungen. it 1548
Hans Carossa: Ungleiche Welten. Lebensbericht. it 1471
Cézanne. Leben und Werk in Texten und Bildern. Von Margret Boehm-Hunold. it 1140
George Clémenceau: Claude Monet. Betrachtungen und Erinnerungen eines Freundes. Mit farbigen Abbildungen und einem Nachwort von Gottfried Boehm. it 1152
Sigrid Damm: Cornelia Goethe. it 1452
– »Vögel, die verkünden Land.« Das Leben des Jakob Michael Reinhold Lenz. it 1399
Joseph von Eichendorff. Leben und Werk in Texten und Bildern. Herausgegeben von Wolfgang Frühwald und Franz Heiduk. it 1064
Elisabeth von Österreich. Tagebuchblätter von Constantin Christomanos. Herausgegeben von Verena von der Heyden-Rynsch. Mit Beiträgen von E. M. Cioran, Paul Morand, Maurice Barrès und Ludwig Klages. Mit zeitgenössischen Abbildungen. it 1536
Theodor Fontane: Kriegsgefangen. Erlebnisse 1870. Herausgegeben von Otto Drude. Mit zahlreichen Abbildungen. it 1437
– Meine Kinderjahre. Autobiographischer Roman. Mit einem Nachwort von Otto Drude. it 705
Sigmund Freud. Sein Leben in Bildern und Texten. Herausgegeben von Ernst Freud, Lucie Freud und Ilse Grubrich-Simitis. Mit einer biographischen Skizze von K. R. Eissler. Gestaltet von Willy Fleckhaus. it 1133

162/1/11.93

Biographien, Leben und Werk im insel taschenbuch

Dagmar von Gersdorff: Dich zu lieben kann ich nicht verlernen. Das Leben der Sophie Brentano-Mereau. it 1276

Goethe. Sein Leben in Bildern und Texten. Vorwort von Adolf Muschg. Herausgegeben von Christoph Michel. Gestaltet von Willy Fleckhaus. it 1000

Manfred Wenzel: Goethe und die Medizin. Selbstzeugnisse und Dokumente. Mit zahlreichen Abbildungen. it 1350

Heinrich Heine. Leben und Werk in Daten und Bildern. Von Joseph A. Kruse. Mit farbigen Abbildungen. it 615

Hermann Hesse. Sein Leben in Bildern und Texten. Mit einem Vorwort von Hans Mayer. Herausgegeben von Volker Michels. it 1111

Volker Michels: Hermann Hesse. Leben und Werk im Bild. Mit dem ›kurzgefaßten Lebenslauf‹ von Hermann Hesse. it 36

Marie Hesse: Ein Lebensbild in Briefen und Tagebüchern. Mit einem Essay von Siegfried Greiner. Mit frühen Lithographien von Gunter Böhmer. it 261

Hölderlin. Chronik seines Lebens mit ausgewählten Bildnissen. Herausgegeben von Adolf Beck. it 83

Kleist. Leben und Werk im Bild. Herausgegeben von Eberhard Siebert. it 371

Eckart Kleßmann: Die Mendelssohns. Bilder aus einer deutschen Familie. Mit zahlreichen Abbildungen. it 1523

Cordula Koepcke: Lou Andreas-Salomé. Leben. Persönlichkeit. Werk. Eine Biographie. it 905

Oskar Kokoschka. Leben und Werk in Daten und Bildern. Herausgegeben von Norbert Werner. it 909

Dieter Kühn: Ich Wolkenstein. Eine Biographie. Neue, erweiterte Ausgabe. it 497

– Neidhart aus dem Reuental. it 1389

– Parzival. Der Parzival des Wolfram von Eschenbach. it 1328

Monique Lange: Edith Piaf. Die Geschichte der Piaf. Ihr Leben in Texten und Bildern. Aus dem Französischen von Hugo Beyer. Mit einer Discographie. it 516

Gertrud von le Fort. Leben und Werk in Daten, Bildern und Zeugnissen. it 195

Jane Lidderdale / Mary Nicholson: Liebe Miss Weaver. Ein Leben für Joyce. Aus dem Englischen von Angela Praesent und Anneliese Strauss. it 1436

Mütter berühmter Männer. Zwölf biographische Portraits. Herausgegeben von Luise F. Pusch. it 1356

162/2/11.93

Biographien, Leben und Werk
im insel taschenbuch

Ernst Penzoldt. Leben und Werk in Texten und Bildern. Herausgegeben von Ulla Penzoldt und Volker Michels. it 547

Marthe Princesse Bibesco: Begegnung mit Marcel Proust. Aus dem Französischen von Eva Rechel-Mertens. it 1349

Renate Wiggershaus: Marcel Proust. Leben und Werk in Texten und Bildern. it 1348

Eva Rieger: Nannerl Mozart. Leben einer Künstlerin im 18. Jahrhundert. Mit zahlreichen Abbildungen. it 1431

Rainer Maria Rilke. Leben und Werk im Bild. Von Ingeborg Schnack. Mit einer biographischen Einführung und einer Zeittafel. it 35

George Sand. Leben und Werk in Texten und Bildern. Von Gisela Schlientz. it 565

Arthur Schopenhauer. Leben und Werk in Texten und Bildern. Herausgegeben von Angelika Hübscher. it 1059

Misia Sert: Pariser Erinnerungen. Aus dem Französischen von Hedwig Andertann. Mit einem Bildteil. it 1180

Muriel Spark: Mary Shelley. Eine Biographie. Deutsch von Angelika Beck. Mit zahlreichen Abbildungen. it 1258

Töchter berühmter Männer. Neun biographische Portraits. Herausgegeben von Luise F. Pusch. it 979

Siegfried Unseld: Hermann Hesse. Werk und Wirkungsgeschichte. Revidierte und erweiterte Fassung der Ausgabe von 1973. Mit zahlreichen Abbildungen. it 1112

Wilhelmine von Bayreuth: Eine preußische Königstochter. Glanz und Elend am Hofe des Soldatenkönigs in den Memoiren der Markgräfin Wilhelmine von Bayreuth. Aus dem Französischen von Annette Kolb. Neu herausgegeben von Ingeborg Weber-Kellermann. Mit Illustrationen von Adolph Menzel. it 1280

Virginia Woolf. Leben und Werk in Texten und Bildern. Herausgegeben von Renate Wiggershaus. it 932

Stefan Zweig. Leben und Werk im Bild. Herausgegeben von Donald Prater und Volker Michels. it 532

162/3/11.93